真実の金正日

~元側近が証言する

鄭昌鉉著／佐藤久訳

青灯社

真実の金正日——元側近が証言する

装幀　眞島和馬

●再刊にあたって

彼はなぜ「予測可能なCEO」なのか？

二〇〇〇年の南北首脳会談を前に公刊した『傍らで見た金正日』の序文で、筆者は「無知と先入観を克服しよう」と提起した。当時の提案は現在もなお有効である。しかし、いまやたんに情報次元での「無知と先入観」から脱するのみならず、金正日国防委員長の国家経営のリーダーシップに注目すべきときとなった。「美化」や「無視」ではなく、あるがままの、彼の披露するリーダーシップの実体に接近する必要がある。金正日が後継者として登場し、最高指導者の地位を占めることを可能にさせたリーダーシップ、「いますぐにでも崩壊する」との分析を顔色なからしめ、十年以上にわたって確固としたカリスマを維持し続けている彼のリーダーシップ、予想だにしえなかった核実験をてこに、米国との関係正常化に進みつつある彼のリーダーシップの要にあるものは、はたして何だろうか。

それを精査するには、「金正日その人」ではない、「朝鮮民主主義人民共和国」を運営する「CEO金正日」に注目すべきである。日本の朝鮮半島問題専門家の一人は、彼を「恐るべき戦略家」と評した。もとより私たちにとって「戦略家金正日」という表現は依然としてなじみが薄く、また容易に納得できるものでもない。しかし重要な点は、最初の南北首脳会談での衝撃を思い起こし、北朝鮮と金正日国防委員長を客観的かつ実証的に探求しようとする努力が必要な時点にいたったということである。

一九七〇年代に三〇代の若さで後継者として登場し、党・政治・軍隊で培われた金正日のカリスマ性は、一九八〇年代にピョンヤン市建設作業を主導するなかで大衆的な座を占めることとなった。彼のカリスマ性は、組織と人間に対する掌握力と情報力による。一九七〇年代に労働党の組織と宣伝分野を手はじめに、学習から検閲、そして人事へと続く彼の組織に対する掌握力は、たんに父親である金日成主席の「後光」だけで説明できるものではない。彼はインターネットやテレビ・映画などを通して持続的に情報を獲得し、国際情勢を把握している。そうして得られる彼の情報力は、あらためて組織への掌握力を高めることになる。

北朝鮮の外交スタイルは、内外のマスコミや専門家から「瀬戸際戦術」と規定される。しかし金正日の外交術は、六カ国協議にみられるように、たんに頑なに対抗しているだけではない。彼は決断のタイミングを重視する。わけてもチャンスをただ待つのではなく、有利な決断の条件をつくり出すために、最後まで準備をあきらめることはない。北朝鮮の意志決定構造は複雑である。金正日は自身に届けられる最終報告書が出るまでに、実務部署と関連部署間の「最終討論」を経るよう指示している。それゆえ北朝鮮の最終的な立場が明らかになるまでには、かなりの時間がかかるのが通例とされている。しかしひとたび最終報告書がつくられ、金正日が決断を下せば、一糸乱れず執行される。金正日の「決断」と推進力はここから生まれる。

韓国内部における葛藤は、どちらか一方が他方を説得して解けるような事案ではない。朝鮮半島の問題に関わる韓国内部の葛藤は、米朝が和解し、当事者同士が集まって終戦宣言を行ない、平和協定へと向かうなかで解決されるほかはない。すなわち韓国内部における葛藤の国際化を経て、国際問題の合意を通して解消する以外に道はなく、事実そのように進展している。

冷戦体制が完全に解消される段階へと進みつつある情勢のなかで、何よりも私たちに必要なことは、南北関係の枠内にのみ閉じこもる「井のなかの蛙」式の思考と、我田引水の「党派的利害」から脱し、東北アジアの枠組みで朝鮮半島の未来を考えていく、認識の一大転換である。そのためにも北朝鮮と金正日国防委員長に対する再認識が切実に求められている。協力の対象と、その対象を率いる政治指導者のリーダーシップについての正確な把握が先行すべきなのである。

本書には、金正日国防委員長のリーダーシップを読みとるうえで、多様かつ豊富な証言と資料が盛りこまれている。なかでも朝鮮労働党において要職を務め、金正日をすぐ傍らから見守ってきた申《シン》敬完《ギョンワン》氏の証言が骨格をなしている。申敬完先生は一九九八年に亡くなる最後の瞬間まで、自らの名前が公開されることをはばかられていた。身分が明らかになるのを憂慮し、証言の一部を意図的に事実とは異なるように述べることさえあった。しかし世の中には、どうやら永遠の秘密は存在しないらしい。ある月刊誌の記者が彼の実名にふれはじめた。そのため、彼の経歴について具体的に公開する以外にない状況に立ちいたった。本書では、二〇〇〇年に刊行した『傍らで見た金正日』で彼が意図的に違えて口述していた内容を正し、筆者が誤って記述していた事実を訂正した。

末尾ながら、南北の和解と協力、そして変貌を遂げつつある北朝鮮社会を読み解くうえで、本書がいささかなりとも寄与できることを願っている。さまざまな事情のゆえに埋もれ行く状況にあった本書がふたたび陽の目を見る機会を与えてくれた、中央ブックスの企画者と編集者に感謝の気持を伝えたい。

二〇〇七年九月二四日　　現代史研究所研究室にて

鄭昌鉉《チョンチャンヒョン》

目次

第一章

金正日の登場

——二〇〇〇年南北首脳会談

「私の予想は完全に外れた」

二〇〇〇年六月、金正日《キムジョンイル》国防委員長は初の南北首脳会談を通じて、これまでベールに覆われてきた自らの姿を公然とさらけ出した。ことによると、一九八〇年の朝鮮労働党第五回党大会以降の二〇年間にわれわれが知りえたことよりもさらに多くを、二泊三日のあいだに見せてくれたのかもしれない。

彼は首脳会談を通して「世界のなかの金正日」というイメージを植えつけようと試み、韓国はもとより世界中を相手に、底をうっていた自身の株価を一気に天井にまで押し上げた。

しかし首脳会談で披露された彼の姿は、はたして一〇〇パーセント本物なのか？　あるいは、これまで彼に対して抱いてきた歪曲されたイメージのせいで、いっそう大きな衝撃として受けとめられたのか？

「ニュー」金正日

南北首脳の歴史的な邂逅は、テレビ映像を通じて韓国民にあまりにも生々しく伝えられた。金委員長の一挙手一投足、彼が好んで身につけるサングラスとジャンパー姿、そしてかかとの高い靴から天を突く髪型にいたるまで、どれもみな話題の種に登場した。

金委員長は良かれ悪しかれ国民的関心の対象となった。過去二〇年にわたり韓国側メディアが金委員長を「頑固で気難しい異常な人間」と一貫して描写してきたことも、彼に対する関心を増幅させる一因となっていた。

「北朝鮮の閉鎖性に劣らず韓国側もまた、北に対する情報の独占と歪曲においては別段変わるところがない」という事実が、はからずも露呈したのである。このことは首脳会談直後に実施された世論調査にもはっきりと示されていた。

リサーチ・アンド・リサーチ社の世論調査によれば、金委員長に対する国民の認識が首脳会談の前にくらべて大きく変化したことがわかる。否定的なばかりだったイメージとは根本的に異なる、「ニュー金正日像」が定着しはじめたのである。

首脳会談直前の二〇〇〇年五月三一日に実施された第一次世論調査での金委員長のイメージは、「残忍で信頼できない独裁的共産主義者」であった。「金正日について最初に思い浮かぶことは何か」という問いには、「独裁者」という回答が三四・六％と圧倒的に高かった。それ以外にも「共産主義」（六・一％）、「悪辣だ」（五・五％）、「戦争」（三・五％）、「残忍だ」（三・二％）などの否定的なイメージが圧倒していた。「力がある」「賢い」ほかの肯定的なイメージをあげた回答者の比率は、みな小数点以下にすぎなかった。

しかし首脳会談をはさんで、わずか半月後に実施された二度目の世論調査では、金正日委員長は肯定的なイメージへの「変身」を遂げていた。「独裁者」という回答は九・六％へと大幅に低下した。一三日のテレビでは腹部がひときわ突き出た姿が放映されていたものの、「腹が出ている」と答えた回答は三・六％にすぎなかった。

その代わりに「柔軟だ」（八・一％）、「気さくだ」（七・九％）、「印象がよい」（五・二％）などの肯定的イメージが浮かぶと答えた人は五三・八％にのぼり、前回の調査（四・七％）にくらべて十倍以上に急増した。

なかには「人間的な姿」（五・一％）を感じるという回答もあった。

金正日委員長の豪放磊落な姿が、テレビを視聴した多くの国民に強い印象を与えたものとみられる。たしかに今回、彼は会談の席とその場の雰囲気を終始リードしていく能力を披瀝した。ユーモアに対する感覚は、ほんのおまけにすぎなかった。適宜交える冗談も、みな意図的なものであった。韓国側の随行員は口を揃えて「金委員長は大胆かつ緻密だとの印象を受けた」と語った。彼についての評をいくつか紹介しよう。

「金正日国防委員長はまことに頭の回転が速く、ユーモアもあり、ウイットにも富んでいた。会談中終始雰囲気をリードし、みなを笑わせていた。年長者を丁重に遇する姿勢も印象的だった。金大中《キムデジュン》大統領夫妻を決まって先に立たせ、自身はその後をついて歩いた。晩餐会場には肘掛のない椅子ばかりが並んでいたが、注意して見ていると、金正日がやって来て金大中大統領の椅子だけを肘掛のあるものに変えるよう指示した。そんなところにまで気を配っている姿を目にして驚かされた。」（孫炳斗《ソンビョンドゥ》当時全国経済人連合会副会長）

「金正日委員長は悪くない人物、いわば普通の人間のように映った。彼はその場を掌握するのに卓越したリーダーシップを備えており、金容淳《キムヨンスン》アジア太平洋平和委員会委員長を除いて、北側出席者のほとんどが彼の前ではおどおどした様子だった。」（張裳《チャンサン》当時梨花女子大学総長）

「初日の会談で、金大中大統領はほとんど口をはさまなかった。まるで金正日委員長のワンマンショーのようだった。素早い冗談を適宜とばしながら、礼を欠くかと思えるほど自由奔放に語った。「金正日＝金日成《キムイルソン》」という教育が徹底してなされ、後継者の彼が北朝鮮社会を完全に掌握しているという印象を受けた。金委員長は、韓国に向けた非難放送をただちに中断せよと指示するほど積極的な姿勢を見せていた。」（金鎮國《キムジングク》当時中央日報政治部次長）

「第一に、率直で気さくだった。金大中大統領の前ではいささか窮屈な思いもあったろうに、彼の繰り出す言葉にためらいはなかった。ときには金大統領の話の腰を折ることもあり、度が過ぎてはらはらすることさえあった。第二に、たいへんなカリスマ性の持ち主だった。十年以上にわたり事実上北朝鮮を統治してきた人物という点を除いても、そうした性向が際立っていた。

第三に、知識が豊富だった。経済なら経済、環境なら環境、食べ物であれば食べ物という具合に、状況に応じて新たな話題を途切れることなく持ち出した。よく勉強しているせいか、しっかりした教育を受けたせいかは知らないが、いずれにせよ相当のインテリであることは確かだ。

第四に、「われわれ独自の社会主義」の指導者らしく、「われわれのもの」に対する執着が強かった。最高人民会議大会議場の大理石を設計当初の予定から北朝鮮産のものに変更したのもそうだし、一言一言に朝鮮の山河に対する愛情がこめられていた。

最後に、はばかることのない態度を見せながらも、基本的な礼儀は十分わきまえていた。脇目も振らずに話し続けているようでいても、金大統領に向かって「軽はずみな意見だったかもしれません」と了解を求めもし、また金大統領から半歩下がって歩くことが多かった。年長の金大統領に礼を尽くそうとする姿がはっきりと見てとれた。

結論として、金委員長は「良家の利口な一人息子」というイメージに近い人物だった。これまで韓国国民が抱いていた金委員長の姿は、虚像にすぎなかったと言わざるをえない。それが歪曲された学習の成果であれ、制限された情報のゆえであれ、いずれにせよ私たちが考えていたような人物ではなかったのだ。」（崔永黙《チェヨンムク》当時東亜日報政治部次長）

自己の力量に強い自信

二泊三日の首脳会談のあいだに彼が表立って見せた「失敗」と言えば、隠遁生活発言の際に国外の報道機関を指して「敵は…」と口に出し、すぐに言い換えたことくらいである。それを除いては、適切なユーモアと自信を土台に一貫して主導権を握り続けた。西側社会を「敵」と表現したのは、平素の考えと習慣から、思わず口を突いて出たものと思われる。

重要な点は、金正日国防委員長が人を掌握する術を理解しており、自らの計画に沿って動かしていく方法を十二分に心得ていることである。金日成主席は、生前金正日委員長について「人を動かす腕前は自分より一枚上手」と言及したことがある。

金委員長は自らの「実力」についても強い自信を抱いているようにみえた。六月一五日の午餐会の席で、金委員長はこのように発言している。

「いまや政治もしっかりした実力を備えた人物が行なうべきときです。経済でも実力のない者が行なえば、会社だって潰れるではありませんか。看板だけで政治をしてはなりません。実力を備えた人物が政治を進めれば、統一も早まることでしょう。旧態依然たる政治家たちを嘆かせ、後悔させようではありませんか」

そう言いつつ、金大中大統領を称える言葉も忘れることはなかった。「将来金大中大統領は、南北関係の突破口を開いた闘士として永遠にその名を記されるにちがいありません」

金大統領を持ち上げながら、結果的に自らも実力を備えた指導者であることを示そうとする語法でもあった。

金委員長の自信に満ちた態度は、韓国の政府長官との応接にもそのまま表われていた。一四日に金大中大統領が主催した木蘭館《モンナングァン》招待所の晩餐会でのことである。中央テーブル正面の壁に巨大な「太陽の写真」が掲げられていた。

金委員長が唐突に、韓国の長官たちにこう問いかけた。「一つお尋ねしましょう。あれは太陽が昇る場面ですか、それとも日没を撮ったものでしょうか」。随行員たちは写真を眺めて、どちらとも決めかねていた。金委員長は「以前カーター大統領がみえた折りにも尋ねてみたのです。晩餐会が終わるまでに答えを見つけてください」と声をかけた。

宴たけなわの頃、金委員長は再度写真の話題を持ち出した。「どうしてお答えがないのです？　長官先生方、さあ、どちらか答えてみてください」。

朴智元《パクチウォン》文化観光部長官が手をあげた。「日の出の写真です。民族の未来を輝かせる太陽が昇る場面です」。金委員長は待っていましたとばかりに、まったく意外な変化球を投げ返してきた。「朝に見れば日の出の写真、一杯やって日の落ちるときに眺めれば、日没の情景です」

いわば、ものごとはみな相対的であるという意味をこめた答えでもあった。もとより驚きとともに、会場は爆笑でわき返った。

早口で多弁、文章よりメッセージを優先

韓国側の随行員は、金委員長の冗談がたんなるジョークではないように感じたと口を揃える。「相互主義」についての彼の発言も、そうした例の一つといえよう。百花園《ペッカウォン》迎賓館で記念撮影をしたときのエピソードである。金大中大統領、金正日委員長、李姫鎬《イーヒホ》大統領夫人の順に立ってみると、あたかも金委員長が二人をしたがえるかのような格好になってしまった。韓国の儀典関係者が、李夫人を金大統領の左脇に連れ添う形に移そうとすると、金委員長はすぐさま金大統領を中央に立たせ、あらためて記念撮影を行なった。そうして、聞きようによってはかなり意味深長な言葉を投げかけた。「たしかにそうだなあ。相互主義でなきゃいかん。われわれは徹底して相互主義でいきましょう」

朴智元長官は「金委員長が自信に満ちていることははっきりしている。組織内の指導力もしっかり固まっていると見受けられる。いっとき否定的な評価を受けていたのは偏見によるものだったと思う」と評価した。

首脳会談の期間中、金委員長は合理的な現実主義者の一面もずいぶん見せてくれた。六・一五南北共同宣言文に合意する際に「外国勢力の干渉なしに」という部分をはずすことに同意したのは、その代表的な例である。韓国側随行員の一人は「金委員長は韓国側が困っている事案についても、なぜ苦労しているのかを積極的に理解しようと努め、またよく理解できる、まことに現実的な感覚を備えているようだ」と評した。

金委員長は、韓国のみならず世界の主要なマスコミを通じて韓国社会と世界情勢を分析していることを幾度となくほのめかした。「南のテレビ放送は欠かさず見ている」、「午前三時までテレビを見ていた」とも語った。興味深いことは、二日目に韓国のテレビ放送が話題になったとき、金委員長は「M

BCを見ていた」と漏らしたのだが、韓国側の特別随行員のなかに朴権相《パククォンサン》KBS韓国放送公社社長も加わっていることを気にかけていたらしい。そこで彼は、朴社長にこう話しかけた。

「私はKBSも見ていますし、MBCやSBSも見ます。しかしいちばんよく見るのはKBSです。自分が国営放送的な体質だからなのかもしれません」

彼の会話は早口で多弁である。ついいましがた話したばかりのことに後戻りして、修正や補足を重ねることも、相手の話の腰を折って口をはさむ様子も、しばしば見受けられた。ときには声の調子が急に高まることもあった。そのせいで彼の発言をそのまま文章に置き換えようとしても、きちんとした文語体の文章にはならない。

彼は文章よりもメッセージを伝えたがる。そのため金委員長の通訳官は気苦労が絶えない。通訳官は、一義的には「文章」を違えずにそのまま伝える機能を備えた人々である。一方メッセージは、その言葉にこめられた意思と、語る者の瞬間的な表情までも読みとって「通訳」する必要がある。この仕事は金委員長をよく知る者でなくてはなしえないことであろう。二〇〇〇年五月末の江沢民国家主席（当時）との首脳会談でも、中国側の通訳官は、金正日委員長が早口でまくしたてるのに冷や汗を流さなければならなかった。

軍部を確実に掌握

会談の期間を通して金正日委員長は、北朝鮮国内の最高権力者として軍までをも完全に掌握していることを見せつけた。六月一五日の午餐会で金委員長はこう発言した。「軍隊は、ただ保持していればよいというものではありません。そのままにしておくと、敵が誰なのか探し出そうとします。軍隊は、休むことなくひたすら仕事にうちこませるべきです」。軍を動員して作業を行なえば、すぐにでも開発に着手して金剛山《クムガンサン》の水を韓国に送ることができるという内容であった。その場には趙明禄《チョーミョンノク》国防委員会第一副委員長をはじめとする人民軍首脳部も同席していたが、金委員長の言葉には誰はばかる様子も見られなかった。

　韓国側随行員の話では、金委員長の座る席では他の誰一人として口をはさむことはなかったという。金委員長が何か質問したときにだけ、金容淳書記らがさっと立ち上がって答える格好であった。金委員長は、なかでも金容淳書記を呼ぶ際には「容淳書記」と名前だけを口にすることさえあった。こうした表現は親密な間柄を表す「愛称」だともいわれる。ときには他の高官たちにも、うちとけた言葉使いで話しかけることがあった。

　一四日の晩餐会でのエピソードは、金委員長の掌握能力がどの程度かをはっきりと示す光景となった。発端は白頭山《ペクトゥサン》のケーブルカー問題であった。金委員長がその話を持ち出すと、金大中大統領は長さがどのくらいになるのか質問した。金委員長は金永南《キムヨンナム》最高人民会議常任委員長に何メートルか尋ねたが、彼は知らないと答えた。そのとき楊亨燮《ヤンヒョンソプ》最高人民会議副委員長が晩餐会場の入り口に立っているのを見つけると、金委員長は「入って来いよ。記者かと思ったじゃないか」と声をかけた。そうして彼にもケーブルの長さを問うた。やはり知らないという答えが返ってきた。

　公式随行員の一人は「金永南常任委員長らは、知らないと答えながら顔面蒼白になっていた。金委員長は誰一人ケーブルの長さを答えられないと知って「そんなこともわからないのか」と声を荒げた。ぎこちない雰囲気を感じとった金大統領が、急遽話題を変えようとするほどだった」と当時の様子を振り返った。

両首脳の最初の出会い

金正日委員長の独特な話しぶりは、首脳会談の全過程にわたって存分に披露された。二〇〇〇年六月一三日午前一一時四五分、ピョンヤン。大きく広がった湖が涼しさを感じさせる百花園迎賓館に南北の首脳が到着した。金大中大統領と金正日国防委員長はリムジンの左右のドアから降り立った。両首脳が到着するまでの五五分のあいだに、すでに車内での「会談」は始まっていた。二人はおもに、金日成主席とピョンヤンの市街地について話を交わしていたものとみられる。

百花園に到着した金大中大統領一行は、再度金委員長の手厚い歓迎を受けた。金大統領が滞在先の玄関に到着すると、女性たちが花束を両手に抱いて待ち構えていた。金大統領と李姫鎬夫人が「ありがとう」と応じ、隣に立った金委員長はにこやかな表情で拍手を送った。

両首脳は接見室に向かい、壁を覆わんばかりの巨大な波涛を描いた刺繍の前で記念撮影を行なった。荒々しい波が岩に打ちつける場面が描かれていた。金大統領はかすかに笑みを浮かべていたが、金委員長は厳粛な表情で、両手を若干離してポーズをとった。金委員長は続いて李夫人にも一緒に写真を撮るよう勧め、大統領夫妻と並んで立った。それからしわがれた大きな声で「長官のみなさんも一緒に撮りましょう」と誘い、記念撮影を重ねた。

撮影を終えた金委員長は、金大中大統領一行に向かって「ありがとうございます」と声をかけた。このシーンこそが、テレビの生中継を通じてはっきりと伝えられた、金委員長の第一声であった。続いて金大統領一行は、金委員長の案内で接見室から会談の場へと移動した。会談場の壁には波涛のほ

2000年6月13日金大中大統領夫妻がピョンヤン空港に到着、北朝鮮の少年団員から花束を受ける。

かに、花や山、滝を描いた山水画が飾られていた。

金大統領が「何の絵ですか」と尋ねると、金委員長は「春夏秋冬を表わした絵です」と答えた。脇に控えていた全今振《チョングムジン》アジア太平洋平和委員会副委員長が「妙香山《ミョヒャンサン》の四季を描いたもの」だと説明した。

金委員長は南側の賓客を迎える立場から積極的に話しかけ、金大統領はそれに対して真摯な面持ちで耳を傾けていた。金大統領は終始まっすぐな姿勢ではっきりと答えていたが、金委員長は金大統領の方に身を寄せ、肘掛を指先でしきりに叩く仕草を見せることもあった。以下は主な対話の内容である。

百花園招待所での対話、そして戸惑い

金正日委員長（以下金正日）（金容淳統一戦線事業担当書記に）容淳《ヨンスン》書記、金大統領と同乗してきたので長官のみなさんにご挨拶できなかった

よ。（韓国側公式随行員に向かって）ピョンヤン訪問を歓迎します。朴在圭《パクチェギュ》統一部長官はテレビで見てよく知っています。（朴智元文化観光部長官に）首脳会談に合意した折りにテレビでよくお見かけしました。

金容淳書記が大統領特別補佐官の林東源《イムドンウォン》国家情報院長に公式随行員の紹介を依頼した。金委員長は閣僚が紹介されるたびに「お会いできてうれしい」と挨拶を繰り返した。

金正日　天候にも恵まれ、人民たちには一昨日（一一日）の夜、金大中大統領のコースを告げました。百花園招待所まで、どの道を通ってお連れするか知らせたのです。
　歓迎のスケジュールについては、つい先ほど公表したばかりなので、外国の報道機関は準備が遅れて金大統領をまる一日足止めにするのではないかと伝えましたが、事実ではありません。人民たちは心から歓迎しています。みなさんがその目でご覧になっておわかりでしょうが、何か不十分な点がありましょうか。

金大中大統領（以下金大中）　あれほどたくさんの人々に出迎えていただき、驚くとともに感謝申し上げます。生涯北の大地を踏むことはなかろうと思ってきましたが、このような大歓迎を受け、感無量です。七千万同胞の対話を祝って、ソウルとピョンヤンの空も晴れわたりました。まるで会談の成功を予言しているかのようです。金正日委員長に心から感謝申し上げます。出迎えてくれた市民のみなさんにも、感謝の意をお伝えください。

金正日　今朝空港に向かう前にテレビを見ました。ソウルの飛行場を出発なさる場面で、大邱《テグ》管制所とつながるところまで確認してから出かけました。今朝の記者会見では、半熟卵を半分だけ召し上がって来られたとのことでしたが、旅行に出られるのになぜしっかり朝食をとられなかったのです？

金大中　ピョンヤンに行けば、いくらでもいただけると考えてそうしたのです（随行員一同爆笑）。

金正日　自慢げな振る舞いもせず、またもの足りなくもないようにいたしましょう。日頃外国の元首も歓迎していますが、われわれには東方礼儀の国という道徳が備わっています。金大中大統領のご訪問を歓迎しない道理がありません。礼節はしっかり守ります。東方礼儀の国を示したくて、人民たちが大挙して街頭を埋めたのです。

金大統領の勇気あるご訪問に対して、人民たちも果敢に繰り出しました。警護の関係で、新聞やラジオでは宣伝できませんでした。南では宣伝すればうまくいくのかもしれませんが、われわれは実利さえ求められれば足ります。私が共和国のテレビやラジオにあまり出ないで、なぜ沈黙を守っているのかといいますが、とんでもないことです。こちらまで来て、見ればわかることです。われわれがどのような気持でご訪問を支持し歓迎しているのか、はっきりとご覧に入れましょう。長官のみなさんも金大中大統領にしたがって、やっかいな、不安で恐ろしい道を来られました。しかし共産主義者にも道徳があります。われわれは同じ朝鮮民族なのです。

金容淳書記に向かって「今日は沿道にどのくらい出たか」と尋ね、書記が「約六〇万人とのことです」と答えると、金正日委員長は「四〇万くらいかと思っていたが」と漏らした。

金大中　私は、最初から怖くはありませんでした（笑）。金委員長が空港まで出迎えてくださったことにあらためて感謝します。真心のこもった歓待に強く印象づけられました。またあれほどの人波とは思いもよりませんでした。
金正日　一昨日のテレビで西城区域《ソソン》（区に該当）ヨンモッ洞《トン》から招待所までのコースを知らせたら、まるで名節のときのように女性たちが華やかに着飾って出たのです。六月一三日は歴史にしっかりと刻まれる日になることでしょう。
金大中　これからはそのような歴史をつくっていきましょう。
金正日　午後からは合意したスケジュール通りに進みます。この百花園招待所は金日成主席が生前に名づけた場所ですが、百種の花が咲き乱れる園という意味です。散歩がてらにでも見回ってください。主席がご存命であれば、ご自身で大統領をお迎えなさったことでしょう。生前にはいつもそう願っておいででした。
　一九九四年に金泳三《キムヨンサム》大統領と会談しようとしたとき、南が多くのことを望んだと聞いています。国連にまで資料を依頼したそうですが、そのとき金泳三大統領と互いに信頼できる関係があったなら、直通電話一本でなんなりと用意してあげたでしょうに。このたびはよい前例となりました。これによりすべての関係を解決できるものと確信しています。
金大中　同感です。今後は直接連絡しましょう。
金正日　いま世界中が注目しています。金大統領がなぜ共和国を訪問したか、金委員長はどうしてそれに応じたのか、疑問に思っているのです。二泊三日のうちに答えてやらねばなりません。答えを出すにあたっては、金大統領のみならず長官の方々も寄与してくださるよう願います。

会談を終えた金委員長は、金大統領一行に「ゆっくりなさってください」と挨拶し、一人一人と握手を交わして迎賓館を後にした。去る前に安周爕《アンジュソプ》警護室長に向かって「（大統領の身辺の安全について）心配いりません」と一言付け加え、周囲を笑わせる場面もあった。

全般的に見て、両者の最初の会談は無難に終了した。金委員長はざっくばらんな雰囲気をつくろうと振る舞い、金大統領はできるだけ言葉を選んだ「アウト・ボクシング」スタイルで応じていた。しかし韓国側の基準で見れば、この日の金委員長の発言内容と言葉遣いが、よく言って型破りな、悪く言えばいささか乱暴なものであったことは事実である。たとえば「もの足りなくもないようにいたしましょう」や、「答えてやらねばなりません」、「不十分な点がありましょうか」といった類いは、聞きようによっては無礼にも受けとられかねない。また金委員長の発言の仕方も、見ていて気持の良いものではなかった。客人を迎えたなら、一言ずつ互いに言葉をやりとりするのが、いわば常識である。しかし金委員長は会話の九〇％以上を独占したばかりでなく、金大統領に発言の機会をほとんど与えなかった。

「このままお帰りください」

以上紹介した対話の内容は、テレビ画面を通して逐一公開された歓談の内容である。しかし実際の首脳会談の内容は、テレビで映し出される映像とはまったく異なっていた。テレビカメラが百花園の会議室から退出すると、両首脳のあいだの雰囲気は急速に冷却しはじめた。同席していた黄源卓《ファンウォンタクチョン》青瓦台《ワデ》（大統領府）外交安全保障首席秘書官によれば、金委員長が意外な発言を行なって韓国側代表団を当惑させたという。金委員長は、その後金大統領と向きあうなり「残念なことを申し上げなければならない」と一言口にしながら、ソウルの学生街で起きた朝鮮民主主義人民共和国国旗掲揚事件について切り出した。

「今朝南朝鮮のテレビを見ていると、学生たちが大学構内にわが国の国旗を掲げたとして、事件関係者を検挙し司法処理するとのことでした。いまここで首脳会談が開かれているというのに、こんなやり方があっていいものでしょうか」

南北首脳会談当日の一三日、ソウル大、高麗《コリョ》大、漢陽《ハニャン》大、建国《コングク》大など全国の十余大学で太極旗と共和国旗、それに朝鮮半島の形を青く描いた統一旗が並んで掲げられた。これに対しソウル地方検察庁公安第二部が「首謀者を検挙し厳罰に処す」と明らかにした内容が、前日の新聞の社会面に小さく報じられた。金正日委員長は、これを問題だとしてとりあげたのであった。

金委員長は「大韓民国大統領がここ（ピョンヤン）までやって来て自分と首脳会談を行なおうというのは、互いを信頼し尊重しようということではないか。いま南側の随行員はみな太極旗をつけているが、われわれは何一つ文句をつけないでいる」と述べた。金大統領は随行員に向かって仔細を尋ねた。彼らは慌てて、まだ報告を受けておらず、テレビも見ていないので状況を確認できないと答えた。金大統領は金委員長に、共和国旗問題に関した国内の状況についてまだ報告を受けていないことを説明した。金委員長はしばらく考えた後で「少なくとも首脳会談期間中に発生した問題については、学生たちを処罰しないでほしい」と要請した。

しかし、この問題それ自体はとるに足らないものであった。続けて金委員長は、今度はとんでもないことを口にした。「このような雰囲気では会談を続けることはできません。大統領は歓待をお受けになったことに満足され、ゆっくり休まれたうえでお帰りください。大統領も、会うことそれ自体が大切なのだとおっしゃったではありませんか」。いわば離散家族問題をはじめとする南北間の諸懸案について、具体的な合意にいたるのは困難との通告である。金大統領一行にとって、足元が一気に崩れ落ちるような瞬間であった。

二〇〇〇年六月一四日――ピョンヤンでの二日目「もっとも長い一日」

ピョンヤン訪問の二日目、六月一四日は金大中大統領にとって「あまりに長い」一日となった。大統領は午前中金永南最高人民会議常任委員長と会談し、午後には金正日国防委員長と長時間に及ぶ交渉を行なった。そして、分断以後五五年にわたる歴史に新たな里程標をうちたてる「南北共同宣言」へと導いた。共同宣言にいたるまでには長時間の討論が必要だったし、論争も繰り広げられた。見解が異なるつど、会議場には緊張感がみなぎった。三時間五〇分に及ぶ会談のうち、三時間四〇分は緊張の連続だったと言ってもよいだろう。そのようななかで劇的な宣言を引き出した事実は、政治生活を通じて終始「容共主義者」のレッテルと闘い続け、統一への道に並々ならぬ情熱を傾けてきた金大中大統領にとって、万感胸に迫る出来事だったにちがいない。

「私は隠者ではありません」

いよいよ金大統領と金委員長の二度目の単独首脳会談が、一四日の午後三時大統領宿舎である百花園迎賓館でスタートした。迎賓館の一階には、大理石の床に萌黄色の絨毯が敷かれていた。開始時刻の迫る二時四五分頃から、韓国側の黄源卓外交安保首席秘書官と李起浩《イーギホ》経済首席秘書官が相次いで金大統領の休む部屋へと入った。

双方の警護員も慌しく動き回っていた。北側は取材記者に対して徹底したボディーチェックを行なった。金大統領は二時五六分、韓国側公式随行員の案内で玄関内側の中央に立ち、金委員長を待つわずかなあいだに林東源特別補佐官から簡単な報告を受けた。

固く閉じられていた扉が開いて金正日国防委員長が姿を見せ、金容淳書記らが後に続いた。金国防委員長は前日のジャンパー姿とは異なり、灰色の人民服を身に着け、色のついていない眼鏡をかけていた。

金委員長は入ってくるなり「ゆっくりお休みになれましたか」と大きな声で挨拶し、金大統領は低い声で「ええ、よく眠れました」と答えた。この日も金委員長の表情や振る舞いは、前日の初対面のときと同様に奔放であった。

彼は続けて「テレビで（訪問の様子を）見ました」と述べ、カメラマンの「こちらに向いてください」との声に、三秒ほど軽くポーズをとってから会議場へと移動した。

議場の中央には二〇名ほどが座れる長方形のテーブルが用意され、その上に二本のペンとメモ用紙が置かれていた。

二人は中央の席に向かいあって座り、金委員長はビニール袋に入った十枚ほどの資料を前に置いた。続いて他の参加者が二人の脇に並んで座ると、すぐに歓談が始まった。

金委員長は言葉を惜しむことなく終始歓談の雰囲気をリードし、首脳会談の成果への期待はいやが上にも高まっていった。以下は両首脳の対話の内容である。

「昨晩は遅くまで南のテレビを見ていました」

金正日　お疲れではありませんか。
金大中　大丈夫です。ご足労いただき感謝いたします。
金正日　約束通り、私からお訪ねする方がよいのです。いくらもてなされてもわが家にはかなわない、ということわざもあるではないですか。

この後二人は二〇メートルほど歩いて会議場に入り、幅三メートルの机をはさんで会話を続けた。

金正日　今日は朝から忙しい日程にしてしまいました。
金大中　おかげさまで、あちらこちら回ることができました。
金正日　寝室は快適でしたか。
金大中　ゆっくり休んで、玉流館で冷麺も食べてきました。
金正日　今日は会談が午後になってしまいましたが、あまり急いで食べると美味しくありません。余裕をもってゆっくりと召し上がっていただきたいです。ピョンヤン市民たちは歓迎でわき返っています。勇断を下して来られたことに対し全人民が熱烈にお迎えしていましたが、はたして十分だったかどうかわかりません。
金大中　過分な歓待に感謝します。委員長ご自身が空港で出迎えてくださったことに、韓国でもみな驚いています。

金正日　昨晩は遅くまで南のテレビを見ていました。南の人々もみな今回の会談を歓迎しており、なかでも失郷民や脱北者は涙を流して、この機会に故郷の様子が聞けやしまいかとやきもきしています。（隣りに座った金容淳書記に向かって）本当に泣く場面が出てきたのだからなあ。

金大中　外国人記者も数百名が群がり、合わせて千人以上の取材陣が立ち上がって拍手したそうです。委員長が空港まで出向かれ、私たち二人が握手するのを見て。

金正日　私はそれほどの大物ではありません。空港へはご挨拶に出たまでのことなのに。西欧の人々は、なぜ私が隠遁生活をしているのかだの、初めて姿を見せただのと口にする。私は中国にも行き、インドネシアも非公式に何度も訪問しているのに。金大統領がおいでになって、隠遁生活から解放されたのだそうです（笑）。まあ、それでもいいでしょう。非公式に行ったのだから…。食事はいかがですか。

金大中　まことに結構です。

金正日　このあいだ中国に行ったらキムチが出て、それが南式のキムチで、南の人々は大変な仕事をしたと思いました。南の人々がキムチの名を高らしめ、また日本でも「キ・ム・チ」と発音しているが、共和国のキムチはないのです。南のキムチは若干塩気が強く、共和国のキムチは水気が多いという違いがあります。

六分ほどの歓談を終えた両首脳に、韓国側から林東源大統領特別補佐官、黄源卓外交安保首席秘書官、李起浩経済首席秘書官の三名、北朝鮮側からは金容淳アジア太平洋平和委員会委員長だけが加わり、非公開の首脳会談に移った。

この日の単独会談は、南北首脳会談最大の核心部分であった。単独会談で両首脳は、互いに話したかったことや遺憾に感じていたことを含め、南北間のすべての懸案を一つ残らず語りあった。いまとなっては、二人が交わした対話の全容をすべて確認することは容易ではない。金大統領と韓国側陪席者の証言をもとに、この日の対話を再構成してみよう。

「国家連合」と「低いレベルでの連邦」

金正日　われわれ首脳は五五年ぶりに初めて出会いました。全世界の耳目が集まるなか、七千万同胞の願いがいまここにこめられています。わが七千万同胞に、何か大きな贈り物をすべきでしょう。その大きな贈り物、わが七千万同胞の望む願いとは、それは統一ではありませんか。統一についての方案を出しましょう。その統一方案は、やはり高麗連邦制なのです。

金大中　私たちが国民の前に何か大きな贈り物を差し出すべきだとのお話ですが、そのような原則でもって論議するのは止めておきましょう。思えば一九七二年の七・四南北共同声明は、いかに素晴らしい原則だったことか。しかしそのような立派な原則があったにもかかわらず、その後二八年のあいだ、原則が守られたことはありませんでした。私たちが過去のように原則ばかりを繰り返してみても、何ら意味はありません。より実践的な問題、まさしく実践に移すことの可能な問題を協議して、それを国民の前に差し出すことが正しい道ではないでしょうか。

金委員長のおっしゃる統一問題ですが、わが七千万同胞のなかで統一を望まないものは誰一人いません。しかし現実的に見て、統一は可能でしょうか。いまただちに統一を行なうのは、まことに困難です。実際統一をすると言っても、理念と体制が異なるのにどうしていますぐ統一できるでしょうか。

私はピョンヤンに来る前に、国民に向かって、南北関係は燃えたぎる情熱と冷徹な思考をもって解決していかねばならないと語りかけました。私たちは現実をありのままに認識し、その土台の上に立って出発すべきであり、そのように現実から乖離した話をしてはなりません。はたして現実に、いまただちに統一を成し遂げられるでしょうか。そうした面から考えれば、あなた方の主張する高麗連邦制というものは理にかなっていないのです。

金大中大統領は「北が連邦制を主張する一方、韓国は国家連合を提示した。熱のこもった論争の後で、北側は「これで会談はおしまいです。これ以上続けるつもりはありません」と言い残して席を立ったが、ふたたび席に着くと、今度は低い段階の連邦制を提示してきた」と明かした。

金正日　現実問題として、いまただちに統一するのは難しいようです。そうであれば低い段階の連邦制を行なうようにしましょう。

金大中　低い段階の連邦制とは、いったい何ですか。

金正日　それは両政府の閣僚級がともに協議できる場をつくり、また議会は議会レベルで協議の場を確保する、首脳同士は今回のように互いに会って南北間のすべての問題を協議して合意をまとめ、また合意した内容を実践していく、それがわれわれの考える低い次元での連邦制です。各レベルの協議体を構成する過程で、中央政府を一つこしらえるのはどうですか。

金大中　現実的に連邦政府を設置することは不可能です。中央政府といえば、外交権と軍事権を統合しなければなりません。それらを統合できない中央政府の、いったいどこが中央政府なのでしょうか、承服できません。

それなら、こうしましょう。連邦制という用語をそのまま受け入れようとしても、国民には理解できません。ですから私たちは連邦制を受け入れるとは言えないのです。金委員長がお考えの低い段階の連邦制と、私たちが考える南北連合には相通ずるところもありますから、そのような方向で努力することで、今後ともにこの問題について協議していきましょう。

金正日　それで結構です。実際に外交権と軍事権を統合することは不可能でしょう。そうしようとすれば、おそらく数十年はかかることでしょうから。

首脳会談のなかで、最もやっかいで長時間を費やした議題がこの統一方案であった。金大統領は、かなりの時間にわたって韓国側の統一方案を説明した。金委員長は、中央政府が外交と軍事に関する権限を保持する連邦制に最後まで固執した。そして金大統領が粘り強く説得すると「低い段階の連邦制」への修正を提議してきた。金大統領はこの提案が事実上南北連合に等しいとみなして、これを受け入れた。

両首脳はこのような議論を経て、低い段階の連邦制と南北連合に共通点があることを認め、統一のためにそうした方向への努力を惜しまず協議していくことで合意したのであった。

意見の対立が生じると予想されていた「自主」の問題は、むしろあっけなく合意に達した。金大統領は、金委員長が自主性の問題を持ち出すと「周辺の四大国の協力なしには、何も始まらない。統一を成し遂げるにも彼らの協力が必要だ」と、金委員長の説得に努めた。

「自主」の問題はすぐさま合意に

金正日　朝鮮半島の問題は、朝鮮人の手で解決すべきではないですか。この点は同意いただけますか。

金大中　それこそ私たちが願っていることではありませんか。反対する理由は何一つありません。同意します。

金正日　それなら、どうして三カ国の協調をしきりにおっしゃるのですか。南と米・日の三カ国が協調して、結局はわが国を圧殺しようというのではないですか。

金大中　それは誤ったお考えです。韓・米・日の三カ国協調は、あなた方を圧殺しようとするものではなく、逆に北側を援助しようとするものです。なぜかと言えば、韓米日三カ国の協調にいたったのは、一九九八年に私たちが対北政策の推進を効果的に行なうために必要と判断したからです。

私の対北政策の柱は、和解と協力です。その和解と協力の政策を受け入れて、金委員長が今日ここで、ともに首脳会談に臨まれているのではないですか。私たちの和解と協力の政策は、あなた方を圧殺するためではなく、援助しようとするものです。これこそがまさしく私の和解の政策であり、協力の政策なのです。このような私の政策をすすめるためにつくったのが、他でもない三カ国協調です。ですから決してあなた方を圧殺するためにつくったものではない、ということです。

さらに申せば、あなた方に是非ご理解いただかねばならないことがあります。私たちは米・日と良好な関係を維持しており、米国とは同盟関係にあります。なおかつご承知のとおり、中国、そしてロシアからも協力を受けています。そして米国や日本に対して、北との関係改善を行なうよう勧めてきました。私たちはあなた方に対しても、これまで米・日との関係改善を勧めてきたではないですか。私たちがあなた方を圧殺しようというのなら、わざわざそんなことをする道理がありません。

米国に対する自主性を強調なさいますが、私たちは米国にコントロールされてはおりません。私がピョンヤンに来ることは、米国ではなく、私が自分自身で決めたことです。中国が最恵国待遇と世界貿易機構（WTO）に加わるにあたって米国の支援を受けているように、北も米国を活用できない理由はないのではありませんか。

もう一つ重要なことがあります。いま金委員長と私が自主性について論じあっていますが、南北が自主的に話し合って決めたことでも、他の周辺諸国が私たちの合意した事項を尊重し協力してくれてこそ、その自主の力が発揮されるのであって、あなたと私がいくら自主的に決めたとしても、周辺諸国が反対すればどうして私たちの意図するところを貫けましょうか。自主とは、排斥することではありません。朝鮮半島の周囲に四つの大国があることは厳然たる事実であり、どの国とも友好的な関係を維持する必要があるのです。

ですから、あなた方は他の国とも仲良くつきあうべきです。米国と接近し、また日本とも関係改善を行なわねばなりません。そのようにして私たちは、周辺の四大国すべてから支持をかちとらなければならないのです。かりに金委員長と私とで決定を下したとしても、決定した事項に米国が異を唱え、日本が反対するようであれば、私たちがいくら自主的に行なうといっても自主にはなりますまい。

金正日　わかりました。

戦争防止と平和体制の構築

両首脳は朝鮮半島における戦争の防止と平和体制樹立の課題についても、多くの時間を費やした。北の大量殺傷兵器開発が、朝鮮半島のみならず東北アジアにも危険を及ぼすもので、決してプラスには働かない、非核化共同宣言及びジュネーヴ合意を誠実に守るようにとの意も伝えた。

金大中　私たちはこの五五年間、一瞬たりとも戦争の恐怖から逃れることはありませんでした。絶対に朝鮮半島で戦争を起こしてはなりません。もしかりに戦争が起きたら、一九五〇年の朝鮮戦争とは比較にならないものになるはずです。武器や装備がことごとく進歩したいまとなっては、実に恐るべき威力を備えた双方の軍隊がぶつかるとしたら、結局わが民族は滅ぶほかはありません。戦争は、決してあってはならないのです。

金正日　まったく同感です。

金大中　私たちは決して北を吸収統一することはありません。そんなことは不可能です。北も、南に対する赤化統一は不可能なのです。

金正日　同感です。西海《ソヘ》（黄海）での交戦（九九年五月）は、上部の指示を受けずに行なったものです。

朴在圭統一部長官の言によれば、「金大統領は「北も武力統一の夢を棄てよと言って、もし金委員長が怒り出したらどうすべきか」と考えていたが、さほど怒った様子ではなかった」という。

両首脳は将来朝鮮半島で戦争を起こしてはならず、和解と協力の時代に入り、南北がともに力を合わせて新たな時代を迎えなければならないという点で意見の一致をみた。

戦争を防ぐ課題については、七月に南北長官級会談を開いて討議することで合意した。長官級会談では南北間に山積する諸問題をすべて拾い上げ、優先順位を定めて討議していくこととなった。

駐韓米軍の問題もとりあげられた。

金大中　現実問題として、駐韓米軍に出て行けと言ったところで出て行きますか。みな理由のあることです。駐韓米軍は朝鮮半島だけでなく、東北アジアの安定のために必要な存在です。統一したのちにも、必要なのです。

金正日　いまは必要でしょう。東北アジアの安定を維持するためにも必要なことはわかっています。私は一九九二年に、訪米した金容淳同志を通じて米国政府にそのような意向を伝えたことがあります。ただ、人民たちに急に考えを変えろといっても無理なので、公にはしないでいるだけです。

黄源卓青瓦台外交安保首席秘書官は、両者のあいだでは駐韓米軍問題について楽観視できる程度の十分な意見交換が行なわれたが、微妙な問題だけに詳細に明かすことはできないと述べた。

韓国の国家保安法に関してどのような対話が交わされたかは、つまびらかではない。金委員長は「われわれは一貫しているが、南はそうではない。そのような状態で合意してみたところで、いったい何になるのか」と不満を表明し、国家保安法の廃止を主張した。

両首脳は和解と協力の時代にふさわしく、南北ともに関連する法規の改定を行なうことで合意した。話し合いは朝鮮労働党の規約改正問題にも及んだ。黄源卓秘書官は、両者のあいだで以下のような合意をみたことを明らかにした。

「国家保安法とそれに関する対北法規は、かつての対立の時代につくられたものである。いまや時代的状況は大きく変化した。そうなったからには、かりにその精神は生かすとしても、いまの時代にふさわしいよう改定しなければならない。時代が変化したこのときに、この問題で同じ民族同士が争っていてよいのか。もしわれわれ二人の認識だけが間違っていたのなら、両者で修正すればことは足りる。しかしいまだに多くの国民は、過去の認識にとらわれている。これが問題だ。われわれ二人が道を開いて、和解と協力の新時代に適応できるよう国民の認識を変えていかねばならない」

非転向長期囚の問題もなかなかに複雑であった。公式的には、北から南への帰還を望む良心囚や韓国軍捕虜は存在しないとされているからである。そのような堅苦しさを「人道的レベル」という言葉で溶かしていった。離散家族の相互訪問については、ことのほかあっさりと意見の一致をみた。来たる八月一五日の解放記念日に双方百名ずつの相互訪問を実施し、これをモデルに他の離散家族についても八・一五同様の手続きに沿って生死の確認と相互訪問、面会所の設置を論議していくことで合意した。

「『ソウル新聞』は紙名変更したそうですね」

金大中大統領と金正日国防委員長が首脳会談を行なうあいだ、双方の随行員は会場の外でやきもきしながら会談の結果を待っていた。会談が二時間を超えたあたりで、「少し休まれては」という周囲の勧めに応じて、両首脳は午後五時二〇分頃から休憩をとった。

休憩に入る前にソウルからファックスで新聞が届くと、両者はそれを材料にしばし並んで歓談した。二人は首脳会談を報じる一面を覆わんばかりの見出しと、数ページにわたる報道内容を目にして「どれも首脳会談に関心が高いなあ」と気を引き締め直した様子であった。わけても金大統領は「記事のない、写真だけを載せた新聞は初めて見た」と漏らし、「七千万同胞の関心の高さを示すものと思う」と述べ、会談を成功裏に終え必ずや南北の人々に大きな「贈り物」を届けようとの決意をのぞかせていた。

金委員長は「南の新聞では首脳会談が大々的に報じられていますね」と関心を示した後で、そこに旧『ソウル新聞』が見当たらないのを確認し、「紙名変更したそうですね」と金大統領に尋ね、韓国のマスコミ界についてしっかり把握していることを示唆した。金大統領は「いまは『大韓毎日』です」と説明した。

金大統領は金委員長が韓国のマスコミに対する強い関心を示すと、「これは差し上げましょう」と即座に申し出た。金委員長は随行員に「きちんとまとめておくよう」指示した。

両首脳はそれぞれ別室に分かれて休息をとった。午後六時五分になって会議場へと向かうと、入り口の廊下で二人はばったり出くわした。

廊下の向こうから歩いてきた金委員長が、先に金大統領に「ゆっくり休まれましたか」声をかけると、大統領も「ええ、金委員長も十分お休みになられましたか」と挨拶を返した。二人は休憩時間中にまとめていた考えが多岐に及んでいたためか、会議場に入りながらもそのまま対話を続けていた。会議は南北経済の交流と協力に関する問題から再開された。

金大中　南北が鉄道と道路をつなぎ、港湾や電力などの基盤施設を拡充していくことが今後の北朝鮮経済に役立つことと思います。

金正日　共和国には鉱山が多い。鉄道が通る場所から鉱産物を載せて南の製錬所に送り、そこで製錬した製品を南が使って、残ったものを北に送ればよいのです。

金大中　韓国は自由経済体制ですから、政府が投資せよと言ったところで無理な話です。そこで、韓国企業を含め多数の外国企業の投資を集めようとするなら、前もって投資に対する保証、二重課税の防止、正常な決済方法、商社間の紛争調停など、制度面での整備を急がねばなりません。

金正日　できるだけ速やかに会議を開いて措置をとりましょう。

ソウル答礼訪問と署名

南北間の議題を終えて、最後に答礼問題が話し合われた。

金大中　金正日国防委員長はソウルを訪問すべきです。

金正日　私は、行けません。それは無理です。

金大中　なぜ、そうおっしゃるのですか。

金正日　私は、いまの職責のままでは行くことができません。国防委員長の立場にある私が行くことを、人民たちは望んでいません。

金大中　あなたが来ないでどうしますか。いま金委員長と私とで、和解と協力について互いに合意し話し合ったところなのに、あなたが来られないというのなら、いったい誰が和解と協力の政策を信じられるでしょうか。ですからあなたはソウルに来るべきなのです。

金正日　いいや、私は行けません。個人的な資格で行くのなら、漢拏山《ハルラサン》にも行ってみたいし、また金大統領が個人の資格でおいでになるなら、白頭山にお連れして、四泊五日なり私がご一緒できます。

しかし個人的な資格ではなく、いまの職責のままで行くことは到底容易ではありません。

この問題で金正日委員長は、応諾できないとの意思を何度も繰り返し表明し続けた。

金大中　金委員長はこれまで何度も、わが国は東方礼儀の国とおっしゃったではありませんか。私は委員長より歳が上なのですよ。年長の私があなたを訪ねてやって来たというのに、どうして私を答礼訪問できないとおっしゃるのです？　それが礼儀にかなったお答えでしょうか。

金正日　わかりました。全羅道《チョルラド》の意地っ張り、のおっしゃることは尊重しなければなりませんね。

金大中　ああ、そう言えばどなたかの本貫《ポングァン》（祖先発祥の地）も全州《チョンジュ》金氏ではなかったですか？（金正日委員長の本貫は全羅道の全州である）

金正日　高位級会談に一、二度（他の人間を先に）送って、三度目あたりに私が（ソウルに）行きましょう。

かくして韓国側では困難とみられていたソウルへの答礼訪問問題でも、両者は合意をみた。最後のハードルが残っていた。共同宣言の署名を誰の名前で記すか、である。双方はこの問題をめぐって二五分ものあいだ応酬を繰り返した。

金大中　あなたと私とで署名しましょう。

金正日　私は、署名できません。わが共和国の体制では、金永南最高人民会議常任委員長が国家の首班とされています。金永南常任委員長が署名し、金大中大統領が署名されるのがよいでしょう。

金大中　それはなりません。北の実質的な指導者は、あなたではありませんか。あなたが署名すべきです。私も大韓民国の大統領として参ったのですから、私が署名するのが妥当なのです。どうしてそんなことをおっしゃるのですか。それはなりません。

金正日　それなら、上部の意を受けて金容淳委員長と林東源特別補佐官の二人が署名することにしましょう。

韓国側陪席者　お二人が直接お会いになられたのに、他の者に署名せよとおっしゃってよいものでしょうか。

金正日　わかりました。いつ署名しましょうか。

金大中　すぐやりましょう。文案がまとまったらただちに署名しましょう。

金正日　文案の準備もありますから、明日にしましょう。

金大中　それはいけません。今日すぐにしましょう。なぜなら、明日署名することになれば、韓国では翌日の朝刊に載ることになるからです。私たち一行が韓国に到着した次の日になって、合意事項が報道されるのです。

金正日　大統領は凱旋将軍としてお戻りになりたい、ということですね。

金大中　あなたが私を凱旋将軍に仕立てたとして、何の不利益があるというのですか。

金正日　やれやれ、わかりました。文案の準備がまだできていませんが、どうしますか。

韓国側陪席者　私どもで用意しておいたものがあります。お二人がおっしゃったことをもれなく整理したものですが、ご検討いただいて、もし問題があるようなら討議して決定してください。

金正日　そのようにしましょう。

韓国の新聞報道に不満も

こうして三時間五〇分に及ぶ長い会談は終わった。しかしこれまでに判明した対話の内容は、あくまでも「絵画の断片」にすぎないようである。金大中大統領も「他にもいくつか前向きな了解事項があるのだが（公表するには）適当な時機ではない」と述べた。両首脳のあいだで、いまだ明かされない数多くの奥深い対話がなされたことを示唆するものであろう。

この日の会談で金大統領は「南北は七・四共同声明と南北基本合意書など、すでに多くの合意を成し遂げてきたが、いまやそれを実践し行動に移すことが重要である」として、「南北のあいだで、朝鮮半島の緊張緩和と平和体制の構築、和解と協力のためのあらゆる方案を論議しなければならない」と明言した。潜水艇進入事件や西海での交戦に対しては、間接的に抗議の意志も表明した。

金委員長も金大統領の発言の途中で「私も遺憾に思っていることを申し上げたい」と、これまで韓国に対して不愉快に思ってきた事項について忌憚なく率直に語った。金委員長はまた、韓国の新聞を金大統領と一緒に見ていた場面で、芳しくない扱いをされた記事に不満を示すこともあった。

その一方で金委員長は、金大中大統領の人生と政治家として歩んできた道のりに対し、何度も尊敬の念を表した。金委員長は「命まで奪われかねない弾圧に幾たびもさらされながら、こうして政権につかれたのは想像を絶することだ」と、金大統領を絶賛した。

会談を終えて出てきた二人の表情は、ともに明るかった。会談の結果に両者とも満足していたのである。金大統領はのちに「これまでの人生で身につけてきた力をすべて出しきり、誠心誠意ありのままに説明した」と、自らの心情をうちあけた。実際に二度目の会談では、双方が言うべきことを存分に語り合ったものとみえた。

午後七時一五分に首脳会談を終えると、韓国側の林東源特別補佐官、黄源卓外交安保首席秘書官と北側の金容淳書記、林東玉《リムドンオク》統一戦線部第一副部長が共同宣言文の草案作成に慌しく動いた。午後八時頃百花園迎賓館を後にした両首脳は、木蘭館で催される晩餐会へと向かった。金委員長から先に「晩餐会においでになるときは私がお連れします」と声をかけた。

ピョンヤンを訪問しているあいだ、大統領が移動する際には必ず金委員長が車の後部座席左側に同乗していた。これより先に金容淳書記から手渡された共同宣言文草案を読んだ金委員長は、出発前に「さきほど目を通してみたが、私の思っていたことと九分九厘ちがいはなかった。これ以上手を加えることはない。これでいきましょう」と満足げな素振りを見せていた。

「軽はずみな意見だったかもしれません」

木蘭館に到着した両首脳は、随行員との挨拶を終えたのち、晩餐会場脇の大きな屏風を巡らした休憩室で、しばし休息をとりつつ歓談のひとときを過ごした。

金大中　（正面にかけられた大きな絵を見やって）あの絵は何の絵ですか。

金正日　白頭山の天池《チョンジ》の情景です。中国側から見るよりこちらから眺めて描いた方が、より自然な絵になります。

金大中　青瓦台にも白頭山の写真がありますが、中国側から撮ったものです。

金正日　金大統領も一度白頭山に登らなければなりませんが、私が漢拏山に行ってからですね。

金大中　足が悪いので、白頭山に登るのは難しいです。

金正日　車で頂上まで行けますよ。
金大中　ああ、そうなのですか。
金正日　金剛山は車では無理です。若い連中が金剛山にケーブルカーを引こうというので反対しました。年寄りたちには不便でも、自然の環境を壊すのかと反対したのです。白頭山の天池だけはケーブルを敷設しました。自然が破壊されることもないからです。（白頭山山頂のケーブルカーの長さについてつぶやきながら）容淳書記、長さはどのくらいだったか。
金容淳　正確な数字はわかりませんが、五百メートルはあるでしょう。
金正日　もっとあったのではないか。
金大中　（屏風の左側の絵を見て）あの絵は仏様に似ていますね。
金正日　そうです。金剛山にひけをとらない七宝山《チルボサン》も自慢しなければなりませんね。私は四度訪れていますが、いまだに開発の手が伸びずにいて、金剛山のように海を控えた、それは絶景です。
金大中　どこにあるのですか。
金正日　咸鏡北道《ハムギョンプット》です。中国が観光地に開発させせろと要求していますが、許可していません。（朴在圭統一部長官に）七宝山には行ったことがありますか。
朴在圭　調査の折りに一度訪れたことがあります。
金正日　長官のみなさんも共和国を踏査されるよう希望します。大統領が範を示されたのだから、それぞれの担当分野ごとに実地に調査なさるよう期待しています。
金大中　いまのお言葉は、北の指導者たちも韓国を歩かれるという意味で受けとってよろしいでしょうか。

金正日　（金永南常任委員長を指しながら）互いに行き来するのもよいでしょう。もっとも、観光で得られる利益も多いが、損をみることも少なくありません。イタリアやユーゴの人々は、観光は金儲けにはよいが、土地が荒廃し海は汚染されると言っていました。彼らの言葉を鵜呑みにするわけではありませんが、参考にはなります。いくぶん誇張されてはいるでしょうが、金剛山を訪れた南の人たちが、わが方の雪岳山《ソラクサン》は汚物まみれだと言っていましたね。何が大切なのか、その矛盾を解決するのは容易なことではありません。

金大中　まったく難しい問題です。

金正日　ソウルの新聞には、ピョンヤン市内はひっそりとしていると書かれてありましたね。「ひっそりとしている」という言葉は、何かがないという意味ではありませんか。

金大中　ワシントンは整然としていて、ニューヨークは乱雑な印象を与える街ではありませんか。そのような意味で使ったのでしょう。

金正日　（自分が言い過ぎたと思ったように）いささか軽はずみな意見だったかもしれません。

金大中　いいえ、大切なお話です。ソウルは公害の問題を抱えています。二、三日前に中浪川《チュンナンチョン》で魚が死んでいたという新聞記事を読んで、深刻に考えていたところでした。

「なんと長いあいだ待ち焦がれてきたこの日」

両首脳は、環境問題についてさらにいくつか言葉を交わしたのち、晩餐会場へと席を移した。この日の晩餐会では、宮廷料理の専門家である韓福麗《ハンボンニョ》氏率いる十名が北朝鮮の調理師二〇名とともに用意した、韓国の伝統的な宮廷料理が振る舞われた。

金大統領と金国防委員長が到着すると、双方の参席者は起立して迎え、三分間拍手を送り続けた。

まず金大統領がマイクに向かい、いくぶん興奮気味な声で、五分あまりのあいだ晩餐の辞を朗読した。

大統領は「金委員長と首脳会談を成功裏に終えたことを報告する」としながら、「わが民族の輝かしい未来を見出すことができた」と表明し、参席者の拍手を浴びた。金大統領は「私は金正日国防委員長が、金日成主席が逝去されて以来わが民族伝来の倫理に基づいて三年の喪に服された、この上ない孝心にいたく感動した」、「政治的安定を成し遂げ、対外関係と経済発展のために多くの努力を傾けて来られたことに敬意を表する」と称えた。

さらに金大統領は「今後南北間で協力を具体的に進めていくためには、われわれ二人と責任ある当局者同士の持続的な対話が不可欠であり、これを通して相互に理解を広め、信頼を積み重ねていけば協力もまた拡大するはず」だとして、「ついには白頭山から漢拏山にいたるまで平和に満ちあふれ、漢江《ハンガン》と大同江《テドンガン》には繁栄の波がわき立つにちがいない」と述べた。

挨拶を終えて大統領が席に着くと、金委員長は大統領の左側に座っていた金永南常任委員長に「代わりに挨拶を頼みます」と促し、これにしたがって金永南常任委員長が金正日国防委員長の答辞を代読した。

「統一は未来形ではなく現在形で」

金常任委員長は「今回の出会いと会談を通して、北と南は互いに別れて生きることのできない血肉であり、何者にもくらべようのない同族であることを重ねて確認した」、「政治家は統一を未来形で眺めるのではなく、現在形でつくり出すためにあらゆる智恵と力を集中しなければならない」と強調した。

晩餐の辞を終えてテーブルに戻った両首脳は、用意されていた韓国側の焼酎と果実酒《ムンベジュ》、宮廷料理のメニューを話題に歓談をともにした。このとき金委員長は李姫鎬大統領夫人が正面の一般席に座っているのを見て、「離散家族になってはいけません」と爆笑を誘い、自分と大統領のあいだに席を用意させて夫人が座れるよう配慮した。

金委員長はワイングラスを手に、李姫鎬夫人に向かって「ご健康であられますように」と乾杯を発声した後で、「南の料理の手順がわからない。どういうふうに食べればよいのか、よくわからないのだ」とその場の雰囲気を和ませ、料理の器についてあれこれ李姫鎬夫人に尋ねたりもした。

この日の晩餐会は、金委員長が積極的かつ前向きな姿勢で臨んだため、従来の首脳会談とはちがって形式にとらわれることなく、肩肘の張らない家族同士のような自由な雰囲気の内に進められた。

晩餐会場まで続く実務協議

しかし木蘭館で晩餐会が催されている最中も、「南北共同声明か、南北共同宣言か」を巡って南北の実務者同士の攻防が続いていた。共同宣言文の作成は、口で言うほど容易なものではなかったのである。百花園迎賓館に残った双方の実務担当者は、共同声明の最終案を用意して木蘭館晩餐会場に入ると、金容淳書記から先に金委員長に報告した。委員長は最終案を検討して部分的に修正を指示し、これを韓国側の林東源特別補佐官にも説明した。そして今度は林東源補佐官が金大統領に報告するという具合に、舞台裏での調整作業はせわしなく繰り返された。

最後の難題は「宣言」か「声明」か、であった。北朝鮮側は一貫して「声明」とするよう主張していた。しかし金大中大統領は「これまで「七・四南北共同声明」はじめ多くの声明が出されてきたが、実践されることはなかった。いつも声明を出すばかりでどうなるというのか。実践が伴わなければ意味がない。歴史的な宣言としようではないか」と主張し、最終的に「宣言」に確定した。

その後も金委員長のソウル訪問の日程とその表現など、細かな部分で最終的な調整が行なわれた。ここでも金容淳書記が、金大統領と金委員長とのあいだを行き来してメッセンジャー役を務めた。午後九時を十分ほど過ぎた頃、ついに宣言文が最終合意にいたったとの報告が両首脳に伝えられた。

金正日委員長がワイングラスを手に金大統領のもとへと向かい、乾杯の音頭を依頼した。金大統領は金委員長とともに演壇に立ち「われわれ二人はこの共同宣言に完全に合意しました。みなさん、どうぞ祝福してください」と述べ、金委員長の手をとり高く差し上げた。割れるような拍手が晩餐会場に響き渡った。時刻は午後九時四九分、歴史的な「六・一五共同宣言」が誕生する瞬間であった。

ところが、この歴史的な瞬間を報道するはずの記者が、実はその場に一人もいなかったのである。取材陣には晩餐会場への立ち入りが許可されていなかったためであった。朴晙瑩《パクチュニョン》青瓦台報道官と朴《パク》仙淑《ソンスク》副報道官が困惑した顔で相談していると、金正日委員長が「何か問題があるのか」と声をかけた。朴晙瑩報道官は「お二人で手をかかげた場面を、取材陣が撮影させろとたいへんな騒ぎです」と説明した。金委員長は金大統領に「そうであればここはひとつ、われわれが俳優になってやりましょう」と誘い、演壇に上がって再度ポーズを決めた。

その後三〇分のあいだ、金大統領と金委員長を中心に、主賓テーブルを囲んで首脳会談の成功を祝う、双方の主だった参席者の乾杯が途切れることなく続いた。型破りという言葉では言い尽くせないほどの、あたかも一篇のドラマのような雰囲気があたりを包んでいた。

なかでも金委員長は、林東源特別補佐官を呼んで何事かを耳うちしたのち、なみなみと注がれたワイングラスを二人揃って一気に飲み干し、乾杯の行進を開始した。

林東源補佐官が席に戻ると、金委員長は「全部飲んだか」と尋ね、林補佐官がグラスを逆さにして空になったことを示すと、周囲からはふたたび拍手が湧き起こった。

金委員長はもう一度補佐官にワインを注ぐと、今度は隣に座っていた朴在圭統一部長官に乾杯の音頭とりを勧めるなど主賓席の面々に乾杯を促し、一同は起立して「一息に《ウォンシャ》」飲み干した。

主賓席の雰囲気が盛り上がると、随行員席からも後を追うように起立・乾杯が始まり、瞬く間に晩餐会場は「乾杯《ウィハヨ》」の声が絶え間なく飛び交う賑やかな状況へと変わっていった。

このとき思いがけない「事件」が発生した。突然金正日委員長が、一番テーブルに座っていた人民軍の将軍らに向かって手振りで示しながら、大声で金大統領にも献杯するよう指示したのである。朴《パク》在慶《チェギョン》大将（総政治局副局長）・玄哲海《ヒョンチョレ》大将はじめ朝鮮人民軍の最高位将軍六名が進み出て金大統領の前で列をなすと、まず朴在慶大将が金大統領に酒を注ぎ、声を揃えて飲み干した。続いて金大統領も将軍一人一人に返杯し、ともに飲み干す場面を演じた。

北朝鮮軍部の最高実力者である趙明禄国防委員会第一副委員長も、金大統領の傍へ寄ってなみなみと注いだ酒で乾杯を叫んだ。

すると金委員長は、テーブルの右隣りに座っていた韓光玉《ハングァンオク》青瓦台室長に声をかけて乾杯した。そして今次会談の舞台裏の主役である朴在圭・朴智元両長官と次々に乾杯を重ねたのち、「私は二度も演壇に立ったのだから、出演料をもらわねばならん」と冗談まで飛ばした。

その後両首脳は署名式場である百花園迎賓館へとふたたび席を移し、宣言文に署名した。歴史的な南北共同宣言の署名式には、韓国側から林東源大統領特別補佐官をはじめとする公式随行員が、北朝鮮側からは金容淳統一戦線事業担当書記、林東玉同第一副部長だけが陪席した。

歴史的な南北共同宣言

金大中大統領と金正日委員長は、「六・一五南北共同宣言文」で民族自らの力量を土台とする自主的統一の原則を再確認した。わけても共同宣言第二項では、分断以降南北の首脳が初めて統一方案での合意を導き出したとして、韓国側の「連合制」案と北朝鮮側の「低い段階の連邦制」案との共通性を認める方向で統一を志向していくことが明記された。

さらに「南北は経済協力を通して民族経済を均衡的に発展させ、社会・文化・体育・保健・環境など諸分野における協力と交流を活性化し、相互の信頼を強固なものにしていくこととした」と明文化された。両首脳は続けて、これらの合意事項をすみやかに実践に移すため、早期のうちに南北当局者間で対話を行なうことで合意した。

金大統領と金委員長は、署名式を終えると並び立って手をとり合い、頭上高く差し上げて取材陣にポーズをとったのち、随行員の全員にシャンペンを回して祝杯を上げた。このとき金大統領は手にしたシャンペンを半分ほど飲むと口から離したが、隣りに立っていた金委員長は一息にグラスを空けた。

金正日委員長は共同宣言に署名したのち、「署名したからには、必ず守る」と何度も念を押すように繰り返した。二〇〇〇年六月一四日の深夜、一一時三〇分であった。宣言文では六月一五日に署名したとされている。これは北朝鮮側が四の数字の入った一四日を忌避し、一五日に固執したためであった。署名が終わるとただちにマスコミに伝えられ、その晩のうちに報道された。南北分断五五年の歴史に、たしかな区切りをつける瞬間であった。

金委員長は百花園を後にしながら「明日、大統領はゆっくりお休みになって、南の代表団は最新式の鶏肉加工場を見学されるとよい」と提案した。「最近ドイツの最新式設備を投入した養鶏場がある」、「南の代表団の目で厳しく評価してもらいたい」という依頼であった。

奔放に語る金正日委員長

翌日の午餐会でも、金委員長は自身が抱いていた考えを存分に披露した。韓国側の随行員を驚愕させる発言もあった。彼はまず、韓国からの二〇万トンの肥料支援に感謝を表明した。

「南から肥料を送っていただき感謝します。もし穀物が育つ時期に肥料をやれなかったら、人民たちは今年、また…。金泳三政権の時代だったなら、支援要請はしなかったにちがいありません。金大中大統領政府であったればこそ、急場しのぎにいったん借りて、後で返せばよいのだから、支援要請を行なえと私が指示したのです。無駄にすることなく、大切に、きちんと使いました」

電力支援の要請もあった。「電気も不足しています。地方でも、とりわけ黄海道《ファンヘド》の農村地帯は電力事情がかなり深刻です。明かりがちらちら点滅して…。ただちに解決しなければなりません。南で余っている電気があればいただきたい。なければ仕方ありませんが」

いずれも唐突な、放言じみた提案だったが、考慮に値するものも少なくなかった。首脳会談の後で、政府がただちに北に対する電力支援問題の検討を本格的に開始したのも、金委員長のこうした要請によるものであった。

金委員長が「脱北者」という単語を口にするシーンが放映されて異彩を放ったが、韓国を「大韓民国」と公式に呼んだのも、おおいに注目を集めた場面である。金委員長は午餐会の途中で「日本は仁丹を海外に普及させたが、キムチを世界中に広めたのは大韓民国の貢献だと思う」と述べた。金委員長が、今回の会談の過程で一度は「大韓民国」という言葉を使おうと当初から心に決めていたところ、キムチの普及について語るうちに、おのずと大韓民国という用語が口をついて出たのであった。

「北京での接触は事大主義」

金委員長はまた、南北間におけるさまざまな接触がこれまで中国の北京でなされてきたことについても、「北京を舞台に使わないようにしましょう。他だと不便なのでそうしているが、北京を使うのはやはり「事大的」です。いつでも連絡のとれる体制を整えましょう」と提案した。近い将来、南北当局者間の接触が朝鮮半島内でなされる展望を示す一節である。

米国はじめ周辺諸国が最も関心を寄せる、北朝鮮の核・ミサイル開発に関する金委員長の胸中も、この日の午餐会でのぞかせた。彼は、黄源卓外交安保首席秘書官の「ビル・クリントン大統領に会って首脳会談の結果を報告する手はずになっている。彼らが最も神経をとがらせているのは核とミサイルの開発問題だが、北側の立場をどのように説明したらよいか」との問いに、こう答えた。「まもなく行なわれる朝米会談で解決をみるだろう。あまり心配するなと伝えてほしい」。黄源卓秘書官が米国側に伝えた「金正日委員長のメッセージ」とは、このことであった。

金委員長はこの日の歓送午餐会で「悩んでいることが一つある」と切り出し、「今朝国防委員会の職員らに「わずか十日後に迫った六・二五問題をどうすべきか。われわれの側は例年のような六・二五記念行事であってはいけない」と指示した」旨語った。金委員長は「（国防委員会の面々が）南は従来通りなのに、われわれだけ変えるわけにはいかないと反対していたなあ」、「五〇年も続く敵対関係に内心では嫌気がさしているだろうに、軍人たちは常に相手方を敵とみなすよう訓練されているから、この者たちに敵対感を抱かせないようにすることが大切だ」と強調した。さらに委員長は、韓国側随行員に向かって「林東源特別補佐官、朴在圭統一部長官、朴智元文化観光部長官、これについてはあなた方に調整していただきたい。まかり間違えば、昨日の共同宣言も反故同然になってしまいます。調整がうまくいかないなら、私が南に行って代わりに長官でもするか」と口にし、爆笑を誘う場面もあった。これに対し金大中大統領は「それはなりません。あまりお気遣いのないように」と応じた。

歴史的な首脳会談はそのようにして幕を下ろした。金正日委員長は、初の南北首脳会談を通じて韓国と世界の舞台に華々しく登場したのであった。

わずか三日のあいだにわれわれが目にした姿だけで、金正日委員長を評価することはおぼつかない。それでも、会談の期間を通して韓国社会に映し出された彼の言葉と振る舞いは、一つの「ショック」にはちがいなかった。北朝鮮研究者の多くは「首脳会談以前にも研究者のあいだでは、金委員長を肯定的に評価する見解がなくはなかったが、対決の論理のせいで歪曲されていた」、「だからと言って、今度は手のひらを返すように金委員長を称賛一辺倒に評価するようではいけない。いっそう正確な、バランスのとれた形で把握する努力を傾けていくべきだ」と語った。

「朴正熙の評価は後世に委ねて…」

二〇〇〇年八月、『中央日報』をはじめとする韓国マスコミ各社社長団四六名がピョンヤンを訪問し、一二日金正日国防委員長と面会した。金委員長は南北首脳会談の際にくらべ、さらに多岐にわたる話題をいっそう自由奔放に語った。以下は対話録の要旨である。

■統一問題

金正日委員長（以下金正日）　統一については、これまで双方に問題がありました。北南ともに、過去の政府によるものです。体制維持のために、双方の政府が統一問題を利用してきました。

それが金大中大統領の決断でなされた六・一五宣言以降、大きく変化しました。韓国のマスコミ批判もその一つだし、野党への批判も強い。韓国では官僚がさほど力をもっていないようですね。

マスコミ各社社長訪北団（以下訪北団）　統一の時期はいつ頃になりますか。

金正日　それは私の決心次第です。適切な時期に、としておきましょう。このような表現は高位職にある人間が使う言葉です。

■ソウル訪問

訪北団　ソウルへの答礼訪問はいつ頃のご予定ですか。

金正日　適切な時期に行ないましょう。急がないといけないのだが…。

訪北団　シドニーオリンピックに招請されたら、おいでになりますか。
金正日　シドニーに行って俳優の真似事をするよりも、先にソウルに行かなければ。金大統領に借りがあるので、まずはソウルに行かねばなりません。マスコミの代表者ともこうして話をしているし、金大統領との信義の上でも、行って会わねばならない。金容淳書記の条件が整えば、先にソウルに行かせます。
金容淳　条件が整えば参ります。
金正日　北南長官級会談の第一、二回目は挨拶程度でした。次の第三回会談からは本格的に歩を速めていきます。南側のマスコミ各社社長代表団は百名ほどと聞いていますが、今回五〇名が来ました。わが国の言論界の代表者はそれほど多くはありません。数字の面からみても、言論界においては南が「兄《ヒョン》」としての役割をはたすべきでしょう。
訪北団　北朝鮮交響楽団が、当初八月七日に来て一四、一五の両日公演を行なう予定でしたが、急遽一八日に変更されました。
金正日　八月一五日に行って公演するようにしてください。
鄭夏哲《チョンハチョル》部長　はい、その予定で派遣します。
訪北団　そんなに早く来られたら、こちらの準備が間に合いません。
金正日　南側ができないのなら仕方ないですね。わが方は、まったくもって官僚的です。
訪北団　公演予定日に変更があると、行き違いが生じてたいへんやっかいなことになります。約束は守られなければなりません。今年中にソウルをご訪問なさいますか。
金正日　マスコミ代表のみなさんはトップニュースばかり欲しがるのだなあ…。私はこの秋ロシアに行きます。プーチンが是非にと言うので…。ウラジヴォストーク州知事がプーチン大統領、中国主席、それに私を招いて、大きな会議をするから少し話してほしいというので、行くと約束しました。ところが、この州知事がプーチン大統領に、日本に対して刺激的な話をするよう依頼しました。

私はプーチン大統領に、あなたはウラジヴォストークで日本を非難しておいて、九月にそのまま日本に行けますかと話しました。一介の州知事より、たしかにロシア大統領の招請の方がもっと重要です。私は金大中大統領に借りがあるので、ソウルに行かねばなりません。いつ行くかについては国防委員会と外務省とで話し合っていますが、まだ報告を受けていません。

南側と光ケーブルで結ばれれば、一秒もかからずに必要なことを南に知らせられるようになります。

訪北団　プーチン大統領が南に行くでしょう？　この秋でしたか？

金正日　二泊三日では済州島《チェジュ》までは無理です。四泊五日のご予定でおいでください。

訪北団　私が四泊五日のあいだソウルに行くとなったら、幹部たちが反対します。

金正日　それなら幹部たちを閉じこめておき、パチンコで赤い信号弾を撃ち上げておいでになればいかがですか。

訪北団　となると、よく命中するパチンコを用意しておかなきゃならんなあ。

■韓国マスコミへの評価

金正日　南の言論に関して言えば、私が南のテレビを見はじめたのは朴正熙《パクチョンヒ》大統領が亡くなる三週間前からでした。南の新聞はずっと読んでいたが、八年前から目が悪くなり、いまはあまり見ていません。南の新聞の活字はどのくらいの大きさですか。『労働新聞』はいくつだったか。『労働新聞』よりも小さいですか。

訪北団　いいえ、『労働新聞』の倍はあります。

金正日　KBSは残念な報道が多いが、いまはけなすこともありません。以前は官営放送だからそうしたのでしょう。それが六・一五宣言以降大きく変わりました。それまでは不本意ながらそうしていたのでしょう。テレビは画面でそのまま映し出すから、ウソがつけません。

ところで南の言論は、私がワインを一杯飲んだだけでも大酒飲みだと報道します。誇張が多すぎる。カナダとオーストラリアが私に対する誹謗記事を書きました。調査したところ、上で金をやって書けと言って、それで書いたという話も耳にしました。外国とのあいだでは相互主義でやっているが、同じ民族のあいだで、どうして相互主義が必要でしょうか。

南では、いまや御用言論は存在しないでしょう。これからは御用言論ではだめなのです。わが国の言論も漢拏山の日の出を見るべきではないですか。報道の速さを競って共和国側の言論が負けることはあっても、正確性に関しては南に負けることはないでしょう。こちらはきわめて正確無比です。テレビは、私はKBSを見ています。朴大統領が亡くなる三週間前から見はじめましたが、当時は白黒画面でした。南のテレビはNTSC方式ですが、わが国はそうではない。PAL方式を採用していますが、色彩の点でやや劣ります。

『ソウル新聞』の三、四面だったか、連載小説を載せていますが、ずっと読んでいました。面白いです。いまも掲載していますか。

南の放送の報道までに要する時間はNHKより速い。行事の後で見たら、私がサインしたすぐ後に放送していたなあ。こちらにおいでの四六社が、今回の訪問で目にしたことを、どこも同じように書くわけにはいきませんね。互いに胸中を探りながらすべきことではないですか。

南のテレビの座談会も見ます。いつだったかKBSが、北南関係で何かあったときにすぐさま何人か呼んで、いわゆる専門家とやらを集めて、賛成か反対かと議論させていました。でも私から言わせれば、共和国の実情を何も知らずに、ただ本を読んで引用しているだけの話でしたよ。連れておいでなさい。まとめて連れて来て、そんな人たちに共和国を見せてやらなければなりません。北に角の生えている者はいないのだから、来て、その目で確かめなければ。

訪北団　国防委員長の始祖である全州金氏のお墓は、いまもきちんと保存されています。花津浦《ファジンポ》にあった金日成主席の別荘の写真を持って来ました。それに国防委員長の幼い頃に撮られた写真も持って来ました。花津浦は、以前は北にありましたが、六・二五動乱以後南の域内に入りました。北にある開《ケ》城《ソン》と南の花津浦を交換したらどうでしょうか。

金正日　それはできません。本貫は、李朝末期には金銭で売り買いされていたというではありませんか。ですから、そんなものは重要ではないのです。それでも、いまだに両班《ヤンバン》に思い入れのある人たちが多いと聞きます。南に行ったときに、もし行けるようであれば全州金氏の墓に参拝しましょう。

■ミサイル問題

金正日　われわれは平和利用を目的としたロケットを開発中だが、米国はしきりに自分たちと戦争するつもりではないかと疑っています。われわれは、科学技術の発展のためにロケットを研究しているのです。一発のロケットに二〜三億ドルを費やしますが、米国がわれわれの衛星を代わりに打ち上げてくれるなら、われわれが開発する必要はなくなるとプーチン大統領に話しました。

クリントン政権はもうじき終わるが、米国の新政権がどう出てくるか、科学技術と先端技術のために、そうした話をほんの笑い話のつもりでプーチン大統領にしたのです。プーチン大統領は黙っていたが、私の話を本気だと受けとめたのでしょう。

農業をしてこそ米が食べられるのです。ロケットを研究する度に何億ドルも出ていくが、やらないわけにはいきません。人工衛星の発射は科学目的でやっていることで、年に二度、三度と実施すれば、九億ドルかかります。われわれのように小さな国が、年に二〜三発打ち上げるために開発するのは非経済的です。

シリアとイランにロケットを売っています。しかしロケットを開発して大陸間弾道弾をつくり、米国に二、三発うちこんだところで勝てるでしょうか。それなのに米国は、これに難癖をつけているのです。

クリントン大統領が沖縄会議に出席した際に、プーチンがそうした意向を伝えたのだが、興味深げに聞きながら関心を示していたという話を耳にしました。米国は悩ましいだろうな。われわれに金は出したくない、科学者の研究はやめさせなきゃならん、さぞかし頭の痛いことだろう。

訪北団　プーチン大統領に親書を渡して、クリントン大統領に伝えてくれるよう頼んだとワシントンポストが報道しましたが…。

金正日　歪曲、誇張されたものです。私はプーチン大統領に親書を渡したことはありません。

ロケット開発の生みの親はソ連です。ロシアはロケットの支援国ですが、米国がＮＭＤだのなんだのと言って、ソ連は脇に置いて、われわれにだけミサイルを開発中だと言っています。これが筋の通った話でしょうか。プーチン大統領は当然反対ですよ。プーチンがソウルに行くことになっていますが、ソウルに来たらよくお聞きなさい。

南のマスコミは私のことを、統合失調症患者とまで言いましたね。ミサイル問題は私がつくった問題です。国が小さければ小さいほど、自尊心をしっかりもって列強大国に立ち向かわねばなりません。北南合わせても人口が一億にも満たないのだから、なおさら名誉を重んじなければなりません。大国を前にして卑屈になったり媚びたりしては、決してならないのです。

南の経済技術と北の精神がひとつになれば、強大国になります。日本に打ち勝ち、得られなかった三六年間の補償も、受けとるべきものは受けとらねばなりません。人それぞれに、針で刺しても痛いと言う人もあれば、じっと黙っている人もあるのです。いったい何のために、私が大国を訪ねて回らねばならんのですか。ピョンヤンで座っていたって、列強諸国が私を訪ねてやって来るというのに。

プーチン大統領は米国の政策に同意しないでいますね。ロケット開発の祖先はロシアなのに、米国にそれを止めろなんて言える道理がありますか。米国はロケットの開発技術をソ連から持ちこんでおいて、いまになってロシアが開発してはならんと言っているのです。

■労働党の規約改正

金正日 労働党の規約も、決して永久不変のものではありません。いつでも変えられます。金大統領が来たときに、朝鮮労働党第七回党大会をいつ開くのかと聞かれ、秋頃に行なうつもりだと答えました。ところが北南情勢の急速な変化にともない、党大会をあらためてみな準備し直すことになったのです。
訪北団 規約を改正するなら韓国の国家保安法改正と連繫させようと、首脳会談で主張なさいましたか。

金正日　いいえ。国家保安法は南朝鮮の問題です。これまでにも規約の変更はありましたが、一九四五年度につくられた党の綱領はそのままです。しかしこの綱領は解放直後の四〇年代のものなので、過激かつ戦闘的な表現が多く見受けられます。党幹部のなかには、金日成主席と一緒に闘ってこられた方々も、ご高齢の方々も数多くおいでです。

ですから、容易には変えられないのです。改正すれば、この場にいるたくさんの人々も、その相当数が退くことになります。そうなれば、私が粛清したとなるにちがいありません。南朝鮮の国家保安法、それは南朝鮮の法律であり、われわれには関係のないことです。

■開城開発

金正日　開城観光団地と工業団地をつくるよう、現代《ヒョンデ》グループに開城をやったのだが、これは「六・一五共同宣言」のプレゼントです。そうしてソウルの観光客を開城まで引きこまなければなりません。工業団地も、海州《ヘジュ》より開城につくったらどうだと言いました。「観光・工業団地ができれば、あれやこれやで人々がどっと押し寄せるのではないか」と。こう話してやったところ、鄭夢憲《チョンモンホン》氏の口から漏れたのです。

現代はわれわれとの取引を最も早い時期に開始し、また鄭周永《チョンジュヨン》会長が牛千五百頭を率いてやって来た。そうした誠意を無視することはできません。来たついでに敷地を見て行けと言ったらそうしました。現代に特恵を与えたと言えます。北南関係に最初の突破口を開き、父親が牛まで持って来たのだから…。

開城には旧跡がたくさんあります。高麗王朝の創始者王建《ワンゴン》に関するものもそうだし、善竹橋《ソンジュッキョ》もあり、朴淵《パギョン》滝も見事です。ソウルから来るのも容易だし、ほとんど変わらんでしょう。

訪北団　南北相互のあいだで、白頭山と漢拏山の観光を百名ずつ行なってみてはいかがでしょうか。白頭山にいる地理学者が、漢拏山の白鹿潭《ペンノクタム》を是非見てみたいと言っていました。その学者は「努力英雄」だとも語っていました。

金正日　それでは九九名を私が選ぶから、残る一人は朴智元文化観光部長官にまかせて、合わせて百名を年内に相互観光させましょう。みなさん方は天池の日の出をご覧になったでしょう。私は済州島に行って漢拏山の日の出を見たいものです。

南は白頭山観光、わが方は漢拏山観光をするとして、共和国の言論人たちは漢拏山を見ておくべきです。南が白頭山に、北が漢拏山に行くとなれば、象徴的な意味も大きい。どうして上級（長官級）会談でこの問題をとりあげなかったのか。金容淳書記、相互観光問題を進めなさい。組織なさい。

訪北団　この問題は、六・一五会談の際にもすでに話題になったものです。

■離散家族問題

金正日　みなが口々に、自分が行くのだと大騒ぎです。南でも、隠れている人まで含めれば、離散家族はたいへんな数にのぼるでしょう。こちら側にも隠れている人がたくさんいたが、委員長が南に行くと聞いて、いまや誰も彼も自分が行くのだと姿を現わしました。

みなさんは社長団として六〇名ほどが来られ、こちらは今日この場に三〇名を参席させました。これは人口比でしたことです。全今振同志、こちらに来て社長さん方に酒を勧めなさい。言論人によく書いてもらわんと、上級会談をどんなにうまくやっても役に立たんよ。

全今振　よろしくお願いします。

金正日　お願いはしなくともよい。言論人は自分で判断して書かなければ…。離散家族の問題はしっかり準備してからでないと、急いだあまり過去には中断した経験もあった。悲劇的な歴史のままで終わるとか、妙な方向に行ってしまうこともある。

あまりにも人間的に過ぎて、同胞愛だけでもって強調してはなりません。今年は九月、一〇月と、毎月一度ずつにして、来年総合的に検討して事業を進めましょう。来年中には離散家族が家まで行けるようにします。

■驢馬の肉とマッコルリ

金正日　これは大同江で獲れたボラのスープ、スンオタンです。故金日成主席が最も好まれた淡水魚です。漢江でボラは獲れますか。

訪北団　漢江の水が澄みはじめてボラが育っています。

金正日　（ステーキが出てくると）これは天の牛《ハヌルソ》の肉です。従来は驢馬《タンナギ》と呼んでいたのを、故金日成主席が、印象がよくないからとハヌルソと名づけました。張明秀《チャンミョンス》社長、南では男尊女卑がありますか。

訪北団　ええ、いくぶんかは（笑）。北でも男尊女卑が残っていますか。

金正日　たくさんありますよ。男女平等という言葉があるということ自体、男尊女卑があると見なければね。封建的な儒教思想について言えば、中国より朝鮮の方が根強くあります。儒教の故郷である中国よりも、中国が儒教思想を輸出した国の方で、むしろ威勢がよいのです。

金正日　わが軍は朝鮮戦争の際に洛東江《ナクトン》まで進んでいましたが、どの家にもマッコルリがあって、ついつい二、三杯ひっかけたところ、ふらふらして戦争に差し障ることもあったのです。

鄭周永令監《ヨンガム》がマッコルリを三〇種類も送ってこられ、少しずつ少しずつ飲んでみたのです。そのなかにとても味のよいのがあって「これが一番うまかったなあ」と知らせたら、鄭会長が抱川《ポチョン》マッコルリだと教えてくれて、どうしてわかったのかと驚いていました。

医者があまり飲んではいけないと言うので、いまは止めて葡萄酒ばかり飲んでいます。ところで、イタリアは自分たちが葡萄酒の元祖だと主張し、ギリシャやスペインも自分たちこそが元祖だと言っていますが、やはり葡萄酒はフランスが最高でした。

金国防委員長は立ち上がってワイングラスを手にとると、各テーブルの社長一人一人とグラスを合わせながらホールを一回りした。

■京義線連結とピョンヤン直航ルート

金正日　南から先に着工してください。そうすればこちらもただちに着工します。上級会談で着工の日取りについて早く合意してください。私は大統領と林東源国家情報院長にもそう言ったのですが、日取りさえ決まれば、われわれは三八度線分界線にある二個師団三万五千名を動員して、ただちに工事にとり掛かります。

午後二時に幹部の一人が金国防委員長に近づいて、会議の開始時刻になったと告げると…。

金正日　会議は私が行ってから始めるよう伝えなさい。南との事業の方が、会議よりもずっと重要です。

訪北団　今回もそうでしたが、ソウルからピョンヤンに来るには、北京まで行ってまた戻って来なければなりません。金も時間も余計にかかるというのに、いったい何のためにそうしなければならないのでしょうか。まっすぐ来られるようには出来ないものでしょうか。

金正日　直航ルートの問題は、政府内部では支障ありません。問題は軍部ですが、軍隊の問題は私が言えば直航ルートを開くようになっています。大きな代表団でやってくる際には、直航ルートでまっすぐおいでなさい。

直航ルートを認めれば、飛行機から特殊カメラであれもこれも写真に撮られると、軍部が反対しました。そこで私が「何を言うか。いまや人工衛星で隅なくこちらの写真を撮られているのに、飛行機に乗って撮るくらい問題になろうはずがない」と、そう言ったのです。

この次からはまっすぐ来られるようにします。エネルギーもない国で、南も北もどちらもガソリンを買わなきゃならんというのに、どうして西海を往復してからソウルとピョンヤンを行き来する必要がありますか。何のためにわざわざ金を払って遠回りし、中国に気兼ねしてまで金をやらなきゃならんのですか。

（朴智元文化観光部長官に）歌手の李美子《イーミジャ》や金蓮子《キムヨンジャ》、そんな人たちを連れておいでなさい。彼女たちとは初対面だから、気恥ずかしくてどう挨拶したらよいか…。顔なじみの朴長官が同席しなければいかんな。南の歌手がピョンヤンに来たら、私が木蘭館で一度試しに聴いて評価した後で、人民たちに大劇場で聴かせるようにします。

訪北団 韓国マスコミ各社の主筆と論説委員を、北に来られるよう招請なさってください。

金正日 双方の言論機関のあいだで合意文をつくったのだから、どうして招請が必要ですか。もはや招請は不要です。来たければいつでも来いと伝えてください。

■健康の秘訣

訪北団 健康はどのように維持なさっておられますか。

金正日 私は毎日事務室にこもって、うっとうしく過ごしているわけではありません。人民のなかに入って歌い、ともに楽しく日々を送っています。幹部たちを見ているといらいらします。彼らは定められた枠のなかで、なるべくあまり変わらないでいようとします。私はほとんどの時間を、地方で人民たちとともに過ごしていますが、水泳もし、馬にも週に一、二度は乗ります。時速六〇キロまでとばせます。一一歳のときから日に八キロ以上の距離を、時速四〇～六〇キロで走らせていました。南で競馬の騎手を派遣してくれれば、私が一緒に乗ってみましょう。

ところで普通の馬に乗ると、馬の脚が折れてしまいます。ロシアのオルロフ・トロッターが私には合っています。馬の蹄が（手で示しながら）こんな具合に太くなっているのです。みなは英国の馬がよいと言うが、蹄が弱くて、私が乗ると蹄が歪んでしまいます。

睡眠時間は日に四時間ほどです。私は二〇年間組織の書記生活を送りました。すべての業務報告を深夜三時まで受け、それらをみな総合して金日成主席に報告し終えると明け方の四時になっていました。そんな組織書記生活を二〇年のあいだ続けたために、それが習い性となったのです。夜中の三時まで、総合報告の準備をしてきたのですよ。

■映画芸術

訪北団　『春香伝《チュニャンジョン》』と『飛天舞《ピチョンム》』など四本の映画を持参しました。

金正日　『飛天舞』はどんな映画ですか。中国で撮ったものですか。見終えたら、映画の感想を光ケーブルで一週間以内に送りましょう。もしも政治家にならなかったら、私は映画の愛好家か評論家、あるいは製作者になっていたことでしょう。

訪北団　『シネ』の映画のページに、委員長の映画評を掲載します。

■鄭夢憲と現代グループ

金正日　私は元来、人と会うときはどこででも会います。飛行機でも会うし、船でも会います。鄭夢憲会長が元山《ウォンサン》まで船でやってきたので、私が船まで出向いて会ってきました。

船でプルコギも焼いて食べたのだが、夢憲会長がえらくうまいと言っていました。韓牛《ハヌ》がうまいと言っていたのですが、検疫に約四〇日必要です。

九月になったら韓牛を食べようと話しました。私はあなた方言論人代表団に会うために、昨夜一時にピョンヤンに戻って来たのです。

金剛山にある寺は、みな壊れています。鄭夢憲会長が内金剛《ネーグムガン》の観光権をくれと要求してきたので、寺をちゃんと再建してくれたら内金剛まで延長してやろうと話しました。

■韓国の新聞購読

金正日　板門店《パンムンジョム》の連絡事務所に、新聞を毎日届けてほしい。わざわざ日本経由で南の新聞を読む必要がどこにありますか。同じ民族なのだから、そうした方がどれだけよいことか。新聞も連絡事務所経由でみな読めばよいのです。

それが難しければ、納本用に板門店経由で送ってください。われわれはドルがないので、金を払って読めません。ただにするわけにいかないのなら、社長が見た後で手垢のついたものを送ってくださ い。南では国外にどのくらい新聞を出していますか。

訪北団　さほど多くはありません。しかし同胞たちが多く暮らす米国では、韓国の題字を使って現地で新聞を発行しています。コリアタイムスやコリアヘラルドのような英字紙は海外にたくさん出ています。

■祖国統一汎民族連合と韓国大学総学生会連合

金正日　私が「民族はみな等しく力を合わせていくべきだ。そうした複雑な議論は止めにしなければならん」と話しました。北南合意をみなが力を合わせて履行するならよいが、どこかの団体で実の子と継子とに別れているようではなりません。それでは統一はできないのです。

私は、みな一緒に前進すべきだと強く言いました。あれやこれやの議論が噴き出すような、そんな行事ならするなと言ったら、今回は行事をせずにそのまま過ぎました。

■板門店への視角

金正日　板門店は一九五〇年の遺産だが、開城工業団地も造成がうまく進めば、われわれが新たに道をつけねばならない。板門店は五〇年ものあいだ、列強の角逐を象徴する遺産として存在したが、板門店はそのまま残しておいて、京義線《キョンイ》に沿って新しい道路をつける必要があります。

夢憲会長にそんな話をしていたところ、また漏れてしまったのです。

朝鮮の問題は、民族が互いに歩みを揃え、新たな道を切り開いて行かねばなりません。京義線の鉄路に沿って開城にいたる新しい道路ができることには、そうした意味もあるのです。言論もこれに加わってください。五〇年代の遺産である板門店は、もはや孤立させなければなりません。さらに金剛山と雪岳山の観光をつなげる作業は、二〇〇五年にすべきことです。

訪北団　漫画や映画とコンピューター・オンライン・ゲームは、国際的な水準に達しています。南北が共同で中国に進出すれば、大きな商売になります。

金正日　北南合作で映画などを制作すれば、双方が利益を半分ずつ分け合い、結局はみなわが大地に落ちます。どうして他国と合作する必要がありましょうか。

■朴正熙大統領

金正日　朴正熙の評価は後の世代にまかせるべきで、周りがとやかく言ってはなりません。あのときの、あのような環境では、維新であれ何であれ、ああするより他になかったのです。いわゆる民主化も、無政府的な民主化になっては困ります。

■米・日との国交正常化

訪北団　米国との修交はいつ頃になりますか。

金正日　私が命令さえ下せば、明日にでも可能です。米国がテロ国家という帽子《コッカル》をわれわれに被せていますが、これさえ外してくれればすぐにでも国交を結びます。一方日本との国交正常化問題は複雑です。過去の問題もあり、清算すべき課題も残ったままです。

日本は不当な解明を要求していますが、そうであれば明治維新まで遡って正さねばなりません。日本は、日帝三六年をわれわれに補償する必要があります。私は自尊心を傷つけられてまで、日本と国交正常化をしようとは決して思いません。小さな国であればあるだけ、自尊心をしっかりもたねばならないのです。領事であれ大使であれ、どのような話だろうと、私は主権国家の名誉と自尊心を守り抜くでしょう。

■国防力

金正日　私の力は軍事力によるものです。私の力の源には二つあります。第一に全員が一心団結していることであり、二番目が軍事力です。外国とうまくやるにも軍事力が必要だし、外国との関係における力も軍事力から生まれます。私の力の源も軍事力にあります。他の国と仲よくはしても、軍事力は保持していかねばなりません。

■韓国マスコミの北朝鮮記事

金正日　共和国に関する記事は、私がすべて見ています。経済関係は読まなくとも、われわれに関するものはすべて読んでいます。ところで、ここにおいでの四六社の関連記事を隈なく見ようとすれば一週間はかかるでしょう。私はマスコミのためにわざわざよく見せる必要はないと思っています。あるがままの姿を見せなければなりません。離散家族が故郷を訪問までして、家族に会っています。そしてわれわれには米が足りないと国際社会に訴える、そんなありさまなのだから、あるがままに見せなくては。隠すものはありません。隠せばかえって疑われます。

われわれは同じ民族ではないですか。六・二五は列強の犠牲になったのです。それなのに今日、われわれがなぜ責任を負っているのでしょうか。列強がけしかけてわが民族を犠牲にしたのです。あれこれ勘定するのはもうこのくらいで止めにして、蓋をすべきものには蓋をし、統一という大きな事業に立って、人民たちのために言論が先駆者の役割をはたしてくれなければなりません。

「よりよく暮らせる国となることを願っている」

コンスタンチン・ボリソビッチ・プリコフスキー当時ロシア連邦極東地区大統領全権代理人は、二〇〇一年七月二六日から八月一八日までの二四日間ロシアを訪問した金正日委員長に同行したのちに、『東方特急列車─金正日とともにした二四日間のロシア旅行』という本を書いた。プリコフスキーはこの本で、性格、私生活、情勢認識など、金委員長の多彩な顔を生き生きと描写した。彼の回想を軸に、彼がすぐ脇から見た金正日を再構成してみた。

金委員長はなぜ鉄道旅行をしたか

まずは対話の場となった列車内に入ってみよう。金委員長の特別列車には、彼専用の寝室、会議室、食堂、それに車庫がついていた。残りの車両は彼に随行する専門家が使っていた。そのなかに格別目を引く魅力的な女性がいた。彼女は金委員長の「随行秘書」で、対話の際には常に同席していた。

専用列車の内部はみな優雅で粋に装われており、至極ゆったりした雰囲気を醸し出していた。会談専用車両には二台の大型スクリーンが設置されていた。そのうちの一つは映画鑑賞用で、もう一つは電子地図だった。人工衛星で列車の移動経路を追跡し、その地図に表示しているようだった。地図には移動の経路、室外気温、通過する各州と地方の経済現況などが映し出されていた。たとえばイルクーツク州を通過するときには、ロシア語とハングルで州知事、議会議長その他指導者の名前が表示されていた。

専用列車のコンピューターに内蔵されたデータベースは大容量のもので、そのなかに収められた多くの資料が二人の交わす対話の主題となった。金委員長は先に話し終えたテーマにたびたび戻りながら、不十分だった細部の内容を繰り返し確認していた。

専用列車には衛星通信設備が備えられ、各車両のコンピューターはネットワークで繋がれていた。

金委員長は便利で楽な飛行機を使わずに、なぜ鉄道旅行を選んだのか？　当時取材陣が最も気になっていた問題でもある。新聞には「金委員長は高所恐怖症だ」といった憶測が乱舞していた。プリコフスキーはこれに対して、金委員長から聞いた説明をこう伝えている。

「父親の偉大なる金日成首領が歩んだ道筋に沿って、ロシアの地を踏まねばならなかった。息子はいかなる意味においても、訪問コースを含めたすべての面で、全面的に父親の足跡をたどらねばならなかったのだ。また金委員長は今回の旅行を通じて、十年間の改革がもたらしたロシアの現状と今後の政治・経済・社会改革の方向について、正確に把握できるだろうと考えたのだ」

現場確認を重視する金正日

金委員長は、常に現場での確認を重要視する。「私はいま、非公式な情報は信用しないことにしている」という彼の言葉も、そうした性向をよく表わしている。プリコフスキーは「朝鮮の最高指導者は実際に博識で、豊富な情報を握る人物だ。彼はロシアならびに諸外国のマスメディアと、インターネットを含む多様な手段を通じて、ロシアについての情報を入手していた。しかし彼は、すべてのものを自分の目で直接確認したがった」と回想した。

金委員長は帰途についた後で、当初予定になかったノボシビルスクの地下鉄を見学した。おそらくは、最高首脳としてロシアとピョンヤンの地下鉄をくらべてみたかったのだろう。オムスクでは戦車製造工場と「オムスクベーコン」株式会社を訪れたのち、劇場に立ち寄った。彼は現地の戦車製造工場でつくられたトラクターに関心を示した。彼は北朝鮮に適した、多様な付帯装置を備えた多目的装備に対して率直な関心を示した。彼は五百台のトラクター購入の意思を表明しながら、とりあえず一台だけでも北朝鮮の田野で試運転するために購入しようと言った。契約はその場でただちに締結された。

さらに金委員長は車でシベリア鉄道大学に寄り、シベリアの運送体系発展計画の説明を受けた。なかでも有能な鉄道配車員養成のためのシミュレーションソフトに興味を示した。

別の都市では上下水道設備体系、とくに浄水施設に相当な関心を寄せていた。彼は北朝鮮の排水浄化問題がとても深刻な状況にあると語った。外国人投資会社も自ら訪れた。いずれも現場での確認を重視する、金委員長のスタイルを十分に示す事例であった。

二人のあいだの会話は、すべて金委員長がリードした。金委員長はプリコフスキーに会うなり、沿海州地方の住民の生活水準が下がり経済が悪化していることを気の毒がって、彼を驚かせた。彼に投げかけた多くの質問から、金委員長が沿海州の状況によく通じていることがわかった。とくに質問のうちの大部分は、金委員長がすでに把握している情報をより正確にしようとするものであった。

金委員長はロシア訪問の目的について「今回の訪問の主な目的は、ロシアを最後に訪れてから四〇年以上が経ったいま、極東とシベリア、モスクワとサンクトペテルブルクをもう一度見て回ることです。もちろん鉄道の問題も論議事項に含まれますが、私の関心事はそれだけではありません」と述べた。

金委員長の発した一言一言は、北朝鮮の公式文献では接することのできない、文字通り型破りなものである。

「私は世界中から非難の的にされている。しかしみなが私を非難しようとも、私は必ずや正しい道を歩んでいるものと確信している」

「ソ連からとても悪いものが一つ入って来た。だから離婚率が目立って増えたのです」

「私はわが国で、麻薬密売者は無論のこと、麻薬の使用者も残らず銃殺するよう命じました。ただし中国人麻薬密売者は、棍棒で打てと命じました。もしも朝鮮人の麻薬使用者が摘発されたら、私が許可しますから銃殺してください」

「南朝鮮は、印刷物の発行部数において地域ならびに世界でも先導的な位置を占めるなど、出版分野でも大きな成果をあげています。なかでも南朝鮮が独自の製紙生産ができない状態で、もっぱら輸入原料のみに頼ってこのような成果をあげたことは尊敬に値します」

金委員長は、ブッシュ政権になって以降米国の対北朝鮮政策が変わったことについて遺憾の意を表明した。とくに米政権が北朝鮮を極左主義とテロ、暴力を日常とする国々と同一視していることに対して、自ら不満を吐露した。

「米国が強硬路線をとるなら、われわれはさらに強く出る」

「クリントンの時代に朝・米関係は改善されました。われわれは南側と、北南鉄道連結協約をほとんど結ぶ段階にまで来ていたのです。しかし政権を握ったブッシュは、在来式武器の問題を両国間の協議の議題に含めようという、われわれには到底受け入れられない要求を提示してきました。核武器とミサイルに対する米国人の憂慮は、ある程度は理解することができます。しかし在来式武器の問題を第一回協議の対象にしようという彼らの提案は、論理的にも説明のしようがありません。もしも米国が引き続き強硬路線をとるというなら、われわれはさらに強く出るでしょう」

金委員長は軍事問題に強い関心を示した。彼は「人民たちが軍隊に対して、戦争が起こったときには軍隊が自分たちを守ってくれるという確信を抱くようにするには、国防力を定期的に見せてやる必要がある」と明言した。

しかしプリコフスキーは、金委員長を軍国主義者とみる見解は大きな誤りだと指摘した。「私たちの世界観では、彼を正確に理解することはできない」という説明である。

「北朝鮮は一部の国家との緊張状態に置かれているため、国防を強化している。経済を軍隊式に建設することで、国家をより容易に統治できると同時に、たとえ不足しているにせよ数多くの国民を食べさせていくこともできる。しかし金委員長は、新たな計画方案を模索し、国家の経済計画方案を修正しなければならないことをよく理解している。もちろん彼は、すべての人々が一糸乱れず行動し「敬愛する指導者」の指示を履行するという、すでに軍事化されてしまった社会を一挙に変えることはできないことも、また十分に認識している」

金委員長は米国との対話を再開する方案も披瀝した。

「重要なことは、ワシントンの新政権が、前任者から権力だけでなく政策も継承しなければならないということです。われわれにはメダリーン・オルブライト国務長官のときと同様の水準で、対話を再開する用意があります」

プリコフスキーは、北朝鮮が難関に直面している経済問題を解決するために、国家の改革（改善）を模索しているという印象を受けた。

「北朝鮮は中国とロシアの経済改革について深く研究している。多くの北の専門家がドイツで活動中だ。彼らはこの欧州国家の統一がいかにしてなされたかについて研究している。金委員長は北朝鮮がもっとよく暮らせる国になることを願っており、その方向を摸索している」

彼は、北にとって有益な最適の改革法案を選択することがとても重要だ、との助言も惜しまなかった。金委員長は二百以上の加工肉製品を生産する「オムスクベーコン」社を訪れ、私有制の長所を認めた。しかし「共和国に導入することはできない」と何度も繰り返し語った。「独自の社会主義」を固守しようという意志の表われであったろう。

それでは、プリコフスキーが感じとった金委員長の性向とはどのようなものであったか。

金委員長はロシア訪問期間中、あるインタヴューで好きなことは何かとの問いに、軍人たちとともにいることだと答えたことがある。彼はプリコフスキーとの対話でもこれを確認した。

「そうです。それは私に満足を与えてくれます。軍の部隊を訪問し、将校と将軍たちに会い、彼らがどれほど国防によく備えているかを観察するのが好きです。彼らがまかされた任務を誠実に遂行し、国益のために服務している姿を目にするとき、私は国家の指導者として心から満足を感じています」

「私は母の多大なる恩恵に浴しました」

金委員長は自らの性格について、外交官も引き合いに出して説明した。「私には外交官になる資質が備わっていない。というのは、外交官は黒いものを白いと言い、まずくてもうまいと言えなければならないが、私は常にありのままを直裁に語るからだ」

金委員長がプーチン大統領との会談について思い起こしながら、「もしも私に外交的に対するなら、私も外交官になりましょう。しかしプーチン大統領が私に心を開いて対してくれたことで、私もまた彼に自分の心を開いて見せたのです」と述べたことは、この説明とは相反する発言のようでありながら、率直な彼の性格をよく表わす言葉である。

プーチン大統領は金委員長について「教養を備えた、国際問題に精通した博識の政治人であり、ユーモア感覚に秀でていて、音楽と映画を好む」と評価した。プリコフスキーも「金委員長の関心がきわめて多様であると感じた。彼はユーモアを失うことはなかったし、彼の冗談は微笑を誘う。彼は活気があり、社交的でよく笑った」と、これと似た印象を語った。

あるロシアの女性記者が「世の中で、金委員長が最も親しく思われる方はどなたですか」という質問を投げかけた。金委員長は母親を思い浮かべた。「私が幼かった頃に亡くなられた、私の母《オモニ》です。

母は革命戦士でした。母は自分の息子が正しい道を歩んで成長していくことを願っておられました。しかし母は、私が今日の金正日になろうとは思いも寄らなかったことでしょう。私は母の多大なる恩恵に浴したのです」

金委員長にじかに接した人物がきわめて稀であるだけに、プリコフスキーの回想は、金委員長の評価と北朝鮮の進路について多くの示唆を与えてくれる。

回想…「彼はこのような人物だった」

金大中大統領――二〇〇〇年六月一三～一五日訪北

これまで知られてきた金委員長に関する情報は、ひどく歪曲されていた。過去の政権は彼をどうしようもない人間、無能な人物等々と描写してきた。言われるような愚かな人間でも、常識外れの人物でもなく、判断力を欠いた人間でもなかった。彼は冷徹な理論家とは見受けられなかったが、知的能力を備えており、判断力には鋭いものがあった。とても感受性の強い人物だという印象を受けた。

行動はまことに儒教的で礼儀正しく、私を年長者として怠りなく配慮してくれた。私の足が不自由だからと、私の宿舎である招待所で対談を行なった。彼の言葉には、かなりの部分に一理があった。対話可能な人物であり、常識の通じる相手であった。北朝鮮の指導者のなかで外部世界を最もよく知り、最も強い熱意をもって改革を行なおうとする人間であることは間違いない。

金委員長はとても頭がよい。理論的というよりは、即興的だ。ともかく並みの人物ではない。他者の話をよく理解し、道理にかなった話なら即座に受け入れるすべを知る、決断力と柔軟性を備えている。（首脳会談後、マスコミと韓国の人々に向けて）

メダリーン・オルブライト国務長官――二〇〇〇年一〇月訪北

自らの望むものが何であるかをよく理解する知的な人物だとの、金大中大統領の見解をあらためて確認できた。国は悲惨な状態に陥っていたが、絶望や憂いの色は見せなかった。むしろ自信に満ちあふれている様子だった。耳に届くお世辞を本気で信じていて、自らを国家の保護者であると同時に、恩人と考えているると推測せざるをえなかった。

彼は多くの情報を把握しており、幻想にとらわれている人物ではなかった。北朝鮮経済の将来を語るなかで非合理的な部分があったとはいえ、彼は会談に向けた準備をきわめて周到に行なったように感じられた。彼は賢明な人間だ。（The Mighty & The Almighty: Reflections on America, God, and World Affairs.）

鄭東泳統一部長官――二〇〇五年六・一五記念行事での訪北

明日はソウルに戻らねばならない六月一六日の夕刻。金永南最高人民会議常任委員長と晩餐を囲んでいると、林東玉朝鮮平和統一委員会第一副委員長が傍に来て言った。「おめでとうございます。明日の午前、将軍様との接見が決まりました」

接見の時間もジョギングの途中に知らされた。午前一一時、場所は大同江招待所。ずっしりと重た

2002年4月歌手金蓮子がピョンヤン公演を終えた際の記念撮影

げな門を開くと、二〇メートル先のホール中央に金委員長が胸をそらせて立っていた。

盧《ノ》武《ム》鉉《ヒョン》大統領の口頭によるメッセージを伝えた。金委員長はさまざまな懸案について、ときには奔放に、ときには慎重に、自身の立場を率直に語った。まことにてきぱきとした、決断力を備えた指導者との印象を受けた。

私が「韓国からの二百万キロワット送電」を提案すると、「その点は検討して後ほどご連絡する」と述べた。予想外のことに対しては、きわめて慎重だった。彼は食糧問題に関する悩みもうちあけた。

ブッシュ米大統領が「ミスター金正日」と呼んだ意味を説明して、「委員長も閣下という表現を使えば雰囲気を一新できるだろう」と言うと、「そうできない理由はない。これからは閣下と呼ぼうか（首を後ろに反らし、大笑しながら）。私がブッシュ大統領閣下に対して悪く思う根拠はない。プーチン大統領に会ったときも、ブッシュ大統領は話しやすい人物だ、いい男だ、話し合えば興味がわくはずだと言っていたことを、いまもよく覚えている。私はクリントン政権のとき以来、米国に対してよい印象をもっている。帰ったら私の気持を公表してもらってもよい」

午餐会での金委員長の接待はまことに巧みだった。カメラマンが近づくと、私の方に身を寄せて耳うちまでしてみせたが、まったく記憶に残らない程度の、たんなる挨拶だった。取材陣の前で親密な間柄を演じてみせる、金委員長の配慮かと思われた。（著書『開城駅でパリ行きのキップを』）

第二章

イメージと現実——金正日のリーダーシップ

「人民大衆との事業において十年の損失をこうむった」

金正日は父親の金日成にくらべ、カリスマ性において劣るとみられている。しかし彼の政治権力と指導力の根源は、彼個人のカリスマ性や権威にあるのではなく、北朝鮮社会を支配する労働党の最高核心部署たる組織指導部と宣伝煽動部を統括してきた「組織宣伝掌握力」にある。

一九七〇年代に朝鮮労働党中央委員会副部長として活動していた申敬完《シンギョンワン》は、金正日の統治スタイルについてこのように評価した。

「金正日は度胸があり、肝が座っている。しかし独断的に決定しているのではない。周囲の意見をあれこれ聞いたうえで、一度試してみて、検証を行なってから決定する。ひとたび決定すれば、断固として推進していく。

柳京《ユギョン》ホテルや南浦《ナムポ》閘門は、金日成の発想からは出てこない。政治局員がまったく思いもよらなかったことを、数多く提起してきた。金正日でなくてはとりかかれない事業だった。むろん当初は反対する人々もいた。大工事に着手すれば、他の部門が犠牲になるからだ。金正日は、他の部門が犠牲になっても集中的に行なうよう指示する。いったん決意したことは、最後まで押し通す性格なのだ。」

一九六八年一月二三日に起きた「プエブロ号事件」や一九六九年のＥＣ—一二一機撃墜事件は、金

1994 年 7 月 8 日金日成主席が死去したのち、金正日は金主席の執務室を錦繍山記念宮殿に改装した。錦繍山記念公園建設設計図の前で説明を行なう金正日

正日の性向をうかがわせる代表的な事例である。二つの事件は金正日が実務面で主導したものと知られている[1]。申敬完の経験談を聴いてみよう。

「米国の情報船であるプエブロ号が元山沖に現われたとの報告を受けた金正日は、即刻軍の作戦会議を召集して議論した末に、海軍司令官に自ら電話し、具体的な方法を示して捕獲するよう指示した。ＥＣ―一二一機の撃墜も同様だった。当時のミサイルの価格からしても、わざわざそうするだけの事項ではなかった。わざわざ最終的には金日成が命令を下したが、軍隊に具体的な指示を行なったのは金正日だった。」

しかし金正日の指示は、金日成と政治局員たちを満足させるものばかりではなかった。

申敬完は一九七六年の「板門店事件」当時、金正日が窮地に立たされた事実を初めて明らかにした。

「一九七六年の板門店事件は、米軍と韓国が北側の観測の邪魔になるとの理由で、北朝鮮の事前の同意なしにポプラの枝を切ろうとしたことに起因する。米軍憲兵と韓国人労働者が木を倒しにかかると、これを阻止しようとする北側警備員と言い争いになった。そこで警備兵は、すぐさま金正日にその状況を報告した。

当時は金正日が後継者として登場し、唯一指導体制が固まっていく時期だった。ほんのわずかな動きでさえ、金正日に常時報告されていた。金正日は出勤時間にルーズな幹部についてまで報告させるなど、全国のあらゆる情報を自分に集中させていた。

報告を聞くなり金正日は「朝鮮人がどれほどのものか、やつらに見せてやれ。韓国人労働者には手をつけるな。米軍のやつらに朝鮮人魂を思い知らせてやれ。ただし銃は使うな」と指示した。そこでいざこざは格闘へと発展、韓国人労働者がもっていた斧を奪って米兵を殺してしまった。いざ死人が出ると、北朝鮮側も困惑した。再度状況を報告すると、金正日はすぐさま「撤収せよ」と命じた。

事件が拡がり、金日成にも報告が届いた。金日成は「なぜそんなことをしでかしたのか」と追求した。金正日は「米軍の意図的な挑発である。やつらが戦争を起こそうと挑発してきた」と報告せよと指示した。党書記らは金正日が命じたとは口に出せず、武力部の人間が行なったと言いつくろった。そこで当時の人民武力部長崔賢《チェヒョン》が責任を問われ、やり玉にあげられた。崔賢は非難を浴びた後で作戦局長を呼びつけて当たり散らし、作戦局長だけを警告処分にした。

当時は唯一指導体制が強化されていたときで、事業がうまく運べば金正日の指示で行なったと報告し、うまくいかなければ下部の人間が責任を負わされていた。

米軍は報復を行なう、韓国は攻撃すると強硬な態度に出た。金日成は謝罪せよと命じ、遺憾表明が行なわれた。金日成は「人が死んだのだから、遺憾の意を表明せよ。プエブロ号事件のときも、米軍は謝罪したではないか」と指示した。」

ここまでは、さほど大した問題ではなかった。北朝鮮にとっての大問題は、ピョンヤン住民の大規模な疎開作戦の過程で発生した。申敬完の証言を続ける。

「板門店事件が勃発するや、北朝鮮は全国に動員令を発した。大学生は軍隊に動員され、予備兵（労農赤衛隊、教導隊ほか）にも軍事動員がかかった。除隊将校も五〇代までが現役に復帰した。戦争が起こった場合に備えて、生産施設を後方の予備候補地に移す準備が進められた。

またピョンヤンと黄海道、江原道《カンウォンド》の前縁地帯（休戦ライン隣接地域）住民の「疎開作業」も開始した。戦争の勃発に備え、ピョンヤンと休戦ライン地域に居住する老人、子供、病人、出身成分不良階層を咸鏡道《ハムギョンド》地域に移住させる作業だった。疎開作業が始まると、ピョンヤン市内は数カ月にわたり大混乱となった。

疎開作業は金正日の指示で行なわれ、国家保衛部が主導した。ピョンヤン市内には「住民疎開指導委員会」がつくられた。当時金正日の義理の弟である張成澤《チャンソンテク》が、党中央指導課ピョンヤン市担当責任指導員としてこの作業を実質的に指揮した。

張成澤はわけもわからぬまま作業を押し進めた。八月末から一一月中旬にかけて、ピョンヤンだけでも約二〇万人の住民が他の地域に移された。黄海道と江原道の前縁地帯地域では、出身成分不良者、病弱者の約八千世帯を抽出した。

保衛部員が疎開状を伝達して、一時までに荷物をまとめよと指示し、隣家さえ気づかないうちに手際良く進められた。会っておきたい人がいても家には行けず、停車場でしばし挨拶を交わすことだけが許された。あたかも「目が覚めたら、いなくなっていた」ように、鮮やかに行なわれた。三カ月間は完全に戦争準備状態だった。八〜九月のあいだは、夜も枕元に軍装を整えて寝た。その間は労働者も職場を出て戦闘配置についた。大学も虚弱者だけを残し、ほとんど休校状態になった。

疎開は大規模な爆撃を予想して、山あいに移住させよとの指示が下されていた。配給が滞ることなく行なわれたため、食糧事情に問題は生じなかった。一九七六年当時も配給制度撤廃の声が上がっていた。食糧を自由に売り買いできるようにしようという主張だった。最終的に金日成が「食糧の配給だけは維持する。制度自体をなくすことはできない。配給の量を増やすことは可能だ」と断を下して、議論は幕を閉じた。

南から仕掛けられたら叩こうという考えもあった。金正日と武力部の判断だった。しかし、当時は米軍がヴェトナムから手を引く時期だった。北朝鮮の対外政策においては中国の影響力が相当に大きい。物心両面で中国の支援を受けなくてはならないことを、金日成はよく承知していた。

疎開作業がどれほど徹底して行なわれていたか、当初は金日成も知らなかった。時間が経つにつれ、自殺者が出るなど不満が高まり、ついには金日成の耳にも届いた。当時金日成大学で統計経済学を専攻していた金某教授（越北者）は、金日成とも親しかった。金日成が現地指導から戻って閣議を行なう際に、金教授を呼ぶよう指示した。崔載羽《チェジェウ》が国家計画委員長を務めていたときだ。ところが金教授も越北者だったので、疎開対象者名簿に名を連ねており、すでに地方に疎開した後だった。

訪ねたがいなかったと言うと、金日成が「どこに行ったか」と問うた。「疎開した」との返答に「なんたることだ、金教授をどうして突然疎開などさせたのか」と金日成が問いただすと、「戦争準備のために疎開させた」と答えた。金日成は激怒した。金日成は彼らを直ちに呼び戻せと指示した。そこで疎開した二〇万名のうち、六～七万名がふたたび戻ってきた。そのなかには抗日遊撃隊の遺族も含まれていた。

責任の追及が開始された。張成澤は「あまりに過激に推進した」として批判を浴びた。四万世帯を三カ月内に選び出そうとするなら、一日にいったい何名を連れ出さねばならないことか。疎開しなくともよい者まで連れて行くなど「副作用」が伴わざるをえなかった。疎開作業を実務的に率いた国家保衛部第四局の洪《ホン》某局長と保衛部員たちが職を失った。国家保衛部長の金炳河《キムビョンハ》も厳しく問責された。

金日成は「害毒分子の仕業である。党と国家から人民を引き離そうとする者たちだ。疎開させたいのなら、よく説得したうえでやるべきだ。突然押しかけ、その日のうちに荷物をまとめさせて連行するなど言語道断」と、党幹部らを集め批判した。

このときの疎開作業については、その後も繰り返しとりあげられた。金正日自身も「大衆活動において十年後退した」と語った。名節の折りなど党幹部が集まるたびに「人民大衆との事業において十年の損失をこうむった」という発言が、その後も長く続いた。それほどまでにこの事件は、金正日に大きな衝撃を与えた。当時の金書記は、文字通り「血気盛んなとき」だったのだ。」

一九七七年四月一四日、金正日は『各界各層の広汎な大衆との事業をさらに改善強化することについて』という文献を発表した。一九七六年の「住民疎開作業」でみせた「左傾的誤謬」に対する反省に立つものと推測される。さらに一九八〇年代初め、金正日は一九七〇年代を通して怨嗟の的となっていた国家安全保衛部長金炳河を粛清した。

歓心政治、親類縁者には管理を徹底

北朝鮮は金正日の政治を「大胆な政治」と表現する。「大胆な政治」すなわち幅の広い政治とは「人民全体を一つの懐に抱く政治」であり、「基本となる大衆だけでなく、家庭や周囲の環境と社会政治生活の経緯が複雑な人々も、革命の永遠の同伴者としてあたたかく迎え入れる政治」と描写される。(2)

金正日は一九七〇年代に党を掌握して以来、首領を全人民の父として、党を全人民の母としてしたがうよう定めた。「父なる首領」、「母なる党」という言葉は、北朝鮮では馴染み深いものである。

金正日が掲げる仁徳政治、幅広政治の特徴は、強圧と懐柔・歓心策を同時に駆使する点にある。彼は後継体制を確立し維持する過程で、中央集権的な一糸乱れぬ指導体制、無条件的組織規律、整然かつ迅速な通報体系、反体制的要素に対する仮借なき制裁を自ら管掌した経験をもつ。

その一方で彼は、反体制以外の、職務上あるいは道徳上の過誤や過失に対しては概ね寛大であり、さまざまな贈り物などの歓心策も好む傾向にあった。いわゆる「幅広政治、仁徳政治」の一断面について、申敬完はこう証言した。

「「偉大な指導者」自らが住民に還暦祝いの膳を調える、また外国語を学ぶ幹部の子弟が録音機がなくて苦労しているという噂を耳にすると、すぐさま録音機を用意して贈る、そうなればいったい誰が彼にしたがわずにいられようか。韓国で考える以上に、還暦や誕生祝いの膳を調え、激励の手紙を送り、山のように勲章と褒賞を与える政策が北朝鮮住民の心を捉えている事実に注目すべきだ。」

たしかに、金正日が「危機にさらされた労働者を救った」実例として北朝鮮全域をにぎわす事件は、北朝鮮住民にとってさほど珍しいものではない。平安南道甑山《チュンサン》郡の入江で行方不明になった女性漁労工の捜索にヘリコプターまで動員して二〇時間ぶりに救出する、あるいは火傷を負った製鉄工場の溶鉱炉労働者の治療に医師と医薬品を緊急派遣するなどの出来事が続いてきた。北朝鮮の元外交官である高英煥《コヨンファン》も、南浦で四つ児が産まれた家に行ったことがあるが、金正日の特別の指示によりその一家に二階建ての家、祝いの品（十歳までの衣服）、専属の保母と医師が提供されたのを目撃したと証言した。

ピョンヤンで大会が開かれる際には、参加者のなかで誕生日を迎える者に、誕生祝いや還暦の膳を用意することが日常化されていた。大会主催者が大会開催の前後二～三日のうちに還暦や誕生日を迎える人々の名簿をつくり、宴席を用意しなければ金正日が黙っていなかったという。金正日歓心政治のもう一つの断面である。

金正日は、用人術においても秀でた一面をもつことで知られる。「パーティーを好む」とか「酒好きだ」、「女好きだ」とかの断片的な証言は、金正日の用人術のうわべだけを見た評価だというのである。金正日を大酒飲みだとする通説を、申敬完は否定した。

「一九七〇年代までの金正日は、ふだんほとんど酒を口にしなかった。体質的にも合わないのだ。脇からは酒ばかり飲んでいるように見えるが、実際のところは用人術にたけているからそう映るのだ。金正日はパーティーや小宴会を頻繁に催す。一週間か十日に一度は酒席を用意してやる。休みもとらずに集中して仕事をこなした後や、党会議の準備で苦労した部下たち幹部を慰労するために、宴席をこしらえる。万寿台《マンスデ》芸術劇場には専用の宴会場があった。党の幹部だけでなく、人民軍総政治局や国家保衛部などを回り、各部署の幹部を連れて宴会を開いてやっていた。

金正日が現地指導に出かけるときは、必ず組織指導部の検閲要員が先に現地を訪れ、数カ月間事前検閲を行なう。彼らが中央に戻ると、金正日は彼らの家族まで招いて夕食をともにし、パーティーを催した。子供たちにも贈り物を与え、夫人たちにも化粧品を贈った。しかし普通の者から見れば、毎日酒宴を開いているようにも映ることだろう。

金正日は、ときたまビールのグラスに焼酎や洋酒を注いで飲むことがあった。酒好きな幹部たちが我慢して遠慮していると、一緒に飲めるように自分が先に飲んで見せてから彼らに勧めていた。なかでも党大会や党全員会議が終わると、会議を準備した関係者をみな呼び集めて盛大な宴会を開いてやっていた。

極端な例では、日本の舞踊家がピョンヤンの高麗ホテルから来て外国人相手に公演したとき、党幹部たちが心置きなく遊べるようにと、金正日が何度か出向いて自ら踊ったり酒を飲んだりしたことさえあった。」

金正日の異母弟の金平一《キムピョンイル》（現ポーランド大使）は、一九九四年韓国マスコミとのインタヴューで、金正日の飲酒について「公式のパーティーなどの、きわめて限られた席で飲むだけ」であり、「酒を飲み過ぎるかどうかはわからない」と明言した。

申敬完は、金正日が一九七〇年代までは部下に対してへりくだった態度をとり、贈り物をするのを好んだと証言した。

「金正日は、部長や指導員を自分の事務室まで呼んだ場合には、彼らが入ってくると決まって椅子から立ちあがり、出迎えて握手をし、戻る際にはドアまで出て見送ることをごく自然に身につけている人物だった。

誕生祝いや還暦の膳を調えるのも、悪く言えば歓心を買うためのものだが、金正日にしてみれば、学生時代から友人や周囲の人々に贈り物をすることが、いわば生活化されていたのだ。首相の息子として、経済的な面で恵まれていたからこそ可能なことだった。」

もとより副作用も侮れないものだった。「たびたび贈り物をするので、受けとる方は気分がよいだろうが、国家財産を非生産的な面に浪費しているという批判もあった」という。一九九〇年代以降金

1990 年後半、革命遺児の特別教育機関である万景台革命学院生が、学院を訪れた金正日国防委員長に赤いスカーフを巻いている

正日は、宴会と贈り物を「感謝の手紙」に代えたようにも見受けられる。

金正日のいま一つの用人術は、むやみに人材を切り捨てない点にある。申敬完はこう語った。

「金日成は、党指導部の道徳的堕落に対しては厳しく対処した。幹部のスキャンダルや道徳的欠陥が明るみに出ると、下級労働者に左遷するなどきわめて厳格に処理した。一方金正日は、主体思想や唯一指導体制に反対する者は地位のいかんを問わず原則的に処罰したが、その一方で、他の部門における失敗や過誤には鷹揚な面を示していた。過ちをおかした党幹部は、ピョンヤン近郊の農村地帯で運営する中央党の農場と牧場に送り、肉体労働を通じて思想武装を強化するよう命じた。

北朝鮮の指導的人物である延亨黙《ヨンヒョンムク》、金容淳はじめ党書記や部長級も、一九七〇～八〇年代に中央党農場で短くて七～八カ月、長ければ二～三年のあいだ労働に従事した経験をもつ。第一線で活躍していた北朝鮮の幹部が、しばらく顔を見せずにいた後で再登場したら、ピョンヤン近郊の中央党農場で働いてきたとみて間違いない。」

申敬完は具体的な実例として、前人民軍総参謀長だった崔光《チェグァン》をあげた。崔光は一九六九年の「金《キム》昌鳳《チャンボン》・許鳳学《ホボンハク》事件」当時、軍内部の動向を適切に報告しないことが問題とされ、一夜にして労働者に転落した経験をもつ。

「一九七〇年代の後半と記憶している。ある日金正日に呼ばれ、「崔光同志は元気でいるか」と訊かれた。出張して様子を見てくるよう指示が下された。当時崔光は、労働者から企業所の支配人に昇進していた。雪の多い冬だった。企業所に行ってみると、木材を満載したトラックがやってきて、積荷の上に年配の男性が乗っていた。それが、崔光その人だった。

手を握ると、荒れてひび割れていた。「参謀長同志」と一言口にしただけで涙があふれ、言葉が続かなかった。崔光は労働者とともに苦労を重ね、率先して範を示す生活を続けていた。見てきたそのままに、金正日に報告した。その後崔光は道人民委員会委員長に昇進し、一九九〇年代にはふたたび総参謀長に復帰した。」

金正日は、抗日遊撃隊の元老たちに特別な待遇を行なってきた。彼が権力の前面に浮上したのち、彼らに専属の看護師をつけ、ピョンヤンの烽火《ポンファ》診療所（党中央の核心幹部専門診療所）の医師を主治医に配した。

人民武力部長の呉振宇《オジヌ》が交通事故で死線をさまよっていたとき、彼の命を救えと金正日が八方手を尽くして努力した逸話は、帰順者のほとんどが口にするほど有名な話である。金正日は人事の面でも金日成とは異なる姿を見せていたと、申敬完は分析する。

「金正日は、金日成とは異なる人事のスタイルを見せている。金日成は、能力が多少劣っていても、党性を優先して幹部を起用した。また遊撃隊出身者優遇政策の延長線上で、親族や姻戚関係者を重用した。しかし金正日は、党性と能力を同時に考慮している。金日成の死去後、道農村経済委員会委員長と郡行政経済委員長を大幅に入れ替えたところにも、それがよく表われている。

親族や姻戚関係者の管理も徹底したものだ。金正日は母親の実家筋と夫人の一族を清津《チョンジン》に集めて住まわせ、雑音が流れることを防いだ。また近親者を党から外し、政府や勤労団体の幹部に送り出した。現在中央党には、妹金慶姫《キムギョンヒ》と張成澤夫婦のほかには近親者はいない。中央党高位幹部の金容淳（統一戦線事業担当書記）と姜柱日《カンジュイル》（党社会文化部長）も姻戚関係にあるが、金正日とは遠縁にあたる。」

この証言もまた、金正日が親族を中心に党の運営を行なっているという通説とは相反する証言である。

「幼い頃から軍事分野に格別の関心」

金正日の統治能力に関連して申敬完は、金正日が一九七〇年代に組織と人間を掌握するうえで手腕を発揮したと証言した。

「金正日には、会議や集会を組織し、幹部を味方につけるうえで卓越した能力があった。幹部たちの思いもよらない提案をして彼らを感動させ、忠誠心を引き出した。彼はいくつもの仕事を同時に処理し、しばしば周囲の幹部を驚かせた。」

申敬完は、党の宣伝煽動部で金正日とともに勤務していたときの経験を例にあげた。

「ある日のこと、決裁を受ける報告書をもって執務室に入ると、金正日は革命歌劇に挿入する音楽を聴きながら、別の報告書を読んでいるところだった。私がためらっていると、報告書を読もうと言った。そう言いつつも、なお机の上にある報告書の束を読みながら、署名を続けていた。しばらくすると電話をかけ、音楽を誉めたのち、一カ所だけ修正すればよいと指示した。それから私に向かって、報告書の内容を項目ごとに指摘し、修正せよと指示した。いつの間にか報告書を読み終えていたのだ。いい加減な報告書を作成して大目玉を食らった幹部も少なくなかった。」

金正日は、なによりも正確で率直な報告、簡潔ながらも核心を突いた情報を好んだという。これに関して帰順者の一人は「一九八八年春、総書記執務室で開かれた会議で、金正日が桂応泰《ケウンテ》公安担当書記と国家安全保衛部副部長に、国家安全保衛部が党中央に事実を正確に報告していないと非難したことがある」と語り、金正日が「自分は正確、率直なものを好む」と述べたと証言した。

申敬完は「一九七〇年代に対南担当書記を務めていた金仲麟《キムジュンニン》（現勤労団体担当書記）が何度も降格させられたり、農場に行って肥桶を背負ったりしていた理由は、虚偽の報告によるものだった」と語った。金正日が多様な情報のチャンネルを通して、幹部の動向を詳細に把握していることを示す事例である。

このほかにも申敬完は、金正日の能力に関して多くの証言を残した。

「金正日は手先が器用だ。扱えない楽器はないくらいだった。玉流琴《オンニュグム》の設計にも、金正日自らが関わった。人民大学習堂、ピョンヤン産院、南浦閘門など一九七〇～八〇年代に建設された大規模建造物の設計も、その骨格は金正日が行なった。

彼は非常に頭の良い人物だ。文章力が卓越しており、理路整然としていて緻密な性格だった。分厚い報告書を一気に読みあげ、即座に合理的な対案を提示するほどの卓越した能力を有していた。

金正日は業務に対する情熱と集中力に優れ、多能多才な人物だった。写真の技術は北朝鮮で最高の写真芸術家といわれた労働新聞社写真部長をも凌ぐほどだったし、録音機の修理もし、射撃の腕前や運転技術も一級品だった。なかでも際立っていたのは芸術分野だった。ピアノ、ヴァイオリンをはじめ弾けない楽器はなく、歌唱力も抜群だった。映画や演劇の分野でも卓越した感覚の持ち主だった。」

申敬完は、金正日が金日成総合大学経済学部を卒業した事実が韓国社会ではしばしば忘れられていると指摘した。金正日が経済については無知であるとか、金正日が登場して以来北朝鮮の経済が傾きはじめたという主張を指しての発言であった。

「金正日の経済観は、開放志向で、現実的だ。韓国では金正日が経済知識に疎いと考えられているが、彼は金日成大学経済学部出身の経済エリートだ。大学卒業後も党の要職にあって、国家運営についての体系的な授業を受けていた経験を無視してはならない。金正日は統治の前面に立って、経済の活性化と対外開放のために革命的な措置を講じた。先端科学技術の導入、翻訳事業の活性化、外国語教育の強化、資本主義諸国との交流の活性化が主な内容だった。」

金正日は、西側経済と科学技術の円滑な導入をはかるため、社会安全部の傘下に情報総局を新設したという。「外国資本の導入は経済の隷属」という反対意見を退け、合営法の制定を主導したのも金正日だったという説明である。申敬完は金正日の対外経済開放政策が実効をあげられない原因を、「北朝鮮内部での開放に向かう条件が不十分なことと、国際社会による孤立化政策、取引勘定に厳格な西側社会に対する無理解のため」と評した。

一方で申敬完は、金正日に軍歴がなく軍内部の事情に疎いため、軍の支持を受けるのが難しいとの

1990年代軍の関連行事に参加し、人民軍最高位将軍らの歓迎を受ける金正日国防委員長

見方については、北朝鮮の特殊性を考慮しない評価であると指摘した。

「金正日に軍歴がないという理由で、韓国では彼が軍隊に関しては無知だと言われているが、それは本質を知らない議論だ。北朝鮮の大学課程における軍事教育は、士官学校と同様だ。年に二〜三カ月間の軍事訓練を行なっている。大学を卒業すれば、軍隊なら少尉に任官する一年間の短期教育課程を受けたに等しい。金日成大学を四年で卒業すれば、士官学校の軍事訓練課程を終えたことになる。また北朝鮮の中央党副部長級以上は、軍隊に行っても政治部長ないしは政治委員を務められるよう、軍団を動かせるだけの軍事訓練を受けている。私も一九七六年に板門店事件が起きた当時、星二つの付いた軍服を支給された。」

申敬完は、金正日が幼い頃から軍事分野に格別な関心を示していたと語る。

「金正日は軍事部門に強い関心をもっている。幼児期から軍隊ごっこをして育った人間だ。一九六〇年代には、ソ連国防大学を出て金日成軍事大学第一副総長を務めた金恂一《キムスニル》が金正日の軍事担当教師役を務めた。金恂一や金斗南《キムドゥナム》大将が一週間なら一週間、二週間なら二週間と集中的に訓練と教育を課した。ときには軍の幹部を呼んで、退勤後に夜更けまで教育を受けた。軍団長や師団長がよくわかりもせずに軍事論を開陳し、逆に金正日からやりこめられることもあった。」

たしかにこれまで韓国のマスコミと研究者は、帰順者の証言を検証することなく利用してきた。申敬完の冷ややかな指摘はおくとしても、一方的なあら探しや断片的な諜報で裁断するよりは、客観的な接近が緊急の課題といえよう。

これまで知られてきた金正日像とはあまりにかけ離れている、金正日の能力を過大に評価しているのではないかとの質問に、申敬完は「自分が知る金正日をそのまま語ったまでのことで、それを信じるかどうかは自分の関知するところではない」と言い切った。

一般に理解されてきた金正日の統治スタイルや能力とは徹頭徹尾異なる証言である。今後情報当局や対北朝鮮政策の専門家が金正日との接触の機会を増やし、さらに多くの情報を獲得・分析すべきであろう。

しかしさらに重要な問題は、既存の通念ないし偏見である。二〇〇〇年二月九日、金大中前大統領が日本の東京放送との会見で「(金正日総書記が) 指導者としての判断力と識見を備えているものと理解している」と発言したところ、野党側から「過度の評価」、「理解できない」、「国民に混乱を招く発言」などの非難を受けたのは、その代表的な事例である。

国家の最高責任者たる大統領が、自ら進んでそうした発言を行なったのは問題だという指摘もありえるだろう。しかしこの論難は、既存の社会通念を打ち破る客観的な金正日の探求や評価が、韓国社会においてどれほど難しいかを示してくれたのであった。

第三章

北のすべてのものが彼へと向かう――金正日の北朝鮮

「金日成―金正日思想体系」の確立に没頭

一九八〇年一〇月一〇日、ピョンヤンで開幕した労働党第六回大会で、金正日は初めて外部世界にその姿を現わした。この日金正日はひな壇の最前列左端に座を占め、大会執行部名簿上では金日成・金一《キムイル》・李鍾玉《リージョンオク》・呉振宇に次ぐ五番目であった。続く一四日に彼は政治局常務委員、政治局委員、党書記、軍事委員に選出された。金日成・金一・呉振宇に次いで序列第四位を占め、政治局、書記局、軍事委員会のすべてに名を連ねたのは金正日ただ一人であった。

一言でいって第六回党大会は、金正日が後継者であることを内外に闡明《せんめい》する行事であった。申敬完は「第六回党大会は、その準備から議事進行にいたるまで、すべて金正日の責任の下に進められた」と証言した。

しかし、金正日が後継者に確定した一九七四年二月以降第六回党大会までの六年間に、北朝鮮でどのようなことが起き、金正日がいかにして自らの統治体制を準備したかについてはほとんど知られていない。一九七〇年代に金正日の後継体制確立に尽力した申敬完の証言が、ほとんど唯一のものだと言っても過言ではないだろう。

十大原則の作成

金日成を中心とする勢力は、一九六〇年代の初めまでに反対派を除去しつつ党的思想体系の確立を打ち出していた。そこからさらに一歩進んで「党の唯一思想体系」の確立を新たに掲げたのは金英柱《キムヨンジュ》

1980年労働党第6回大会で公の場に姿を見せた金正日と金日成主席

党組織指導部長であった。金英柱がつくった「十大原則」についての、申敬完の証言である。

「金英柱は「党の唯一思想体系確立十大原則」をつくり、一九六七年八月の第四期第一六回全員会議で討議、採択した(1)。この十大原則をすべての事業と生活における指針とみなして行動し、それに準じて党生活を総括するよう強制した。この唯一思想とは、金日成の思想を意味する。唯一思想体系の確立とは、金日成の思想で武装し、金日成が呼吸し語るままに、誰もが等しく呼吸し語ることだった。このときから金日成の偶像化作業が本格化した。金日成の革命歴史を新たに書き下ろし、金日成歴史研究室を全国の集落ごとにつくり、いたるところに銅像を建て、金日成の訪れる場所には史跡碑、史跡館、現地指導教示板などを仰々しく設置した。」

このときの十大原則は、金正日が一九七四年につくった「十大原則」とは若干内容を異にする。金正日は後継者に確定すると、すぐさま党唯一思想（金日成思想）の唯一の解釈者・継承者であることを明確にした。金正日は一九七四年二月二五日に実施された「党宣伝・煽動部門幹部の会議と講習」で「党思想事業において提起されるいくつかの基本問題について」という講演を行ない、「私は首領が創始なさった主体思想、主体革命理論、主体の事業方法の絶対的信奉者であり、これをさらに発展・豊富化せしめるべき唯一の継承者である」と宣言した。

金正日は「主体思想と主体の革命理論と主体の方法論、これら三つを統一的に体系化したものが金日成主義」だと規定し、革命的首領観で金日成主義を支えなければならないと強調した。金日成に対する神格化と信念化、忠誠の絶対性と無条件性が強調された。彼は金日成主義を実践する方案として「唯一指導体制論」を初めて提唱した。金正日は「私にすべてを集中させることは、すなわち首領に集中させることである。私の結論と決定と批准は、すなわち首領のそれである。唯一指導体制の確立が、党の唯一思想体系確立の基本的な中核となる」と主張した。

金正日は一九六七年の「十大原則」に、新たに唯一指導体制の確立問題を加味し、一九七四年四月四日党中央委員会政治局会議で討議・決定し公表した。さらにこれは、その後開かれた第五期第九回会議で公式に採択された。当時この第九回会議は秘密会議とされ、公式の報道は何一つなされなかった。黄長燁《ファンジャンヨプ》も「金正日は、かつて金英柱が作成した唯一思想体系確立十大原則を、金日成をいっそう偶像化する方向で改作した」と回顧している。(2) 北朝鮮が公開した十大原則は以下の通りである。

（一）偉大な首領金日成同志の革命思想で社会全体を一色に染めあげるために、一身をなげうって闘わねばならない。
（二）偉大な首領金日成同志を、忠誠をもって高く仰ぎ奉らねばならない。
（三）偉大な首領金日成同志の権威を絶対化することは、わが革命の至上の要求であり、わが党と人民の革命的意志である。
（四）偉大な首領金日成同志の革命思想を信念とし、首領の教示を信条とせねばならない。
（五）偉大な首領金日成同志の教示の執行において、無条件性の原則を徹底して守らねばならない。
（六）偉大な首領金日成同志を中心とする、全党の思想意志的統一と革命的団結を強化せねばならない。
（七）偉大な首領金日成同志に学び、共産主義的気風と姿勢、革命的事業方法、人民的事業作風を身につけねばならない。
（八）偉大な首領金日成同志が授けてくださった政治的生命を大切にし、首領の多大なる政治的信任と深い配慮に、高い政治的自覚と技術をもって忠誠を尽くし報わねばならない。
（九）偉大な首領金日成同志の唯一的指導の下に、全党・全国・全軍が一糸乱れず動く強固な組織規律をうち立てねばならない。
（一〇）偉大な首領金日成同志が切り開いた革命偉業を、代を継いで最後まで継承し完成させてゆかねばならない[3]。

公式文書も自ら作成・配布

「十大原則」とは、全党、全軍、そして国家が、金日成と金正日の領導と指導、教示と結論によってのみ動かねばならず、唯一の後継者たる金正日に対しても、命を捧げ忠誠を尽くさねばならないという内容であった。申敬完の証言を聞いてみよう。

「十大原則を主導的に作成し公表することで、金正日は北朝鮮社会における理念解釈権を掌握した。反党的・反革命的であるか否かの判断は、ひとえに金正日一人が独占的に行使できるようになったことを意味した。党員を含む北朝鮮のすべての者が、この十大原則にしたがって暮らし、また働かねばならず、これに背いた場合はすぐさま反党的・反革命的行為として断固処罰されることになった。現在にいたるも十大原則の基本的な内容は北朝鮮社会を運営する屋台骨であり、党員と住民の生活の指針としての役割と機能をはたしているとみるべきだ。」

金正日はすでに一九七三年八月『新たな党生活体系を全党に一般化することについて』という公式文書を政治局に提出し、生活体系確立の根拠としていた。同年一一月には『抗日遊撃隊式学習方法で金日成主義学習をいっそう強化することについて』を著し配布した。翌一九七四年は、二月に『社会全体が金日成主義を継承することについて』を、四月には『主体哲学の理解において提起されるいくつかの問題について』と『党内に唯一思想体系を確立するうえでのいくつかの問題について』を発表、五月には『出版報道部門において主体を確立し、唯一思想を貫徹することについて』を、八月には『党事業を根本的に改善し、社会全体の金日成主義化をさらに加速することについて』を刊行した。

主体思想に基づいて新たに作成されたこれらの文書は、その後労働党の理論的・実務的指針となった。金正日が書いた論文は、そのほとんどが政治局に提出され、公式決定として採択された。

金正日はこうした決定を貫徹させるために前例のない方法を用いた。講習会に参加していた中敬完の証言である。

「金正日は、彼独自の指導理論と指導方法で武装させるために、大講習会を組織した。従来とは異なり、中央党や地方党の幹部だけを参加させるのではなく、全国の該当する部門すべての活動家を対象とした。道党・郡党書記はもとより道党・郡党企業所の指導員まで、組織・宣伝・経済部門の専従活動家全員がその対象に含まれた。最高部門から末端にいたるまで全国全部門の党組織構成員を対象とする、前例のない講習会だった。

講習期間もこれまでは五日間程度だったが、このときは一五日ないし二〇日をかけ、場合によっては一カ月にわたって行なわれた。講義のやり方も改められた。以前は講義を行なうだけだったが、この講習会では講義の翌日に集団討議を進める方式で行なわれた。」

休みなく続く講習と学習

一九七四年二月には全党的な「党宣伝・煽動部門活動家の会議と講習」、三月には「党組織部門活動家の会議と講習」、四月には「経済部門活動家の会義と講習」、五月と六月には「道・市・郡党ならびに工場企業所党委員会責任書記の会議と講習」を行なった。そして金正日自ら加わり、講義と会議を主宰した。翌七五年二～三月には、ふたたび道・市・郡党責任書記と中央党幹部を召集して会議と講習会を催した。申敬完は、唯一思想体系と唯一指導体制の確立方案に会議の焦点があてられたと証言した。会議が終了したのち、三大革命小組の指導を全面的に改編する決定がなされた。

同年一一月には、道党責任書記と主要な郡党責任書記、中央党の副部長級以上の幹部を対象に会議と講習が行なわれた。会議に加わっていた申敬完は「この会議で「三大革命赤旗獲得運動」が発議され、その後政治局会議の決議を経て全国に下ろされた」と明らかにした。

同月には、さらに道党責任書記、道行政経済委員会委員長、道人民委員会委員長、中央党の副部長級以上の幹部、政務院（一九九八年九月内閣に改編）の長・次官級幹部らを集め、「抗日遊撃隊式・金日成首領式事業方法を体得し、貫徹しよう」との主題で講習会が組織された。

残る一般党員や大衆にも、こうした方式と体系が適用されたことは論をまたない。北朝鮮の人々にどのように講習がなされたかについては、申敬完の証言が唯一のものである。

「金正日は、まず宣伝・煽動事業部門において事業体系と指導体系を全面的に再調整した。その主要な方式は、学習・講習・大衆講演体系として具体化された。たとえば大衆講演体系は、大衆を一箇所に集めて、宣伝煽動部の指導員が講演を行なう。事案の重要性に応じて、中央党・道党・郡党の指導員が講演者に派遣される。学習は、党員の場合は党で、非党員は自身の所属する勤労団体で定期・不定期に実施され、党の政策と革命史について自習した。学習の成果は「学習総括過程」を通じて検証を受けなければならなかった。講習は大きく一般講習と集中講習とに分けられる。重要な党政策の転換や重要文献が発表される場合には、集中講習を実施した。」

「水曜の講習時間には主として実務技術を学び、金曜には労働や軍事学習を、土曜の学習時間には党の政策と革命歴史を中心に政治学習を実施した。要するに党幹部から一般住民にいたるまで、休む暇を与えずに講習と学習を課したのだ。(4)」

金正日は党員に「十大原則」の生活化を要求する一方、自らスローガンもつくり提唱した。「生産も学習も生活も抗日遊撃隊式に！」、「首領の高い政治的信任に報いよう！」などがそれである。当然のことながら、これらのスローガンと政策がきちんと執行されているかを確認するための体系が、あとを追うように用意された。一九七四年から七五年の初めまで、金正日はたびたび地方に滞在してその執行のいかんを点検し、地方の宣伝部門の活動家を大量に更迭したというのが申敬完の目撃談である。

金正日が党と国家安全保衛部を通じて強く押し出した結果、「十大原則」がしっかりとうち立てられ、党事業の制度と規律が一糸乱れぬ形で確立されたという。抗日遊撃隊式の伝統と思想体系の土台の上に、主体の思想体系、金日成―金正日思想体系が確立したのである。

一九八〇年一〇月の労働党第六回大会で金正日は、労働党規約の改定に自らの指導理論を反映させ明文化した。彼は党の基本的な性格を金日成主義党に、党の目標を社会全体の主体思想化と規定し、自らの指導理論である「唯一思想体系確立十大原則」を党規約に組み入れ、党員の権利と義務を定めた。

朝鮮労働党の改編に乗り出す

金正日は、「唯一思想体系」の確立に一定程度道筋がつくと、党と政府、そして人民軍内部での「後継体制（唯一指導体制）」の確立を押し進めた。金正日は「十大原則」に基づき、一九七三年九月から七四年中盤にかけて労働党に、続いて一九七四年後半から七五年中盤までには軍内部に、さらに一九七五年から七六年中盤には政権内部と対外・対南部門にと、唯一指導体制を樹立していった。

金正日はこの時期に北朝鮮社会にいかなる具体的な変化をもたらしたのだろうか。

「唯一指導体制」強化を推進

申敬完が一九九〇年代初頭に初めてマスコミに口を開くまで、外部世界ではまったくこれについて知ることがなかった。申敬完は、この時期金正日についてこう語った。

「金正日は後継者として登場したのち、一九七四年に指導理論と方針をつくりあげ、一九七五～七六年にはこれを実践に移すべく指導と講習を開始した。とりわけ一九七四年末から一九七五年半ばにかけて、金正日は文字通り電光石火の如く咸鏡南北道、平安南北道から、さらには両江《リャンガン》道《ド》の山奥にいたるまで、そこかしこに姿を現わし唯一指導体制の確立に奔走した。

そのため金正日は、列車や飛行機のなかで睡眠をとることもしばしばだった。なかでも一九七五年から七六年にかけては、各種の会議と講習の主宰に追われる、金正日にとってはたいそう忙しい日々が続いていた。」

唯一指導体制の確立問題は、一九七四年一〇月の朝鮮労働党第五期第九回全員会議で扱われた。もとより中敬完もこの会議に参加していた。

「第九回全員会議で、金正日は「党・軍・政府のすべての問題を私に集中させ、私の決定と指示にしたがって処理・執行し報告する、一糸乱れぬ指導体系と無条件服従の組織規律をうち立てねばならない」と提示した。これこそが唯一指導体制の核心だった。金正日が組織、思想、具体的実務にいたるまで、すべての問題を管掌すると宣言したわけだ。

金正日は党内部の事業指導書と党組織、部署、職能調整などを通じて、党の事業体系を大幅に修正した。そのように党組織をしっかりと引き締め直すことで、自らの統治基盤を強化した。金正日は組織指導部の権限を大幅に強化し、幹部に対する人事権を掌握した。また中央と地方に対する検閲事業を大幅に強化することで、自らが幹部の配置・登用・育成に関わる幹部事業を意のままに操れるようにしたのだ。」

幹部事業体系を掌握する

金正日は、党の核心参謀部署である組織指導部が党・政・軍の全般的な幹部問題（人事権）を掌握・専断できるよう組織指導部の機構を改編し、幹部事業体系を新たにつくりあげた。それまでは、幹部問題については党幹部部の指導の下で各部署別・機関別に扱っていた。金正日はこれを、党組織指導部が直接掌握し担当できるよう機構を新設した。

組織指導部の幹部事業担当機構として、幹部一、二課と三課（軍隊幹部担当）、四課（司法・検察・社会安全国家保衛部幹部）、五課（政府幹部）、六課（経済部門幹部）、七課（教育・科学・文化・芸術部門幹部）、八課（言論・出版・報道部門幹部）が新設された。これを通して金正日は、幹部に関わるすべての問題を組織指導部に集中させ、組織指導部長兼組織書記である自らの直接的な指導と統制の下に幹部事業が進められるよう変更した。

とくに金正日は、人事原則を立てるための『幹部事業指導書』を自ら作成した。

これは、幹部の任命と解任に対する批准をどの水準で検討すべきかに関する規定であった。批准対象を規定した指導書の内容について、申敬完は具体的に語っている。


「政治局の批准対象は、長官級その他の要職だ。党中央委員会の部長・副部長、政務院の部長・副部長、軍隊の師団長・独立旅団長・政治委員、道級の道党責任書記・行政経済委員長、各機関の道級責任者、道級工場企業所の党委員長・支配人、外交部の大使級以上の職責がそれにあたる(5)。


書記局の批准対象はそれ以下の職責であり、中央党の課長・責任指導員・指導員、地方党の郡党委員会書記、道党の部長級以上の幹部、行政機関の政務院局長・副局長、道人民委員会の部長・局長が含まれる。その他の幹部は、所属する各機関の党委員会で最後に批准を行なうよう規定した。批准を受けた人物を、最終的に任命権者が任命した。

任命及び解任の批准は、徹底した集団的討議の過程を経て、多数決により決定するとされた。

要するに、当人の人事記録綴りである「住民了解台帳」と関連公文書をもとに賛否の討論が行なわれ、しかるのちに最終決定が下される。任命権者は集団討議の結果である批准を拒むことはできない。したがって任命権者の権限の行使は、多分に形式的な性格を帯びることになった。」

すべての幹部に関する人事書類は、党中央委員会組織指導部に保存され、その人物の出身成分から党生活記録及び各種の評価書など、あらゆる記録が盛りこまれている。組織指導部は人事記録を検討し、政治局と書記局に資料を送付する。幹部任用の際には、すでに組織部で一次審査が行なわれているることになる。

しかし経済関連部署の任命・解任など人事問題については、いささか異なる規定がなされていた。申敬完の証言を続ける。

「政務院の経済関連部署に対応して中央党に設置された経済部署、すなわち中央党の機械工業部・重工業部・軽工業部・農業部・財政経済部ほかが、各々対応する政務院経済部署の「行政関係」幹部に対する人事権を保有する。むろん、最終的には組織部の承認を受けなければならなかった。」

人民武力部（一九九八年九月人民武力省に改編）についても同様に、人民武力部内の師団長・参謀長ら軍幹部の人事権は党の軍事委員会幹部課で管轄するが、総政治局傘下の政治関連幹部（おもに政治部要員）については労働党組織部で人事権を行使するよう規定した。

人事問題に関連して申敬完は、北朝鮮では徹底して集団討議がなされている事実を強調した。

「人事問題において一つ重要なことは、集団討議を通して人事対象者に関する論議が進められるため、個人的な親交や情実関係が介入する余地がほとんどない点だ。北朝鮮では、人事問題に関した腐敗の問題は、そのほとんどが集団的な討議を経ない下級機関で生じているとみて差し支えない。ただ一つ問題があるとしたら、最終任命権者の意見や見解が影響を与えかねない点だ。しかし、それさえ高位幹部の場合は中央党の段階で決定されるため、決して容易なことではない。」

指導検閲体系の確立

続いて金正日は、唯一指導体制確立のため指導検閲を強化した。『指導検閲事業指導書』と『指導検閲事業要綱』を新たに作成し、これらに準拠して指導検閲がなされるようにした。

まず、組織指導部に中央検閲一、二課と地方検閲一～五課を新設し、側近を幹部に任命した。指導検閲は、金日成・金正日の現地指導の前後をはじめ必要に応じ随時組織して進められ、党・政・軍すべての部門の状況を自身に集中させるよう、抜本的に改定した。

このときつくられた指導検閲体系の特徴は「検閲の二元化」であった。一つの事案に対して、党と国家機関の双方からクロスする形で検閲できるようにしたのである。

検閲の種類を日常検閲・集中検閲・特殊検閲の三つに分けた。日常検閲は定期的に実施されるもので、集中検閲は特定の時期における特定の課題に対する集中的な検閲を意味する。特殊検閲は、金日成や金正日が現地指導に出かける前に対象地域の実状を全般的に把握するためのもので、事前調査の性格を帯びている。

一九六〇年代にも一般的な集中検閲は存在した。しかし金正日がつくった「集中検閲グループ」は中央党幹部で構成され、唯一指導体制（後継体制）がしっかりと確立しているか否かを検閲する特別な任務を負っていた。全国家的・党的指導事業に関する検閲権限を保持する、強大な存在であった。当然のことながら、党と国家の幹部たちにとっては恐怖の対象とならざるをえなかった。

金正日に集中する組織生活体系の樹立

金正日は、毎日二時間の学習と週間集団学習・学習総括・週間講演会への参加を内容とする党生活と、党組織規律強化のための指導的役割をはたせるよう、各級党組織の指導体系を改編した。党生活は、すべての幹部と党員が党的分工（事業の分担）の執行と報告を行ない、また党組織に応じて二日間・週間・月間単位での党生活の総括を基本とすることとした。

元来組織指導部の基本的な機能と任務は、幹部及び党員・同盟員の党生活と勤労団体組織生活を直接指導することであった。これに加えて金正日は、組織指導部の党生活指導課を拡大・改編し、責任指導制を強化した。

今日の北朝鮮社会を把握するうえでは、住民五人のうち一人が党員であり、党員はきっちりと組み立てられた党生活体系の下に置かれているという事実が重要である。その端的な例を、各組織単位別に日常的に遂行される党生活総括制度にみることができる。申敬完は「一九六〇年代の党生活の総括は形式的なものにとどまり、参加しない者も多く、問題を起こした当事者だけが集まり相互批判を行なっていた」と証言した。

それを金正日が、一九七〇年代中盤以降、党機関のすべての人間が一定期間内の生活全般をつまびらかにし、総括する形態に変えたのであった。党生活の総括時には、党権の濫用・官僚主義・行政代行主義が主な標的にされたという。

日常的に人々の生活をチェック

金正日は党組織からの任務の受け方、その執行の方法、報告の仕方、生活総括の手順など、組織生活に関わるすべての手続きと内容を詳細に規定した。生活体系の変化について、申敬完はこう証言する。

「それまでにも党生活体系は存在した。しかしいささか無秩序で、規律を欠く面が少なからず見受けられた。金正日がこの部門に手をつけたことで格段に強化され、確固とした体系が樹立された。資本主義圏の自由主義的な思潮に影響されやすい人々を対象としたものだが、二日総括、五日総括という強力な生活体系が確立した。党員・幹部の組織生活と思想生活が、定期化・規範化されたのだ。」

これは党幹部と党員、さらには勤労団体に所属する住民が、分野により二日、五日、ないしは週に一度ずつ所属単位ごとに集まり、自身の生活を検討するようになったことを意味する。すなわち、党から受けた任務を正確に完遂したかどうか、「唯一思想十大原則」に反する行為をしなかったかなどを集団的に討論し、相互批判する集まりを定期化したのである。

申敬完は「一九七七~七八年頃にもなると、すべての党員が規則化された党生活に加わるようになり、何一つ「隙間のない状態」になった」と証言した。すべての党員は、党生活の過程で会議・講演・学習・軍事訓練にもれなく参加することが義務とされ、「二心を抱く」ことが難しくなったという。「隙間のない」党活動からは、弊害もまた少なからず生じた。申敬完は「党員があまりに規範化された枠に縛られ、機械的に行動することで、創造的な活動が制約を受ける側面があった」とうちあけた。能動的な姿勢をとるべき幹部が、ひたすら党の指示のままに一方的に実行する傾向が強まり、社会経済的発展に支障をきたさざるをえなかったというのであった。

金正日への直報体系

情報は、とりもなおさず力である。金正日はこの点を見抜いていた。金正日は唯一指導体制確立のために、北朝鮮地域のすべての部門と単位で生じる大小さまざまな状況を迅速に彼へと集中する、報告・通報体系をつくりあげた。

金正日は、全党・全軍・全国のすべての単位と部門の機関・企業所で起こる、あらゆる状況を把握できるよう、労働党中央委員会組織指導部に「三線・三日、報告・通報体系」と、自分に直接報告・通報する「直報体系」を用意した。三線または三通と呼ばれるものは、党組織系統・行政系統・国家保衛部系統の三つを指す。この措置がとられたのち、これらの機関は三日に一度、北朝鮮地域で起こった状況を中央党組織指導部に報告・通報しなければならなくなった。

直報体系とは、事故や人命被害の発生時、あるいは唯一思想体系や唯一指導体制に反するような問題が露見した場合、ただちに電話・電信などの通信手段を利用して金正日に直接報告する体系をいう。

軍隊における三線三日通報体系は、軍隊内の党組織系統（政治部）、参謀部系統、軍隊保衛部系統をさす。

申敬完は「通報体系と直報体系を通して、金正日はピョンヤンの執務室で、居ながらにして北朝鮮全域で起こる些細なことがらまで把握することができた」と証言した。

下部指導体系も綿密に整備

中央組織を掌握した金正日は、続いてすべての下部指導事業を党委員会の主管の下に組織・進行するよう指示した。申敬完の証言である。

「金正日は、下部指導事業の計画書と指導事業要綱の作成及び批准手続き、指導事業のとりまとめと総括方法まで細部にわたって規定した。中央機関がすべての事業を設計・計画し、これを執行する場合は必ず「提議書」を作成して金正日に提出し、彼の承認を受けてから組織・執行するよう規定した。「提議書」の作成と提出・手順・方法についても新たに指針書をもうけた。これらを通して金正日は、定められた手順と方法にしたがって下部指導事業を組織・進行するよう強く指示した。」

ひとまず規定をつくりあげ施行するよう指示した金正日は、全般的な指導検閲を進めていった。申敬完は「一九七三年末から組織指導部の検閲部門を中心に、有能なメンバーを集めて指導検閲グループを構成、全国のあらゆる部門と単位の党組織に派遣した」と証言した。その目標と結果について、申敬完はこう語っている。

「このときの指導検閲は、金正日自身が新たに提示した方針とスローガン、指導書が下級党組織でどのように受け入れ実行されているか、また幹部らの思想的準備の程度、とりわけ一九七三年九月の労働党第五期第七回全員会議での決定の執行状況に重点を置いて進められた。

二カ月間の検閲の結果、当時の咸鏡南道党宣伝煽動部長をはじめ多くの地方党幹部が、金正日が提示した方針とスローガンを思想的に受け入れず、また忠実に実行しないでいるとして解任された。金正日は彼らを鉱山や炭鉱に送り、生産労働を通じて思想的に鍛錬させた。このように検閲を通して金正日は、自らに忠誠を誓う側近たちで幹部の隊列を補充していった。」

指導書で業務を規範化

前にふれたように金正日は、組織と機構の再編がもたらす過渡期における試行錯誤を防ぎ、効率的な業務を推進するためにさまざまな指導書を発行した。

まず党部門事業に関連して、一九七四年九月に『党事業読本』を発行した。このテキストは、中央党の「幹部高級党学校」党建設講座の教授陣とともに数カ月間の準備作業を経てつくられた。これには一般大衆との事業・政治事業・配置事業などすべての事業体系と方法に関する内容が包括されており、党幹部のための教科書として活用された。

組織生活と思想生活の実践方法・参加範囲・総括・進行方法などを規定する『党生活指導書』も発行・配布した。

申敬完は金正日の手法が、北朝鮮で言うところの「権力をかさにきて、下部に指令を押しつける式」

のものではなかったと証言した。

「金正日は唯一指導体制を確立する際に、無条件に強制するのではなく、きわめて詳細な規定を用意し、それに沿って施行するようにさせた。読本・指導書・要綱の発行は、そのために必要な指針だったのだ。金正日は事前に組織体系を再編し、指導書を配布して方法を教え、講習を通して思想的に武装させ、しかるのちに自ら出向いて確認・検閲する作業に力を注いだ。」

唯一指導体制の確立において外せないのが「三大革命小組運動」である。金正日は一九七三年から進めていたこの運動を、後継体制確立の親衛隊へと改編した。三大革命小組運動中央指導部が新設され、党組織指導部には三大革命小組運動指導課が新設された。

このときから三大革命小組運動は、金正日の直接の指導と統制の下で、唯一指導体制確立の先鋒役をはたすこととなった。

さらに労働党中央委員会内に総務部・史跡部・主席部を、道・市・郡党委員会には史跡部を新設した。経済部署は経済一・二・三部に組織改編し、経済部門全般に対する党の指導と統制をいっそう強化した。

当時こうした動きを外部で感知するのは困難であった。これらの措置を通して、党による指導が、ほぼ無条件的、かつ絶対的なものへと変わったのである。一連の変化を見守っていた申敬完の証言である。

「一九七〇年代前半期でさえ、党の指導には弱点が多々存在し、各部門への影響力が確固として根を下ろしていない感があった。政府機関・郡・社会安全機関などでは、党的指導が現在のように強力ではなく、まれには反発さえあった。郡行政委員長が郡党の指導を受けようとしない雰囲気や、郡党責任書記がしっかりしていない場合には、郡の社会安全部や国家保衛部が党を見くびる傾向も出現していた。一九七〇年代中盤の、金正日にすべての権限が集中する唯一思想体系・唯一指導体制の強化によって、一九七七年頃にいたるとそうした傾向はほぼ消滅した。」

官僚主義の弊害も

党の領導が強化されると、「党の権威の絶対化」にともなう副作用も各方面で目立つようになった。

「党の地位と役割が高まるにつれ、党幹部の権勢主義、官僚主義、行政代行主義という悪習もひどくなった。党が政府機関の業務を代行する、さらには権力機構化する素地が多分にあったのだ。また、党幹部や党員が党の権威を悪用し、権勢を振るう余地が当初から存在していた。なかでも良い出身成分に恵まれ、学業を終えてそのまま党幹部に配置された人々には、ことにそうした傾向が強かった。政治的訓練が足りないせいで、党の権威を自らの影響力と錯覚したためだった。」

副作用が出はじめると、金正日は権力を党に集中させる一方、その根を絶つ作業に着手した。さもなければ党自体が住民の不信を買い、ついには自らに非難の矢が降り注ぐ可能性が大きかったためである。申敬完の証言を続ける。

「党幹部の悪習を変えるのは容易なことではなかった。持続的な教育と内部闘争を、併行して行なわざるをえない状況だった。当時中央党には各課別に「党分組」と「党細胞」が、部ごとに「部門党」があり、その上に「初級党」、「党委員会」という鎖状の構造が絡まっていた。金正日は党分組・党細胞で、所属党員の官僚主義・行政代行主義・党権力の濫用を阻止する思想闘争を展開するよう指示した。」

処罰も強化された。以前は官僚主義や権力の濫用を摘発されても批判で終わる傾向があったが、一九七〇年代後半からは状況が変わった。申敬完は、誰もが「労働現場」に行く事例が増えたと証言した。

「金正日は地位のいかんを問わず誰であろうと、各級党会議で党権力の濫用や官僚主義、行政代行主義により三度批判を受ければ、職責は残したまま「労働現場」に追いたて、労働活動による鍛錬を経たのちに復帰するよう指示した。追われた幹部はそこで「習性が変化した」と認定されるまで、引き続き労働と相互批判により数カ月から数年を過ごさねばならなかった。」

党による「行政経済機関業務の代行」という不合理を絶つ過程では、七〇年代後半以降、党中央の執行部署のなかでも経済関連部署が、ひときわ頻繁に交替を繰り返した。党の側に不要な機構と人員が多ければ多いほど、行政の代行と「権勢を振りまわす」事態が頻発すると見て、相次いで機構の統廃合と幹部の縮小措置がとられたためであった。党機関内の党組織を強化する措置もあわせて行なわれた。

さらに住民が身をもって経験していた、郡党書記や部長らの不正行為への対策も続いた。住民に供給すべき物資を地方党幹部が隠匿する事件が頻発し、怨嗟の声に満ちていたからである。一九七〇年代中盤まで、味噌・醤油など住民の生活必需品を供給する商店は郡の小売管理所―郡商業部で管轄していたが、物資割当票は郡党経済部が作成していた。そこで郡党側では割当票を思うがままに作成し、党幹部の「物資隠匿」に利用していたのである。

「これを是正するため金正日は、郡事業部長―郡小売管理所長が物資割当票を作成し、彼らが商店を管理するよう指示した。郡党など下級党が行政経済部門の業務を代行しながら不正行為をなりわいとしていたところでは、おおむね同様の措置がとられた。この過程で職権の濫用や不正行為により処罰された者が少なくなかった。」

軍隊を改編する

労働党の「軍への統制」強化政策は一九六九年をその転換点とする。一九六九年に発生した「金昌鳳・許鳳学事件」がその契機であった。同年一月六～一四日に開かれた人民軍党第四期第四回全員会議拡大会議が、労働党の軍への統制を強化する舞台となった[6]。

この会議で人民軍総政治局長呉振宇が演壇に立ち、民族保衛相金昌鳳を批判した。金昌鳳らは軍内部における唯一思想体系の確立を妨げ、革命伝統の継承に反対してこれを阻み、軍隊内部に家族主義的宗派を形成し、訓練を軽視して他の仕事や人脈づくりに励むなどの誤謬を犯したとして批判された。対南工作の責任者許鳳学も同様の運命をたどった。

二重・三重に軍を統制

この事件の余波で、軍総参謀長崔光ら軍首脳の一部と副首相金光俠《キムグァンヒョプ》、社会安全相石山《ソクサン》らが失脚した。彼らには党政策の不履行と軍閥官僚主義等々の非難が浴びせられた。たとえば金正日は、一九六九年一月一九日「軍閥官僚主義者らがどれほど党組織を無視し専横を押し通したかについては、党会議で司令官が結論を下すようにし、党の政治事業に関する通報を参謀部を通して行なうよう政治部に強要したことだけからみても明白である」、「彼らは党組織と政治機関を手中に収め思い通りにしたのみならず、総政治局が党中央委員会の該当部署と連携できないようにすることで、党中央委員会の指導と統制を拒んだ」と指摘した[7]。

人民軍党全員会議を契機として、軍党委員会とは別個に、党の政策決定を執行する「人民軍総政治局」を、大隊級以上の部隊には「政治部」をもうける一方、人民軍内部に政治委員制度を導入した。師団・連隊単位には政治委員を、大隊・中隊単位には政治指導員を、それぞれ中央党から直接派遣・配置する措置を講じた。さらに軍の政治幹部を、党中央組織指導部が管掌する形態へと変更した。

これにより人民軍内部には労働党組織が重ねられ、軍への統制が強化された。たとえば師団の場合には、師団党委員会責任書記、政治委員、政治部長が併存することになる。党による軍の統制が二重、

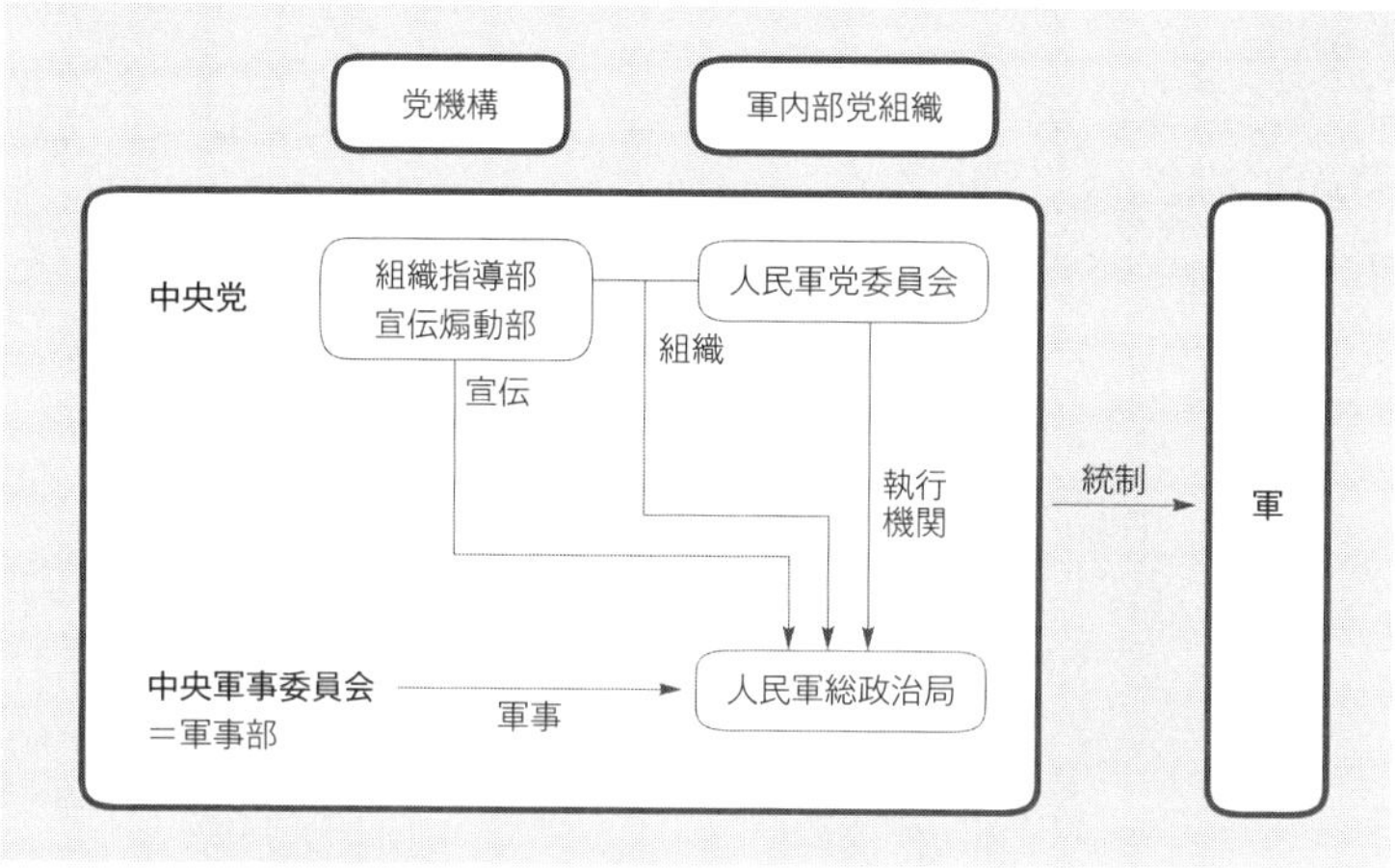

図表1. 党による軍の統制システム

三重の形でなされることとなった。

軍隊内部のすべての教育計画と命令書は、軍幹部の他に政治委員の署名があってはじめて有効とされた。軍将校による独自の軍事行動を事前に封じる措置であった。この措置は、北朝鮮での少壮将校による軍事クーデターを困難にさせる根本的な要因の一つともなった。かりにソ連留学派の佐官級将校の軍事的な動きがほんのわずかあったとしても、ただちに党の介入が可能な構造である。

その結果、一九七〇年の労働党第五回大会で党規約に「党中央委員会軍事委員会は、党軍事政策の執行方法を討議決定し、軍需産業と人民軍隊及びすべての武力を強化するための事業を組織し、わが国の軍事力を指導する」という規定（第三章第二七条）が挿入され、「職業軍人による」軍事活動の決定を事実上排除する後続措置がとられた。軍事問題に関するすべての事項は、党の代表である政治委員と軍の指揮官との合意と決定によるものへと変わり、軍指揮官による単独での指揮権行使を不可能にした。

金日成はその後一九七二年に社会主義憲法を発表、軍の最高指揮組織として中央人民委員会国防委員会を新設した。

北朝鮮にとって一九七四年のもつ意味は格別である。金正日による三大革命小組運動は、一九七四年に入ると継続革命論と革命の「継承論」の脈絡で実践され、事実上革命の「世代交替」という新たな流れを形づくっていった。軍隊の検閲指導についての、申敬完の証言である。

「一九七四年下半期、金正日は軍内部に対する一斉検閲指導を開始することにより、軍隊にも手を伸ばした。金正日配下の組織指導部検閲要員が、人民軍党委員会、総政治局、陸・海・空の各兵種別司令部党委員会、軍団・師団・連隊・大隊の党委員会、さらには中隊細胞単位にまで派遣された。要するに一網打尽にしたわけだ。検閲基準は「唯一思想体系と唯一指導体制に軍がきちんとしたがっているか、金正日が提示した方針とスローガンをしっかりと受け入れているか」だった。つまり、どれだけ金日成・金正日父子の私兵としての役割に忠実であるかが基準とされた。

これを通して金正日は、軍隊内部にも自身の基盤を固めることができた。さらに金正日は軍の「政治委員会」を強化し、政治委員の任命権を掌握した。個々の部隊に派遣される、軍に対する党の統制窓口の役割をはたす政治委員の人事権を握ることで、金正日は軍幹部の運命を左右できるようになった。」

後継者の軍隊へ

金正日は一九七四～七五年に党事業の改善に力を注ぐ一方、「思想も技術も文化も、主体の要求のままに！」というスローガンを提示、三大革命をいっそう強力に主導していた。まさしくこの時期に、人民軍内部でも革命の継承と関連して「世代交替」の嵐が吹き荒れていたのである。

中隊長は従来三〇～四〇歳であったのを三二歳未満に、大隊長は四〇～五〇歳を三二歳～三五歳に、連隊長は五〇～六〇歳を三五～四〇歳に引き下げ、連隊長級以下の指揮官の相当部分と一部師団長級指揮官を交替させた。申敬完は「軍元老の相当部分が隠退するか、他の部門に仕事を移した」と証言した。

この時期に、金正日と政治的運命をともにする革命第二世代の軍部指導者が頭角を現わしはじめた。その代表的人物としては、呉克烈《オグンニョル》・金斗南・金江煥《キムガンファン》・崔相旭《チェサンウク》らがおり、万景台《マンギョンデ》革命学院出身者が相当部分含まれていた。

軍を政治的に統制する人民軍総政治局は、党組織指導部と党宣伝煽動部の直接の指揮下に置かれていたため、金正日は総政治局を掌握することができた。こうして金正日は、北朝鮮軍を「後継者の軍隊」へと仕立てあげていった。

これは一九六七年以来軍内部に党の唯一思想体系が確立し、一九六九年に軍内部の党組織と政治機関の役割が高まったからこそできたことであった。

現在人民軍内部の各級党組織は、全軍の主体思想教育、党の唯一思想体系確立、幹部隊列の強化と幹部候補の育成及び党生活の指導、共産主義教育と社会主義愛国教育の強化ならびに党員・軍人の革命化及び労働者階級化、軍隊内の社会主義労働青年同盟組織の強化と指導、軍事事業に対する党委員会の集団的指導の強化、さらには軍隊内の三大革命赤旗獲得運動と赤旗増大運動の積極的展開等の機

1980年代、金鎰喆海軍司令官（現人民武力部長）の案内で海軍戦闘艦を見回る金正日

能を遂行するものとされる（労働党規約第七章第四八条）。

金正日は一九七五年に二個の集団軍を廃止することで、中央が軍団を直接指揮できるよう改編した。

一九七五年からはすべての人民軍兵営と事務室に、一斉に金正日の肖像画が掲げられた。金日成の肖像画とそっくり同じ大きさで、同じ位置に三〇センチの間隔を空けるよう、厳格な指示が下された。一般社会に先んじて、まず軍隊から金正日の肖像画を掲げはじめた点が注目される。

金正日は一九七五年から、それまで軍が報告文書や批准文書を直接金日成に上申していたのを、今後は必ず彼自身を通すよう変更した。一九七九年にはこれをさらに一段階強化し、金日成のもとに上げていたすべての報告文書の選別を開始した。北朝鮮軍上佐だった崔主活《チェジュファル》は「重要なことがらだけは金正日が直接金日成に報告し、あとは彼自身の手で処理した」と証言した(8)。

さらに金正日は軍隊内の政治・軍事幹部を対象に会議と講習を実施し、唯一指導体制の確立に拍車をかけた。申敬完は「軍にも唯一指導体制が確立され、「釘一本動かすにも指導者同志の決心なしにはできない」という気風が軍隊のなかに生まれた」と証言した。

九〇年代に軍事部門を完全掌握

金正日は軍内部において唯一指導体制を確立したのちも、一九七九年の二月と五月の二度にわたって「全軍の主体思想方針」の貫徹、ならびに軍における三大革命赤旗獲得運動の深化に関する任務を提示した。一二月には「すべての将兵は、金日成に限りなく忠実であった呉仲洽《オジュンフプ》、金赫《キムヒョク》同志（ともに抗日革命期の代表的人物）に学ぶ運動を展開せよ」と指示し、軍に対する「事業指導」の第一歩を踏み出した。

この運動は最高司令官金日成の命令、そして党中央である金正日の命令に対する絶対性と無条件性を求めるとともに、規律を確立し組織力を学ぶことを目的としていた(9)。申敬完は「金正日は随時軍部隊を訪問したが、空軍の末端飛行隊はもとより、陸軍の砲兵大隊までが訪問対象に含まれていた」と明かした。

翌一九八〇年一〇月の第六回党大会では、金正日を党政治局常務委員兼書記の座に押し上げたのみならず、党中央委員会軍事委員会の「軍事委員」まで任せるにいたった。軍事委員長である金日成を除けば、軍事委員一八名のうち唯一の「非軍事指導者」が金正日であった。委員発表名簿でも呉振宇に次ぎ第二位であり、崔賢・呉白龍《オベンニョン》・白鶴林《ペクハンニム》・金鐵萬《キムチョルマン》ら錚々たる遊撃隊世代はもとより、呉克烈・

金江煥の革命第二世代軍事指導者よりも上位を占め、金日成の「後継者」、未来の「首領」としての金正日の地位を象徴するものとなった。

崔主活は「一九八二年から金正日が軍に対する掌握力をさらに高めた」、「軍事事業のみならず政治事業、保衛事業、軍事外交事業まで、重要かつ原則的な問題は一つ残らず自らの指示と決定によってのみ処理するようにした」と証言した。

金正日は、一九八五年九月の人民軍指揮官ならびに政治幹部大会に金日成とともに参加して指導し、一九九〇年四月の人民軍創建五八周年には金日成とともに第八三七軍部隊を訪問し指導した。金正日は一九八〇年代の十年間、人民軍に対する自身の指導力を強化するために努力を傾け、その結果として一九九〇年代に入ると軍事部門の最高職位を完全に手にすることができた。

一九九〇年五月の国防委員会組織における最も際立った特徴は、やはり金正日が第一副委員長の座についた事実である。これにより金正日は軍事最高指導者たち、すなわち呉振宇・崔賢・金鐵萬・李《リー》乙雪《ウルソル》・朱道逸《チュドイル》ら革命第一世代を凌ぐ地位を占めた。加えて委員長の金日成、副委員長の呉振宇・崔光が高齢であることから、事実上金正日が国防委員会のみならず人民武力部、総参謀部などに対する指導力を行使できるようになった。

一九九一年一二月、金正日はついに人民軍最高司令官に推戴された。同年一二月二五日に開かれた中隊政治指導員大会で金日成は、「私はいまや八〇歳という高齢であるため、最高司令官として夜を徹して全軍を指揮し統率するのは困難」だとして、「今後私は、党中央委員会軍事委員会委員長として顧問の役割を担う」と発表した。軍権移譲の意志を明らかにしたのである。金日成は「すべての人民軍将兵が、金正日最高司令官の命令を私の命令と同じに心得、その命令に絶対服従し、最高司令官の領導に忠誠をもってつきしたがうよう期待」するとの注文も忘れなかった[10]。

金正日は一九九二年四月二三日朝鮮人民軍創建六〇周年にあたって、最高司令官の名の下に六二二名に達する将軍級の昇進人事を断行し、称号を授与した。さらに翌々二五日の軍事パレードでは、金正日自ら呉振宇人民武力部長の閲兵報告を受けた。これにより金正日は、名実ともに軍の最高指導者として認められることとなった。人民軍が「後継者の軍隊」となって一年後の一九九三年四月、金正日は国防委員会委員長に選出され、すべての武力統帥権を掌握した。

党・軍に続く行政機関の改編

党と軍隊を掌握した金正日は、政務院（内閣）をはじめとする行政機関の改編に乗り出した。中敬完の証言である。

「一九七五年半ばまで、金正日は政務院の業務に介入しなかった。政務院から報告があればそれを受理する程度だった。一九七五年の中盤以降、集中指導検閲や該当組織機構の改編、講習の組織化などを通じて政権機関を直接管掌しはじめたのだ。」

政務院と地方行政機関を掌握する

中敬完の証言を続ける。

「それまで政務院内の党組織は、政務院党委員会と各委員会・部党委員会が並列して存在していた。政務院党委員会が統括指導する構造にはなっていなかった。政務院党委員会の書記は、政務院事務局副局長または参事室長、第一副室長が併任していた。

金正日は政務院党委員会を格上げし、各委員会・部党委員会を直接指導できるよう変更した。政務院党委員会が金日成の教示と政治局の決定を経済政策に具体化し、それを執行しながら生産活動を指導した。そのため党指導委員会とも呼ばれた。政務院事業に対する党的指導を強化した措置だった。」

政務院党委員会には、政務院傘下の各部と委員会の幹部が所属していた[11]。政務院党委員会の責任書記は、指導力と効率を考慮して政務院総理が兼任し、「専任」の第二書記を別に置くこととした[12]。続いて金正日は政務院事務局と参事室の大幅な改編を断行した。政務院事務局は総理室直属機構に改編し、従来は政務院の各部・委員会を各々二部署ずつ担当し指導する一二の課に分かれていたのを、第一・二・三事務局に統合し、その機能もこれまでの業務指導から行政の調整を主要任務とするよう変更した。とくに第一事務局傘下には、総理書記室を新たにもうけた。申敬完の証言である。

「書記室は副官と書記とで構成されていた。副官はおおむね身辺補助を主な業務とし、書記は雑務処理を担当した。企画業務や業務の調整は参事室や事務局が扱った。」

後続して政務院参事室の機能と役割についても、いっそう強化する措置がはかられた。参事室は政策を立案するとともに、下部部署の事業状況を把握しつつ新たな執行対策を立てることで、総理と各長官を補佐する政策機関へと変貌を遂げた。

北朝鮮では、政策の立案と執行とが区分されている。すなわち党の路線と政策を貫徹するために、具体的な政策を立案して部署間の業務調整を行ない、推進方法を模索してこれを提示するのは、政務院参事室と事務局固有の機能である。各部・委員会は、決定された政策と推進方法をただ執行するのみである。

政務院内の各部署に対する党組織の役割も強化された。各部・委員会に企画調整業務を担当する「組織計画課」が新設された。この課の主要な任務は、党政策の執行状況を把握し、党と上部に報告することであった。

これらの改編を通して、はたしてなにが変化したのだろうか。申敬完の証言である。

「政務院党委員会が強化され、「党の領導」を貫徹する通路が多層的なものへと変わった。たとえば政務院傘下の特定部署党委員会は、二重の統制を受ける。すなわち政務院党委員会の直接的指導と、中央党の組織指導部及び該当経済部署の指導がそれだ。

特定部署党委員会は、政策の決定と執行を任務とする政務院党委員会とは異なり、党生活の指導を通じて生産を高めるのが主な任務だ。それだけではない。政務院傘下の特定部署党委員会に所属する党員は、自身の党籍がある所属行政単位の区域党（ピョンヤン市党傘下）の統制も別途に受ける。この場合は行政経済活動と関わりなく、党組織思想生活に対する統制がなされる。党員であれば誰しも同様だ。中央党書記の場合も、党籍はピョンヤン市中区域党に属しており、一

1980年代、労働党総書記執務室にて

党員として党組織生活に参加しなければならなかった。」

労働党の検閲・指導も強化

それでは、労働党中央委員会の専門部署と、それに対応する政務院の部署とのあいだでは、どのように役割分担を行なっているのだろうか。申敬完はこう説明した。

「党中央委員会部署の基本的な使命は政策検閲だ。政務院（内閣）の部署と同一の部署が、党の中央委員会にも設置されている。党中央委員会の各部署は、政務院の該当部署に対して、労働党の政策がどのように貫徹されているかを検閲・指導する。

党の農業部を例にとろう。党中央委員会農業部は、政務院傘下の農業委員会（一九九八年農業省に改編）を党的に指導する。政治局、党中央委員会及び党全員会議の決定や「金日成・金正日の言葉」に提示されている政策が、各部門でどのように貫徹されているかを検閲し、不十分なら再度執行するよう指導する。

基本的な任務は政策検閲と人事だ。すなわち労働党の農業政策執行過程を調整・検閲し、政務院農業委員会幹部を選抜して任命あるいは撤職（解任）する人事問題を処理する。しかし党中央委員会農業部は、政務院農業委員会の党生活には介入できない。政務院各部署幹部の党（思想）生活は、組織指導部で指導を行なう。また政治局批准幹部と書記局批准幹部（局長級以上）は、該当部署で行なうのではなく、組織指導部と協議して政治局・書記局の批准を受けねばならない。局長級以下は、部または委員会にある党委員会で決定する。」

当然このような疑義が生じることだろう。党にある農業部と、政務院の農業委員会で行なうことが重複する可能性はないのか。同じ名称の部署が党と政務院に同時に存在するのは、屋上屋を重ねることにならないのか。初期には多くの試行錯誤があったと、申敬完は証言した。

「双方の部署の関係は、党が決定し、政務院が執行する構造だ。すべての政策決定は党で行ない、政務院部署は党の決定を行政的にいかにうまく執行すべきかを検討・施行する。党中央委員会の専門部署は、政務院の該当部署が党の決定をうまく執行できるよう調節・検閲し、絡まった鎖を解く役割をはたす。たとえば資材の供給が円滑に行なわれない場合、関連部署に通告して解決する役割を担う。ある面では、韓国の青瓦台経済主席と経済副総理の関係に似ている。

この過程で「党官僚主義（行政代行）」が生じる可能性が高い。これは、党の指導が功を奏さない場合に、党組織が前面に出て行政を行なうことを指す。党機関の基本は政治事業だ。したがって党中央委員会農業部・工業部などの部署は、大衆に対する事業が基本だ。

たとえば党農業部の場合、政務院農業委員会の幹部がうまく処理できるよう援助を行なう。該当部署の党委員会に参加して、こうすればよいと助言する。行政・事務的な仕事に手をつければ批判を受ける。党の部署が乗り出して、ああしろこうしろと指示を行なうと、党生活総括の場で批判を受けることになる。」

整理すれば、農業政策の基礎は党の農業部が決定し、これを行政的に執行するのは政務院農業委員会（現内閣農業省）ということになる。

申敬完は「組織指導部の越権行為についての論議が頻繁に行なわれたが、金正日の登場以後、組織指導部・中央委員会専門部署・政務院部署間の役割を明確に規定して、越権行為に関する議論を最小限にとどめるようにした。それでも新人党幹部の場合、越権行為を犯して批判を受ける事例が間々あった」と証言した。

以上の措置が施行された結果、政務院は行政的・党的に、各部・委員会に対するはるかに強力な指導力と統制力を保有することとなった。あわせて労働党の検閲・指導も強化された。

国家保衛部の新設

金正日は唯一指導体制確立に抵抗する勢力を除去するために、体制保衛機構である国家保衛部を新設した。従来社会安全部で行なっていた体制保衛ならびに鎮圧業務部門を分離し、機構を拡大したの

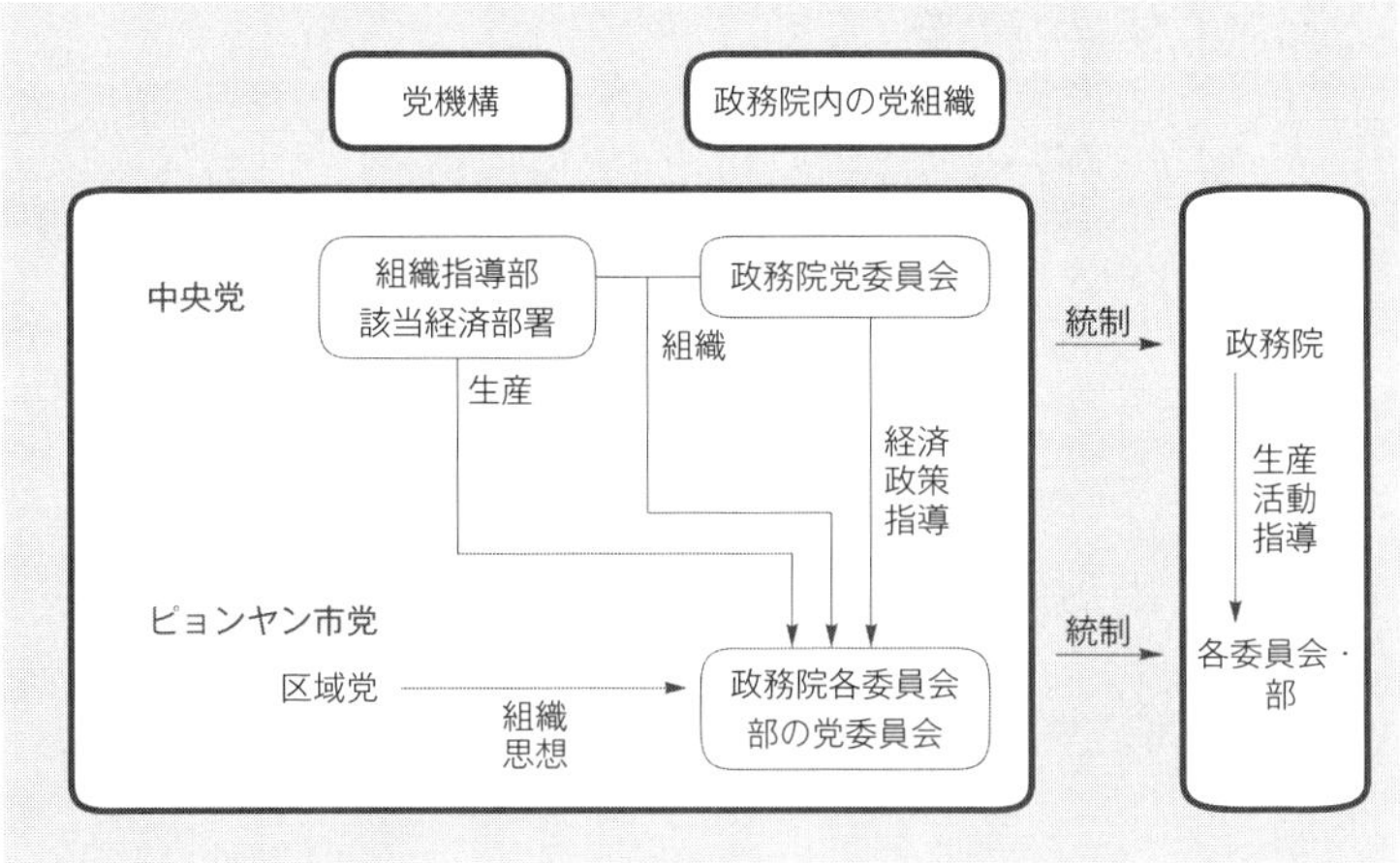

図表2. 党による政務院の統制

である。

国家保衛部は、金正日体制の確立と維持を阻害するすべての要素を、事前に摘発・探索・除去することを基本任務としていた。国家保衛部は、道・市・郡、特級企業所、一級・二級企業所までに置かれ、里《リ》と二級企業所未満の工場企業所には保衛駐在員を配置した。

軍隊では人民武力部安全局を政治保衛局に改称・改編し、傘下の連隊や独立大隊レベルまでに保衛部を、中隊には保衛指導員を置いた。

国家保衛部は金正日の直属とし、中央と地方の党組織と幹部の干渉を禁じた。従来地方の安全部は各地方党組織の指導と統制を受けてきた。しかし金正日は国家保衛部に対する干渉を禁じ、逆に国家保衛部に対して地方党幹部の一挙一動までをも監視するよう命じた。中敬完は「地方の保衛部は、直属の上級保衛部からの指導と統制のみを受け、中央保衛部は金正日が直接掌握・統制する構造になった」と証言した。

国家保衛部は完全に極秘・非公開機構とされ、表向きは第○○○部隊という具合に、人民軍の軍部隊を偽装して活動することになる。

国家保衛部員は李朝時代の「暗行御使《アーメンオーサ》」よろしく暗躍し、人々の一挙手一投足を監視、流言蜚語や不平不満、誹謗中傷などの反体制的要素までをも事前に探索・除去するため目を光らせていた。

国家保衛部の創設初期には、保衛部員にひっかかれば、誰も知らぬ間にどこかへと姿を消すことがあった。そのため朝の挨拶で「昨夜は無事だったか」と口にすることが、一部では慣例のようになっていた。人々は国家保衛部員という名前を耳にしただけで震えあがり、泣いていた子も保衛部員が来るぞといえば泣きやむほどの、恐怖と不安の対象でもあった。過剰な忠誠心から引き起こされたこのような偏向は、金日成から厳しく指摘を受け、その後いくぶんかは是正された。

対南事業も掌中に

金正日は一九七五年六月から対南事業の掌握にうって出た。それ以前にも金正日は、対南部門に隠然とは関与していた。しかし金正日が対南部門を自ら掌握していたわけではなかった。申敬完は「対南書記の金仲麟とそれに連なる高位幹部が、たんに首領の後継者に対する「道徳的義務感」から、金正日に報告して指導を受けるにすぎなかった。組織的にはいかなる連関も存在しなかった」と証言した。

手はじめに金正日は、大規模かつ広範囲に及ぶ検閲事業を繰り広げた。彼が肩を差し入れ、入りこむに足る隙間を確保するための先行作業であった。金正日は検閲を通して、ひとまず該当組織の人事問題と組織機構、事業システムを検討した。それらを点検したのちに、政治・思想的批判が続いた。

既存組織の日常性と連続性を揺るがし、組織と幹部に怖れと不安を植えつけた。しかるのちに組織を掌握するうえで最も重要な、人事権を支配した。続いて対南組織全般を、金正日に忠誠を誓うことのできる体制へと改めた。金正日の方針についての教育講習が集中的に実施された。

最後に金正日は、組織を掌握するための報告・命令体系を確立した。これにより対南事業部門における唯一指導体制が確立した。忠誠の代価として、政治・思想的保証が後に続いた。

労働党内で繰り広げられた対南事業改編過程を、当時組織指導部検閲課の情容赦のない検閲を経験した申敬完の証言を通して、各段階別に再構成してみる。(13)

後継体系確立のための集中検閲

最初の措置は、対南事業全般についての実態を集中的に検閲する作業であった。検閲は一九七五年六月に開始された。検閲者の名義は、朝鮮労働党中央委員会政治局ならびに書記局検閲とされた。金正日の権力掌握力が、いまだ前面に立って対南事業全般を一挙に揺り動かすまでにはいたっていなかったことを示している。しかし金正日は、検閲事業を背後で直接掌握していた。この検閲事業はいくつかの点でまことに特徴的だったし、それまでの対南事業三〇有余年の歴史においても類を見ないものとなった。

第一に、検閲にあたったのは、他ならぬ労働党中央委員会組織指導部検閲課の幹部である。彼らは当時金正日の親衛隊に等しかった。

第二に、検閲対象は、対南事業を担当していた労働党対南連絡部・文化部・調査部と、その傘下機構である政治学校（六九五学校）、南朝鮮研究所（現祖国統一研究院）、各地域連絡所、そして日本や東欧をはじめとする海外工作拠点とされた。対南事業を担うすべての機構を対象とする全面的な検閲である。

第三に、検閲内容の面でも従来とは異なっていた。検閲は幹部事業に関する問題、各時期別の事業と工作内容に対する総括問題に重点が置かれた。最初に人事問題、すなわち幹部事業問題が集中的に検閲を受けた。正確な原則の下に、それにふさわしい人物が適材適所に選抜・配置されていたかどうかが吟味された。なかでも対南事業各機構の幹部に対する選抜配置が正しく行なわれたかという点と、対南工作員を適切に選抜配置したかという点が重点的に検閲された。

過去にさかのぼり精査

続いて各時期における対南事業の戦略戦術と、組織展開の状況についての検閲が行なわれた。時期別に、以下のような指摘がなされた。

・一九五三年の「朴憲永《パクホニョン》・李承燁《リースンヨプ》事件」の影響を清算するための事業をどのように行なったか？
・一九五三年五月、新たに対南連絡部を構成したのちに新戦略と方針が提示されたが、それ以降一九五〇年代末までの対南戦略戦術と組織展開はどうであったか？
・一九六〇年四・一九革命以後の、南朝鮮民衆革命期における対南戦術の展開と組織はどうであったか？
・五・一六軍事クーデター以後、一九七一年までの対南工作の展開と組織はどうであったか？
・一九七一年以降の、対南工作の展開と組織はどうであったか？

内容的に最も厳しく検閲を受けた部分は、以下の諸点であった。

・金日成の教示の執行は、徹底して行なわれたか？
・地下党組織の建設に関する党政治委員会の方針と決定は、きちんと履行されていたか？
・日本の朝鮮総連を介した対南事業の展開はどうであったか？
・欧州はじめ、海外工作拠点の運営と迂回事業はしっかりと進められていたか？

これらは三〇年以上にわたる対南工作を、時期と内容という縦糸と横糸とで、あたかも網で掬うがごとくに検閲したことを意味している。

さらに、検閲の方法もまた徹底していた。検閲員は手分けして文書検閲と個人別検閲を行ない、さらに会議を通した検閲方式で事業を進めていった。

文書検閲は、工作総括報告書と会議録、幹部登用人士関連文書に集中した。なかでも対南事業に付随して必ず作成するよう定められている組織文書、事業文書、あるいは組織台帳と工作台帳について、徹底した検閲がなされた。この組織台帳は、対南戦略と戦術が具体的な事業に具現される過程とその成果についての細密な資料を含んでいたため、重点的にとり扱われた。

引き続き個別の聴取を通して、対南事業の具体的な実像と幹部の事業方式、政治思想的傾向を把握した。

文書検閲と個別の聴取を終えると、今度は会議を通して全体的な方向と問題点を検閲した。

検閲に投入された組織指導部の中央検閲一、二課検閲員は、総勢三一名であった。対南連絡部に一一名、社会文化部及び傘下の研究所に一一名、対外情報調査部及び傘下の政治学校に一〇名が配置された。これら三二名の検閲員は、全員がプロだった。

政治・思想次元で追及

彼らは一九七五年六月から同年一〇月半ばまでの五カ月間、集中的に検閲事業を進めた。検閲の経験を積んだメンバーではあったが、解放以後一九七〇年代中盤までの、三〇年以上にわたってなされてきた対南工作事業を検閲するのは容易な作業ではなかった。

集中検閲が組織された初期には、検閲期間を三~四カ月程度と予想していた。しかし対南事業については、検閲員が終始専門家の教えを受けながら個々の事例を検閲せざるをえなかったため、一日に三~四時間の睡眠で検閲を続けても時間が足りなかった。金正日は窮屈な日程を再考し、検閲期間を五カ月に延長した。

対南書記の金仲麟をはじめ、幹部はみな戦々恐々となった。検閲員との論争で声を荒げる場面も一再ならずみられた。検閲事業の期間を通して殺伐とした空気が周囲を支配していた。対南事業に関わるすべての業務が、一時中断されたかのような状況となった。

検閲員は日帝時代の査察や高等警察の刑事のように、政治的に鋭く、言葉尻をとらえるのにたけた人々であった。彼らは問題点が見つかると、対南事業の実務や技術の次元ではなく、政治と思想の次元で厳しく問いただした。この時期は金正日の唯一体系確立をめぐって政治的に厳しい緊張感が支配していたため、対南事業に関連する者たちには息の詰まるような状況であった。

検閲員の追及の前に、関連者の数名が病院送りの身となった。一九五三年の「朴憲永・李承燁事件」

に関連して過去に調査を受けた経験のある南朝鮮労働党幹部出身者たちは、ほとんど精神に異常をきたすような状況にまで追いこまれた。

政治・思想的生命のみならず、肉体的生命までが危機にさらされていた。検閲員は金正日の唯一体制確立のため、あらゆる問題を政治・思想的問題として厳しく調べ上げていった。こうしたやり方で隈なく暴き出せば、ささいな過去の出来事まで露見しない道理はなかった。

検閲事業は五カ月にわたってすべての人々を恐怖に陥れたのちに、ようやく一段落した。

総括報告と討論

一九七五年一〇月中旬、検閲事業がいったん終結をみると、検閲を受けた連絡部・文化部・調査部の三部署による連合党総括会議が開催された。対南事業関連部署の検閲内容を集団的に総括するための会議であった。一九七五年一〇月二五日から一一月三日まで、十日間にわたって総括が進められた。金正日は総括報告日を含めて四日間、総括会議に加わった。

総括報告は検閲グループが準備し作成した。組織部第一副部長で検閲グループ責任者の徐允錫《ソユンソク》が報告を担当した。徐允錫は初日の一〇月二五日、実に五時間三〇分にわたる総括報告を行なった。午前九時に始まった初日の総括会議は午後六時に終了した。昼食休憩の二時間を除けば、ほとんどが総括報告に充てられたことになる。総括報告の内容は、一言でいって対南事業がめちゃくちゃだというものであった。称賛の言葉は何一つなかった。過去三〇年間の欠陥と錯誤、不十分だった諸点を、項目に沿って具体的な実例をあげながら冷静に暴露・批判した。

二日目からは総括報告に基づいて討論が行なわれた。各部署の課単位で討論が進められた。課長・

副課長・責任指導員が基本討論に参加した。連絡部・文化部・調査部に属する課は、合わせて七〇余に及ぶ。討論に加わる人員だけでも百名をはるかに上回った。一人が話す時間を三〇分に制限し、昼食休憩の二時間と夕食の一時間を除いて午前九時から深夜の一二時まで、毎日一〇時間以上にわたって討論が繰り広げられた。生死がかかっているからには、討論は長引くのが常である。一日に一五名から二〇名の討論が精一杯であった。

討論方法には特段変わりはなかった。討論参加者は、まず自分の担当した部門の過ちを分析・批判したうえで、上級幹部である対南書記・部長・副部長らの事業方法について説明する方式で討論が進められた。そして他部門に対して自分の知るところを述べ、さらに対南事業全般についての考えを陳述しなければならなかった。

三部署連合総括会議の全体討論には一三〇余名が参加した。各課あたり約二名が参席したことになる。対南事業を担当したすべての部署の構成員がまとまって討論と批判を進めた結果、三〇年間に及ぶ対南工作のすべての問題点と誤りが暴露された。

会議最終日の一一月三日には、対南書記・部長・副部長級が討論に加わった。対南書記金仲麟はじめ、部長は柳章植《ユチャンシク》・李玩基《リーワンギ》・金周永《キムジュヨン》・副部長は金尚浩《キムサンホ》・趙日明《チョーイルミョン》・金國勲《キムグックン》・金相洛《キムサンナク》・任浩君《イムホグン》・カンヒョクチャン・李東革《リードンヒョク》が在任中であった。

彼らとて討論の場で例外が認められはしなかった。傍聴していた関係者が大声を上げて批判を行なったため、討論が一度で終わることは少なかった。対南書記の金仲麟さえもが苛酷な批判にさらされ、涙を拭いながら三度も答弁に立たされるありさまだった。

検閲事業を組織・指導した金正日の関心には格別なものがあった。彼は会議に加わって傍聴し、参加できない日にも、決まって討論内容を記録した会議録を整理して目を通した。一一月三日、総括会議が終結を迎えた日に、金正日は会議の結論を下した。

金正日の三つの結論

金正日が下した結論の要旨は、大きく分けて三つあった。

第一に、金正日は「十日間総括会議を行なったからといって、これで終わるのではなく、今回の会議を出発点に各部署別、部門別、課別の党会議で引き続き討論と総括を行なわねばならない」と釘をさした。部では部の、部門では部門の、課では課の事業を深く総括せよと指示した。これにより一九七六年度上半期までのあいだ、さらに総括会議が続けられることとなった。

第二に、金正日は「一九五〇年代以降七〇年代までの対南事業は、一言でいって零点である」と指摘した。金正日は「これは自分の見解ではなく、検閲内容の報告を受けた金日成主席が下した結論であり、自分はその結論を伝えるだけ」だと付け加えた。金正日は「いまから新たに始めなければならない」と強調した。

第三に、金正日は対南事業部門が犯した大きな過誤を一つずつ拾い上げていった。最初に幹部事業、すなわち人事問題をとりあげた。対南事業に直接参加する「革命家」、言いかえれば「政治工作員」を選抜し教育訓練するうえで過ちを犯したと指摘、その点が最大の誤謬だと突いた。「政治工作員は革命家であるにもかかわらず、革命家としての資質に欠ける者を革命工作に動員して、正しい工作が行なえようか？　おまけに政治や思想の面で素養のある者にさえも、きちんとした教育と訓練、指導が施せなかった」という批判であった。

対南事業における基本原則を守れなかったとして、金正日は次のように指摘した。

「対南事業の基本は、地下党を組織し、主力軍をもうけることである。革命主体勢力の主力たる地下革命党を建設するうえで、根本原則に違反していた。なかでもとりわけ組織原則に違反していた。革命組織の建設ではなく、家族党、玉石混交の組合、縁故者ばかりのグループをつくったにすぎなかった。革命活動を行ない、革命を指導するに足る地下党の建設はできなかった。」

金正日は、対南地下工作において「功名主義」も多く作用していた側面を指摘した。彼は「対南事業では、法螺や誇張が多く存在した。たんなる真似事にすぎないようなものを、あたかもきちんと行なわれているかのように報告した結果、そうした内容がそのまま党政治委員会に報告されるという、とんでもない事態がまかり通っていたのだ」と声を高めた。発言の途中で金正日は、対南書記金仲麟に「ありのままに報告していれば党政治委員会がきちんと評価したものを、なぜそうしないでこんなありさまにしてしまったのか」と詰問した。

金正日は「かつての戦争の時期に、朴憲永は「二〇万党員が南朝鮮にしっかりと根を張っている。戦争が始まれば彼らがストライキと一斉蜂起で応じ、一挙に南朝鮮で革命を起こせる」と報告した。金仲麟が対南事業について虚偽の報告をしたことも、結局は同じことではないか」と追い詰めた。

窮地に陥った金仲麟は「首領にご懸念を与えずに、喜んでいただこうと思ってそうした」のだと、苦しい言い訳を口にした。これを聞いた金正日は激怒した。彼は「まるで子供のいたずらのような話ではないか。党中央委員会書記ともあろう者が、愚かしい話だ。ないものをあるかのように、小さなことを大きなもののように見せかけて報告すれば、朴憲永の虚偽の報告によって戦争が失敗に帰したように、さらに大きな失敗を犯す恐れがある。このような行動は、結局のところ首領を喜ばせるものではなく、欺瞞であり、さらに大きな憂慮を与えるものだ」と責め立てた。

金正日は、幹部の独断主義・独善主義・官僚主義が事業を台無しにしたと指摘した。幹部が、たんに党の決定や金日成の教示に立脚しなかったのみならず、幹部個人の意思や主観的欲望にしたがって、独断的・独善的にことを処理したからだと批判した。

莫大な資金を浪費したとの指摘もなされた。もとより資金の支出自体は党の決定でなされたものの、使途の内訳を誇張し、過大に包装したせいで浪費が生じたというのであった。対南書記や部長らの功名主義と主観的欲望に基づく誇張された報告によって、数十万ドルの資金が浪費同然に費消されたという批判である。

当時工作資金にはドルを使用するのが一般的であった。北朝鮮は十分なドルを持ち合わせていなかった。中国に依頼しなければドルを手に入れることはかなわなかった。数十万ドルといえば、当時の北朝鮮の経済状態からみても少なくない額である。そのように苦労して用意した莫大な工作資金のほとんどが、革命組織ではなく二重スパイの手に渡ったことが問題とされた。米国ＣＩＡの二重スパイ、日本の防衛庁のスパイ、韓国中央情報部のスパイに翻弄され、莫大な資金を使いはたしたという詰問であった。

実際に七〇年代初頭、韓国言論界の重鎮が米国ＣＩＡの船で北朝鮮に入ったことがあった。この人物は、自分は米国の諜報船に乗って入国したが、統一のためになにがしかのことをなすつもりだとうちあけた。日本特派員まで務めたこの人物に対し調査した結果、信頼しうる人物との判断にいたった。

国会議員や将軍、高級官僚らとの親密な関係をもつこの人物は、クーデターが可能だと主張した。対南書記の金仲麟は、一九七三年頃に四〇万ドル前後の工作資金を香港経由で手渡した。しかしなんら成果を収めることなく、情報と資金が流出したままに終わった。

問題は金仲麟がこれを独断的に処理した点にあった。金仲麟は部長や副部長にさえ相談することなく、単独ですべての決定を行なった。一九七五年上半期にいたり、ことが失敗に帰したと判明するや、彼の独断と功名心に対する批判が激しく噴き出さざるをえなかった。

ついに対南事業部署を掌握

最後に金正日は、具体的な事例をあげて対南事業の誤謬を指摘した。彼は、対南事業史上最大の損失は一九五八年の「進歩党事件」だったと指摘した。彼は、こちらがうまく指導できなかったために李承晩《イースンマン》にしてやられたのだと結論づけた。梁明山《ヤンミョンサン》は二重スパイだったのに、その彼を信じてことを進めたため進歩党事件が起こり、曺奉岩《チョボンアム》まで犠牲になったのだと強調した。

金正日は対南事業の二番目に大きな損失に、一九六八年の「統一革命党事件」をとりあげた。彼は金鍾泰《キムジョンテ》・崔永道《チェヨンド》・鄭泰黙《チョンテムク》らが関わった「統一革命党事件」が、一人の人物に対する誤った処理から起こったと指摘した。鄭泰黙の弟である鄭泰翔《チョンテサン》が入北していた当時、鄭泰翔の妻が鄭泰黙に夫を探せと騒ぎたてた。

鄭泰黙は面倒が生じるのを怖れて無線で連絡し、北側は鄭泰翔を南に送った。南に戻った鄭泰翔は兄と工作資金をめぐってトラブルを起こし、結局妻の親戚である検事に密告してしまった。この部分について金正日は「緊急事態だったというなら、鄭泰翔を南に送るのではなく、彼の妻をこちらに連れてくればすんだことではないか？　どうして信頼できない者を南に送って、組織を台無しにしてしまったのか」と叱責した。

三時間にも及ばんとする演説で、金正日は具体的な実例をあげながら対南事業全般を批判し総括した。金正日は「過去のことはみな白紙に戻して考えよう。新たな戦略・戦術と方針をもって、新しい姿勢と覚悟で再出発しよう。そのためには、これまでの経験を教訓とし、誤謬を洗い出すために引き続き総括を進めよう」という発言をもって結論とした。

かくして三部署連合党総括会議が終結した直後から、対南関連部署は引き続き総括会議をもたなければならなかった。各部・部門・課では毎晩七時から夜中の一二時まで、さらに土曜の午後と日曜の午前も総括作業に充て、一九七六年四月初めまで続けられた。

こうした検閲事業を通して、金正日は所期の目的を達成することができた。対南事業部署全般を揺り動かし、既存の工作の実態を暴き出すことで、組織内部の様子を隅々まで把握することができた。これが最大の成果であった。これまでの問題点を解決するために、対南事業の新たな戦略・戦術と方針を金正日自らが独自に提案するという名分にとどまらず、対南事業部署の組織と人物の弱点を正確に把握し、組織を掌握できるという実利面からも有用な作業であった。

大幅な人事異動と組織再編

総括会議の終了後も引き続き総括の続行を指示した金正日は、すぐさま事業機構を統廃合・調整する組織改編と、大がかりな人事措置を断行した。組織とその構成員の大幅な入れ替えである。

まず対南書記制度を廃止した。当時の対南書記で党政治局員としても強大な権力を振るっていた金仲麟は、両方のポストから解任された。彼は政治局候補委員にさえ留まれなかった。対南書記制度は、一九六六年一〇月の第二回党代表者大会直後に開かれた労働党第四期第一四回全員会議で、党「委員長・副委員長」制度が廃されたのちに設置されたものである。その廃止には、金正日自身が対南事業部門を直接管掌しようとする意図が最も大きく作用していた。組織機構が放漫になったという判断の下に、組織のぜい肉を削ぎ落とす目的もあった。

文化部も廃止し、研究所につくりかえた。対南書記が管掌していた文化部の中核は研究事業にあった。金正日は文化部事業の約七割を占める研究事業を分離し、新たに研究所をつくった。一つの部で担える事業ではないという主張である。研究所の名称は「南朝鮮研究所」で、対南書記を追われた金仲麟に再度機会を与える意味で所長を任せた。それまで存在していた「南朝鮮研究所」は「江南《カンナム》文化社」に名称を変更した。文化部が管掌していた日本の朝鮮総連及び海外同胞との事業は国際部に移管された。南北対話などの問題は外交部に、対南事業と関連する一部業務は連絡部に移された。

金正日は、自らその機能を発揮できないでいた「組織委員会」を電撃的に廃止した。組織委員会は、韓国の四・一九革命後に設立され対南事業を操作していた「対南事業総局」に代わって、一九七〇年に組織された集団的な討議を行なう機構である。組織委員会には対南書記を中心に対南部署の部長・副部長・高位級工作員が加わり、対南事業の戦略・戦術問題を討論し協議するとされていた。

これに合わせて事業機構の専門化作業が併行して行なわれた。事業機構別に各々の業務領域を明確にし、重複して役割を担う部分を集め複数の研究所を組織した。この際にできた研究所が「三二四研究所」をはじめとする対南事業専門の研究所である。

組織機構の改編作業とともに人事措置も講じられた。対南事業の中核部署である連絡部部長には鄭《チョン》慶姫《ギョンヒ》が任命された。工作員として長い経験をもつ鄭慶姫は、対南工作で数多くの逸話を残した人物として知られる。金正日は鄭慶姫が金日成の信任を受けており、女性でもあるため虚偽や誇張による報告をしないだろうと判断し、破格の人事で彼女を連絡部長に起用した。調査部長には李玩基を任命した。

幹部に対する処罰も同様に行なわれた。李東革・金尚浩の副部長級はじめ七～八名の副部長と課長が、一年ないし一年半のあいだ中央党傘下の農場での労働（北の表現では革命化過程）に追われた。

直属体系を構築する

対南書記を廃した後は、金正日自らがその任務を引き受けた。これにより金正日は、組織書記・宣伝書記・対南書記を実質的に兼務することになった。前代未聞の強大な権力が、彼の掌中に収まったのである。金正日は連絡部長と調査部長を自らの直属とした。これ以降対南事業に関わるすべてのことがらは、その大小を問わず金正日に報告され、彼の決定を得たのちに執行されることとなった。

対南事業に必要な工作資金は、かりに一ドルであっても金正日の決裁と署名を得る必要があった。工作員を浸透させる場合も、直接浸透であれ迂回浸透であれ、すべて金正日に口頭あるいは文書で報告し、彼の決裁を仰がねばならなかった。金正日の口頭での承認や直筆署名によって、すべてのことがらが決定された。かくして対南事業部門における金正日の唯一指導体制が確立したのである。

金正日は組織機構を自身の直属体系へと転換させ、自らの意に沿って制度と規律を定められるよう、部署の職能と機能を改めた。一例として対南事業「一般処理規範」を自ら作成し、それに準じて執行させた。組織・人事・報告・決定・執行に関わるすべての事項が、完全に金正日の手に握られることとなった。

対南事業に関連するすべての部署は、金正日唯一指導体制について討論を重ねるなかで、金正日に対する無条件の忠誠を何度も繰り返した。すでに金正日が彼らを丸裸にし、組織の隅々まで把握していたからだけではなく、金正日に対する反発がいかなる結果を招くかが明らかだったからである。これにより金正日は対南部門における唯一的指導体系をうち立て、本格的に対南事業に突入することになる。

結局金正日は、後継者に指名されて以来わずか四年あまりのうちに、北朝鮮を動かす「核心」隊列を確固として掌握した。核心を掌握するうえで最も重要だったものは「人事権」であり、一九七七年頃にいたると、党・軍・政府の最高位職に対する人事権までもが金正日に集中された。

北朝鮮は、領導核心―指導核心―執行単位核心―基礎単位核心―党員核心―盟員核心という鎖が互いに絡み合い、統治体系をなして、全党・全軍・全国家を動かしている。金正日は、まさしくこの核心をしっかりと握ったことになる。

カリスマ性の構築

一九八〇年の第六回党大会は、金正日のための党大会であった。金正日は、大会の準備と進行を全面的に主導した。以後金正日は金日成から順次権限を委譲され、いわゆる「領導の継承体系」の構築を開始する。

一九八〇年代を過ぎると、もはやすべてのことは金正日の決定にしたがって進められ、国家の重大事さえ金正日の発議で行なわれることが頻繁になった。金日成は、たんに金正日が提出した案件と議題を追認し、そこに威厳を添える役割を担っていた。たんなる顔としての、隙間風を塞ぐ機能をはたしていたのである。しかしこのことは、金正日がいかなる権威や権限も保持していなかったことを意味するのではない。中敬完の証言である。

「金日成はすでに首領として、誰一人彼の権威に挑戦することのできない、絶対的なカリスマ的地位にあった。ただ実務的なことがらについては、そのほとんどを金正日が処理していた。金正日が、いまやすべての事項をなんの問題もなく完璧に処理していたため、金日成があえて口を差しはさむことはなかった。次世代の首領である金正日が国家の重大事までをも円滑に処理している事実を公開したところで、金日成の権威を傷つけることは何一つなかった。むしろ後継問題を完璧に処理し、革命と建設をいっそう促すことを可能にした点で、彼の功績とみなしうることだった。」

労働党・軍隊・政府を実質的に統治する

第二人者の登場によっても、権力の分割ないし挑戦勢力の登場といった深刻な問題が派生することがなかった点は、政治権力一般のもつ属性からみればきわめて異例のことといえよう。

一九八〇年代初めに金正日は、思想部門における新たな指導理論、党建設理論と党政策を打ち出した。それと同時に政策と路線の執行方式に関して指導を行なう過程を経て、「政治的首領」の権限をおのずと継承した。

後継体制が樹立されるまで、金正日は実務権限と人事権を行使し、金日成は統治権限を保持していた。後継体系が構築されたからには、こんどは領導権を引き継いで実習してみるべきだという論理であった。

金日成は労働党・軍隊・政権の各分野における実質的な統治権を、一つずつ手渡していった。おもに軍隊と政権部門についての実質的な統治権が移行された。最も重要なことは、事業全般に関する路線と政策を創案する実質的な権限が、金日成から金正日に移ったという事実である。これによりすべての事業が、後継者金正日の方針と指令にしたがってなされることとなった。

一九八〇年代初めから八八年頃までに行なわれた事業は、そのほとんどが金正日の「領導」によりなされたものであった。一九八四年九月の合営法の制定をはじめ、北朝鮮がいわゆる「大胆かつ大がかりな」事業として自慢する西海閘門などの閘門建設、人民大学習堂の設立などは彼の主導によって行なわれた。

申敬完はこの過程をさらに具体的に分析した。

まず思想理論の側面では、金正日は一九八二年三月三一日の全国主体思想討論会に『主体思想について』という論文を送り発表した。一九八六年七月一五日には党中央委員会の責任幹部との談話で『主体思想教育において提起されるいくつかの問題について』を発表した。

党の路線と政策分野に関連して、金正日は論文や演説、書簡を通して間断なく政策と路線を提示し続けた。この時期に金正日は『人民生活をさらに向上させることについて』（一九八四・二・一六）、『職業同盟事業をいっそう強化することについて』（一九八四・五・三）、『教育事業をさらに発展させることについて』（一九八四・七・二二）、『保健事業をさらに改善強化することについて』を発表した。その他にも軍隊の政治幹部ならびに指揮幹部会議での演説を通して、新たな軍事政策を提示した。

注目すべき点は、この期間に金日成がこの種の活動を一切停止していたことである。金日成は新年の辞の発表や現地指導は続けていたものの、政策と路線を明らかにする演説や文書の発表を行なうことはなかった。

人事権の問題においても、金正日がほぼ全権を行使していた。金正日が事前に意見を求めたり、人事の結果をもれなく報告したりすることはあっても、金日成は人事問題に次第に関与しなくなっていた。政治局委員や政治局候補委員の選定にあたってさえ、金正日が単独で決定した。金正日が決定し、金日成の同意を得て政治局会議で討議・決定する手順を踏んだ。政治局会議の運営や、党・政・軍についての実務的・技術的な問題もまた、金正日が単独で決定できるようになった。金日成の積極的な支えなくしては不可能なことであった。

この時期の金正日の地位に関しては、一九八五年当時ピョンヤン駐在ソ連大使だったミハイル・シューブニコフがソ連共産党中央委員会に提出した、秘密報告書の内容が注目される。

この報告書は「金正日が党政治局員の人事においてもほぼ全権をふるうなど、すでに党と国家の人事権を含む国家の政策全般にわたって指揮監督権を行使しており、事実上後継者としての確固たる地位を構築している」と分析していた。

一九八四年四月一一日、金日成が当時政治局員だった許錟《ホダム》と交わした対話も、一段階上昇した金正日の位置を示すものである。

1980年労働党第6回大会で、金日成主席に設計図を示して説明する金正日書記

「革命の世代は絶えず変化しています。革命の世代が移りゆくにしたがい、幹部の隊列も更新しなければなりません。いまや幹部の隊列は、金正日組織書記に忠実な人たちでまとめなければなりません。」

「金正日組織書記に対する忠実性は、とどのつまりは私に対する忠実性です。金日成と金正日は、思想も、目標も、思いも同じです。金日成の思想であると同時に金正日の思想であり、金日成の思いであると同時に金正日の思いなのです。私と金正日組織書記はあらゆる点でみな同じです。思想も、心も、考えも、みな同じなのです。」

「今日なすべきことは、今日のうちに終えねばなりません。（中略）外国の代表団と会って話すことは、金正日同志が私に分けてくれた役割です。彼は私に、骨の折れる仕事はみな自分が担うから、ゆっくりと外国代表団との事業をしてくれればよいと言いました。そこで私は、彼の言葉を党的分工（まかされた任務）とみなして、外国代表団との事業を引き受けているのです。」

「いまの時代は金正日時代です。総書記から平党員にいたるまで、すべての党員が金正日同志に忠実でなくてはなりません。これはいまの時代の要求です。とりわけ古参革命家と幹部は、金正日同志が与えた課業を計画通りに徹底して執行すべきであり、党員の鑑とならねばなりません。[14]」

このように一九八〇年代の中盤にいたると、国家と党の事業全般を金正日が管掌し、外交と「振るわない分野」は金日成がとりまとめる形へと変化していた。

申敬完は「金正日は一九八九年に入って後継体系の構築、指導理論と体制の確立、領導の継承体系構築の段階を終え、実質的に「領導の継承体系」を完成させた」と分析した。名実ともに北朝鮮の最高権限が金正日の手に渡ったといえよう。

一九九〇年五月の国防委員会第一副委員長就任を皮切りに、一九九一年一二月には人民軍最高司令官に、一九九二年四月には元帥称号が、そして一九九三年四月には国防委員長の職位が金正日に付与された。事実上すべての継承体系が完成したことになる。金日成は一九八〇年代末以降、残る権限を順次委譲し、金正日の後見人としての役割をはたしていた。

たとえば一九九二年四月一五日の金日成生誕記念日の宴では、諸外国の賓客を前にして「八〇年の生涯の総括は、革命の唯一の後継者、革命の継承問題を完璧に解決したこと」だと口にするほどであった。このときから金日成は、金正日の領導がうまくなされ、党・軍・国家が円滑に運営されていると語りはじめた。金日成は「金正日書記自らがすべての事業を直接管掌する」という発言を公然と行なった。さらに自身の回顧録『世紀とともに』でも「金正日組織書記が私の事業の多くを代行してくれ、いくぶん余裕ができた」とまで記している。

一方黄長燁の次のような証言は、いささか誇張されたものとみられる。

「(金日成は) 人と会うたびに「私も金正日の指示によって動いている。あなた方もみな金正日を奉じなければならない」といつも口にしていました。それはまた、息子と良好な関係を維持する上手な方法でもあったのです。(中略) そのときはもうすべて金正日に移ってしまっていたので、どうしようもなかったのでしょう。(中略) 死ぬときにどうだったとやらの憶測は、どれもみな信じがたい話です。[15]」

金日成は最後の瞬間まで、第一線から完全に追われることはなかった。金日成は外交使節との会談を続けながら、経済分野の現地指導に出かけていた。亡くなる二日前の一九九四年七月六日にも経済指導協議会を開催し、当面する食糧難と経済危機の打開策を討議していた。

金日成は亡くなったが、彼の息子金正日は、長いあいだ父親の陰ですべての権限とともに統治術を伝授され「後継首領」として登場したのである。

第四章

彼は何者なのか——金正日の私生活

あふれる噂とその真相

一九九八年一〇月三〇日夜一〇時二五分、金正日総書記兼国防委員長は金容淳朝鮮アジア太平洋平和委員会委員長と宋浩京《ソンホギョン》副委員長を帯同し、予告なしに百花園招待所を訪れた。牛五〇〇頭を追いたてて板門店を越えピョンヤンを訪問した、鄭周永現代グループ名誉会長一行に会うためであった。あたかもその二六年前、金日成主席がピョンヤンを訪れた李厚洛《イーフラク》中央情報部長と深夜予告なしに面会したときと、まったく同じやり方であった。

面談時間は三五分間。金正日は鄭会長に「私は始めさえすれば、さっさと片付ける人間です。金剛山観光事業はすぐにとりかかるものと思っていましたが、どうして遅れているのですか」と、現代が推進しようとしている金剛山観光事業を催促した。

はたして彼はいかなる人物か

面談が終わると金正日は「名誉会長殿はお歳を召された目上の方ですから、まんなかに入っていただいて写真を撮るべきです」と口にし、鄭会長を中央に立たせた。「写真を報道してもよいか」と尋ねると、「共産党の党首に会って写真を撮ったら、国家保安法に触れないか」と余裕さえ見せた。

鄭会長に同行していた妹の鄭熙永《チョンヒヨン》は、金正日の第一印象について「中年にしては多少太り気味に見えたが、健康美にあふれていた。凛々しい姿で、おおらかな性格だった」、「最初はいくぶん背が低いようにも思ったが、風格があり、背が低いという印象は消えていた。噂にあるように言葉がつかえた

1998年10月北朝鮮を訪れた現代グループ代表団（百花園招待所）

り、健康を害して顔が黒ずんだりもしていなかった」と語った。

金正日が見せたこの日の姿は、それがかりに演出された行動であったにせよ、「対人忌避症をもつ気難しい人物」という外部世界の通念からはあまりにも距離があるように映った。

一九八〇年代以降金正日に関して流布されていた「健康異常」、「言語障碍」、「躁鬱症患者」等々の数多くの噂が、事実ではないと確認された瞬間でもあった。

それから一年後の一九九九年一〇月一日、咸《ハム》鏡南《ギョンナム》道《ド》を視察中だった金正日は、興南《フンナム》の西湖《ソホ》招待所で鄭周永・鄭夢憲会長一行と再会した。面談時間は一時間三〇分。この日鄭会長は、現代が推進中の西海岸工業団地造成計画を説明した。これに対し金正日は、鄭周永会長の粘り強い黄牛《ファンソ》気質と度胸を「いったんとりかかれば、必ずや成し遂げる人物」と称賛し、韓国の様子について多く言及した。

金正日は「私も映画でソウルを見ていますが、東京よりも立派で、朝鮮が自慢するに足る世界都市です。ただ公害が深刻で、都市計画を少し間違ったために混雑しているのです」と、ソウルの事情を相当正確に把握していることをのぞかせた。

「最近は朴正熙大統領が再評価されているようですね。昔は維新体制への批判が強かったが、初期のセマウル運動のおかげで経済発展の基礎ができたことは立派な点です」と韓国の経済発展を指摘しながらも、「三豊《サムプン》百貨店や聖水《ソンス》大橋は、なぜ崩壊したのですか」と、痛い所を突くのも忘れなかった。

この日の会談で金正日は、韓国情勢を詳しく理解している事実をいかんなく披瀝した。

北の最高統治者と南の最大財閥総帥との二度にわたる面談は、南北経済協力に新たな章を開いただけでなく、われわれに「金正日とは、はたしていかなる人物か」という問いへの糸口を、また一つ投げかけたのであった。

依然としてベールのなかに

一九九〇年一〇月、当時盧泰愚《ノテウ》大統領の特使として北朝鮮を訪れ、金日成と金正日に会った徐東《ソドン》権《グォン》国家安全企画部長は、「金正日はわれわれの社会で知られている普遍的なイメージとは異なり、指導者としての相当な眼力と識見を備えていた」と語った。

しかし彼のこうした評価は、南北関係の悪化によって正確に知らされることはなかった。実際われわれが金正日について知る部分はきわめて限られている。

身長一六五センチメートル、体重八〇キロ、縮れ毛、分厚い金縁眼鏡か、さもなければ濃いサングラスを着用、人民服あるいはジャンパー姿、かかとの高い靴。

ややもすると、これまで北朝鮮の放送や新聞の紙面を通して目にした外見上の姿以外には、知るところがない。南北首脳会談が成った現在にいたっても、彼の私生活や性格については、依然として相当な部分がベールに覆われたままである。北朝鮮内部でも、金正日の私生活について言及することは絶対的なタブーとされている。

したがって金正日を探求する作業は、一度であれ彼と直接会うか、または見守ってきたピョンヤン駐在の旧ソ連外交官と特派員、旧ソ連共産党高位幹部、帰順した北朝鮮高位層出身人物らの証言を相互に比較し、繋ぎ合わせて検証していくほかないのである。

日常生活――「深夜までワーカーホリック」

金正日国防委員長は、早朝ピョンヤン中心部にある中区域労働党第一号庁舎の党総書記執務室に出勤する。一号庁舎には彼を補佐し警護する書記室（秘書室）、党中央委員会参事室、副官室などが集中している。庁舎の南西側に隣接する二号庁舎には、組織指導部・宣伝煽動部など党中央委員会直属の専門部署があり、北西側の牡丹峰《モランボン》をはさんだ三号庁舎には、対南事業担当部署が入っている。

各部署には金正日への報告書を作成する「一号文書作成者」がおり、日々の懸案を整理して報告する。これらの報告書を書記室長が集め、金正日に報告し、その日の日程を協議する。現在金正日国防委員長の書記室長が誰なのかは確認されていない。前任者のリー・ソンボク書記室長が二〇〇一年五月に亡くなって以降、後任者は任命されていないものとみられる。

好んで現場を確認

金正日は、書記室長が持参した日程表のままに行動するわけではない。懸案が発生すれば、そのつど瞬時に日程を変更することもしばしばだとされる。

とりわけ金正日は、現場確認を好むタイプとして知られている。指示を下した事項が、下部単位できちんと施行されない場合があるためである。過去には週に一～二日を除いて現場を訪れていたという。一九七〇年代初め、三号庁舎に副部長級幹部として勤務していた申敬完は、金正日が席を離れていることが多く、決裁を受けるのがたいそう難しかったとうちあけた。

「一九七〇年代の初め、金正日書記の決裁を受けるべき事案をかかえていたのだが、いつ出勤していつ退勤するのか、知るすべがなかった。あるとき大劇場にいると聞いて、行ってみると、出演者の歌を熱中して聴いていた。しかじかの用件で来たと脇から声をかけるのは、さすがにはばかられた。歌が終わって用件を切り出すと、「いつ来たのかね？　来ていたのならさっさと用件を話せばいいものを。無駄な時間を過ごしたものだね」と言った。またあるときは、記録映画撮影所にいるというので行ってみると、記録映画の試写会をしていて、これまた熱中しているので声をかけるのは難しかった。同様の経験は何度もあった。」

地方出張でない場合、金正日は夕方には執務室に戻り、党中央委員会幹部会議や国防委員会会議を主宰する。これらの会議がみな終わった後で、その日処理すべき報告書を検討する。

金正日が「夜行性」と考えられているのは、昼間はおもに実務指導に出かけ、夜中に案件や決裁すべき書類を検討するためである。申敬完は「金正日は疑わしい事項が見つかれば、真夜中であろうとたびたび電話で実務者に確認していた」と語った。

呂運亨《リョウニョン》の次女で北朝鮮の最高人民会議副議長を歴任した呂燕九《リョヨング》も、在米ジャーナリスト文明子《ムンミョンジャ》とのインタヴューでこれと似た証言をしている。

「一言でいえば、あの方はわが共和国でもいちばん最後にやすまれ、いちばん早く起きる方です。総括が終わると夜の一一時にもなるのに、そのときから報告書をみな読まれるのだから、睡眠不足で目が赤くなります。金日成首領様はそれをご覧になって、「革命は一日や二日で成るものではない、寝るだけは寝なければ」といって心配なさる。首領様に報告書を届けるときには、わざわざ首領様から離れたところに立たれる。ご心配をかけたくなくて、そうなさるのだろう。」

いささか誇張された証言だが、金正日の平素の執務スタイルを想像させるものである。

北朝鮮の外交官を務め、その後帰順した高英煥も「金正日が夜中の一一時に外交部に電話をかけ、業務の指示を下したこともあった」と証言した。彼は「金正日は、ことにあたって通り一遍のやり方ではなく、突如雷鳴を轟かせるような奇抜な手法で処理しようとした」と語った。

一九九〇年代中盤に帰順した康明道《カンミョンド》は、「金正日は日に数千件を批准（決裁）しなければならない。だから午前一時二時まで仕事をするのは当たり前で、執務室には常に書類がうず高く積まれているという話を聞いた」と証言した。

駐韓米国大使館のスティーブン・ボスワース大使は、一九九八年八月米国務長官に宛てて「金正日は特別な行事がない限り、必ず自宅で家族とともに昼食と夕食をとっている」というが、「確認された情報ではない」と報告した。

「コンピューターをやらなければ、無知蒙昧から脱け出せない」

彼は暇をみつけては映画を観る。西側世界の情報に接することのできる映画を好むといわれる。一九九九年に「コンピューターをやらなければ、無知蒙昧から脱け出せない。コンピューター産業に力を注げ」と指示したのちは、インターネットにも大きな関心を寄せ、ウエッブショッピングをしているという。

北朝鮮のメディアは、彼が明け方の三時四時まで帰らないと宣伝している。彼が夜遅く戻るところは、東ピョンヤン大同江区域の衣岩洞《ウィアムドン》にある自宅と伝えられる。しかし、いまもそこに住んでいるかは不確かである。

申敬完は「一九七八年頃、金正日は衣岩洞に引っ越した」と語った。一九七八年に北朝鮮に拉致され、八六年に脱出した映画俳優崔銀姫《チェウニ》は、外部の人間として唯一その家を訪れた経験があるが、東ピョンヤンにある平屋の洋館だったと回想している。金正日は、二〇台以上ものテレビを備え付け諸外国の放送まで見ているように、世界のニュースに関心の強いことで知られている。

しかし金正日は頻繁に地方を訪れ、ピョンヤンを離れている場合が多い。北朝鮮のメディアは、彼が一九六四年六月に党の事業を開始して以来一九九九年六月までの三五年間に、三九〇〇余日にわたり七四〇〇余の各級党機関と革命史跡地、軍部隊、工場・企業所、協同農場、科学・教育・保健・出版報道機関を現地指導したと宣伝している。年平均一一一日、二一一箇所を指導したことになる。

一九九〇年代に入って以降、公開された彼の活動は年平均六〇～七〇回に達するが、それらのほとんどは地方出張である。

彼の現地指導の日程は、通常年末に確定されるという。申敬完の証言を聞いてみよう。

「定期的・瞬間的に実施される現地指導の場合、党中央委員会書記室で護衛総局と協議し日程を定める。ひとたび計画が確定すれば、労働党組織指導部内の検閲指導第一課の指導員が、あらかじめ当該地域の工場や農場に事前に出向いて全般的な事業検閲を行ない、訪れた金正日に実情を報告する。しかしこのような手続きを省略したまま、金正日の即興的な決定で、護衛兵だけを連れて現地指導に向かう場合も多い。

現地指導の発議や提案には、金正日が提起する場合と、政治局・書記局・内閣で提起する場合とがある。前者は金正日が国家や党の全般的な運営状況を把握するために自ら提起するもので、後者は国家を運営するうえで解決の困難な課題が生じたときに、書記局や内閣の会議で金正日に提起して現地指導がなされるケースだ。」

定期的な現地指導の場合、年に一、二の道を選定する。定期現地指導は、主として特定の道の運営に困難が生じた場合、これを解決するために実施する。また現地指導を通して模範例を創出し、全国的な事業の手本とする際にも実施される。定期現地指導は、道の全般的な事業と党・政・軍のすべての事業を包括し、道と中心的な郡が指導の対象となる。

現地指導は形態によって定期指導・瞬間指導・随時指導に分かれる。瞬間的な現地指導は事故が起きたときなど、特定分野や単位で問題が発生したときに実施される。随時なされる現地指導は、金日成や金正日が出し抜けに提起して実施されるものである。

金正日国防委員長は一九九八年に慈江道《チャガンド》を、一九九九年に江原道と咸鏡南道を現地指導し、二〇〇〇年は平安北道《ピョンアンプット》に集中している。このような場合、通常一週間から二週間程度は地方に滞在する。

最近「金総秘書はピョンヤンをほとんど留守にしている」という北朝鮮訪問者らの言葉は、あながち誇張ばかりとは言えないようである。年に三分の一を地方で過ごすとしたら、それも無理からぬことであろう。

このようにたびたびピョンヤンを留守にするので、長期出張の折りには家族を同伴する場合もある。一九九〇年代中頃に帰順した咸鏡北道穏城《オンソン》郡の元商業管理所長李順玉《リースノク》は「一九七四年頃、金正日が夫人の金英淑《キムヨンスク》をともなって穏城にある旺載山《ワンジェサン》革命史跡地建設現場を訪れた」、「当時金英淑は髪を伸ばしていて、列車から降りなかった」と語った。

最近帰順した人民軍将校出身の鄭《チョン》某氏も「一九九〇年代の中頃に金正日が部隊を訪問した際、夫人と息子が同行していた」と明らかにした。北朝鮮が公開はしないものの、これまで知られてきたこととは異なり、金正日が地方や軍の現地指導の際に夫人を同伴する場合もあることがわかる。

ところで金日成主席の存命中、主席の公式の月給は北朝鮮の通貨で四二〇ウォンほどだったといわれる。これは一般労働者の月給の約四倍にあたる。金正日も公式にはその程度の俸給を受けているものと推測される。またこれとは別に、自身の所属する平安北道園花里《ウォナリ》協同農場から年末に決算後の分配を受ける。もとより事実上党の資金執行の全権を行使する金正日委員長にとっては、大きな意味をもたない金額にはちがいない。

家族関係――五号住宅の秘密

金正日の家族関係は、長いあいだ極秘とされてきた。いくつかの噂と憶測だけが存在していた。しかし二〇〇〇年代に入り、南北交流が活性化するにつれて、基本的な輪郭だけは確認できるようになった。

金正日が公式に結婚したのは、一九七三年後継者に内定した直後である。申敬完は、金正日がその事実を一九七四年の正月の集まりで明らかにしたと証言した。

「金正日は、組織書記になった直後の一九七三年一〇月一〇日に金英淑と結婚した。金正日の自宅で催された結婚式は、政治局委員、党書記、政務院総理と副総理、道党責任書記、「抗日の闘士たち」が参席するなかで、ささやかに執り行なわれた。結婚式が行なわれたという事実自体が極秘とされた。結婚の事実は、ひと月のあいだ党中央委員会の幹部にも告げられなかった。一九七四年一月に、金正日が党中央委員会の幹部を自宅に招き宴を催したことで、ようやく党内に知られるようになった。」

申敬完は、金正日と金英淑が結婚することになった後日談を具体的にうちあけた。

「金英淑は清津共産大学副学長の娘で、結婚前は党組織部幹部登録課の登記員をしていた。金英淑が末端の登記員から金正日の結婚相手としてにわかに登場したのは、全面的に金正日自身の決定による。金正日は組織書記になると、遊撃隊の元老たちから結婚するよう圧力を受けた。そこで金正日は、当時党組織指導部第一副部長だった徐允錫に、中央党に勤務するすべての女性職員の履歴カードをもってくるよう命じた。当時中央党所属の女性職員は二〇〇名ほどおり、そのうち未婚者は約四〇名であった。金正日は履歴カードを繰って、そのなかから金英淑を選んだ。

金正日は一九七三年春、党会議を準備する過程で初めて金英淑を目にした。彼女が仕事をする姿を見て気に入っていたようだ。素性もよく知らずに本人が金英淑を指名して結婚するというので、ただちに金一・崔庸健《チェヨンゴン》ら政治局員が面接を行なった。金英淑は唐突に呼び出されて見合いをしたのだ。政治局員たちはあれこれ質問を重ねたのち、よしと判断した。それから護衛庁職員が清津に出向き、両親を連れてきた。

護衛庁職員が突然やってきてピョンヤンへ行こうというので、両親の驚きは相当なものだったらしい。中央党本庁へ連れてこられ、組織部第一副部長の徐允錫と宣伝煽動部長金国泰《キムグクテ》がいきさつを説明し、異存はないかと尋ねたが、どうして反対などできようか。親戚の多くはピョンヤンにいたので、後日呼び出して別途了解をとりつけた。

このように金正日の結婚は急遽決められたのだ。金正日は宣伝煽動部副部長に就任したのち、普通江《ポトンガン》区域の西将洞《ソジャンドン》にある党幹部アパートで暮らした。金正日は一九八〇年の第六回党大会が開かれる前に、大同江区域にある衣岩洞に移った。」

金英淑、成蕙琳、高英姫、そして…

これまで金英淑に会ったと主張する人物は、映画俳優の崔銀姫ただ一人である。崔銀姫は、金正日の私邸に招かれたとき金正日夫人に会ったとして、その印象をこう記している。

「金正日夫人は、背丈が一メートル六三センチくらいで、いくぶん肉付きがよく、丸みのあるよく整った顔だちだった。髪にはパーマをかけ、黒地に花模様のホームドレス姿だった。（中略）年齢は金正日より二、三歳年下にみえた。」

金正日は一九七五年、金英淑とのあいだに娘を一人もうけた。金日成主席が「雪松《ソルソン》」と名づけた。金日成主席は孫娘たちの名前に、みな「松《ソン》」の一字を付した。三番目の息子である金平一ポーランド駐在大使の娘の名は「銀松《ウンソン》」である。申敬完は、金日成主席が孫娘をひどく可愛がったと語った。

「一九七〇年代の中頃だったと記憶している。金日成主席は「孫娘のことが気になって仕方がない」と、会議をしばらく中断し、雪松を連れて来るよう命じたことがあった。その後も何度かそのようなことがあった。」

雪松を生んだ後、金英淑がどうなったかはまったく不明であり、死亡あるいは離婚の事実さえ確認されていない。ただし雪松は、現在労働党中央委員会副部長として活動中と伝えられる。

一方で金正日は、結婚以前に映画俳優だった成蕙琳《ソンヘリム》と同居し、息子を一人もうけている。二〇〇一年に日本に入国して問題となった金正男《キムジョンナム》である。成蕙琳は南朝鮮労働党財政部長を務めた成有慶《ソンユギョン》の娘で、ピョンヤン芸術団所属の映画俳優として活躍中に金正日と出会った。しかし金日成主席は金正男の存在を遅くまで知らずにおり、生前に認知することはなかったと伝えられる。成蕙琳は金正男を生んだのちに、金正日が結婚すると次第に疎遠になり、去る二〇〇二年五月モスクワで六五歳の生涯を閉じた。

一九七〇年代後半、金正日は在日出身の高英姫《コヨンヒ》と近しくなった。高英姫は在日同胞の帰国運動のさなか一九六〇年代初めに北朝鮮に帰国し、万寿台芸術団の舞踊団員として活動していた。金英淑は死去、あるいは離婚したものとみられる。高英姫は一九八〇年代初め、高英姫とのあいだに正哲《ジョンチョル》と正恩《ジョンウン》の兄弟をもうけた。高英姫は一九八〇年代になるとピョンヤンにある金正日の自宅に入り、各地を移動する際には何度か同行するなど、令夫人の役割をはたした。高英姫は去る二〇〇四年六月、癌のため亡くなった。

最近内外のマスコミは、一九八〇年代から金正日を補佐してきたキム・オク国防委員会課長が「事実上のファーストレディ」であると報じた。マスコミは、キム課長がこれまでのロシアや中国訪問の際に、金正日委員長とともに外交の席によく姿を見せていた事実を根拠に示した。これらの報道によれば、キム課長は一九八〇年代に金委員長の記述秘書、及び最高位幹部の健康に気を配る役目を担い、その後国防委員会の課長に昇進したとされる。しかし北朝鮮内部の事情に詳しいある人物は、一連の報道を否定した。彼は「対外的な肩書きが国防委員会課長というだけであって、キム課長は秘書室に勤務する公式随行員」であると明かした。

「北朝鮮の現実を無視した想像も…」

これまで数多くの帰順者と韓国のマスコミが、金日成主席と金正日国防委員長の私生活を暴露してきた。彼らはいかにして、最高統治者の隠された私生活を知ることができたのだろうか。申敬完は、金日成や金正日の私生活を知ることが、北朝鮮ではどれほど危険なことであるかを生々しく証言した。

「首相官邸をはじめ、金日成の家族が暮らす場所は「五号住宅」と呼ばれる。さらに金日成と金正日の家族関係は、徹底して秘密とされている。

北朝鮮では、五号住宅に関して一切口外することはできない。知ろうともしないし、知ることは災いの種となる。口に出せば間違いなく引っ張られる。社会安全部（現社会安全省）、国家安全保衛部でも特に神経を使っているのが、まさしくこの五号住宅に関する話題なのだ。」

申敬完が明かしたいくつかの事例を紹介しよう。

「一九七八年、対南工作員出身で英雄称号まで受けた人物が、ある朝突然炭鉱に追われて行った。その理由は、病院の医師をしていた彼の妻が、口外してはならない「極秘事項」を夫と周囲の人々に漏らしたためだ。金日成の親戚の一人（副総理を務めたのち、近年死去）の妻が入院したとき、彼女が医師に、金日成と後妻の金聖愛《キムソンエ》とのあいだの葛藤など、金日成の家族と私生活について話したことがあった。それを聞いた医師が、話の内容を周囲の親戚に伝えたのだ。国家安全保衛部がこれを放置するはずはなかった。

また、こんな事例もあった。軍人出身で、中央党の部長や副部長の運転手を長年勤めた人物がいた。運転手仲間で雑談するうち、金日成が補身湯《ポシンタン》を好むとやらの話題を披露した。しばらくして、誰も知らぬ間にその運転手は姿を消した。」

労働新聞で報道される金日成と金正日の行跡以外の、彼らの私生活を知ることは、それほどまでに難しいという説明であった。きわめて制限された範囲の人間だけが、それもごく限られた行動半径を知っているにすぎないのである。(1)

申敬完は、韓国社会で間違って理解されている代表的な事例として、「家族間の権力闘争説」と「金正日の健康異常説」をあげた。彼は、金日成の家系は互いに友愛の情に篤く、叔父の金英柱も実の息子のように金正日の面倒を見たため、金英柱と金正日との権力闘争のシナリオは実現の可能性が希薄だと明言した。(2)

さらに継母金聖愛とその息子金平一の浮上説についても、北朝鮮の現実を無視した根拠のない想像だと説明した。彼は、「金正日と十歳以上も開きのある金平一は、金正日の前ではみだりに口を開くこともできず、党と軍にいかなる基盤ももたない」と語った。

申敬完は一九七〇年代の十年間、対南事業部署で副部長を務め、金正日を至近距離から観察してきた人物である。なかでも彼は、金正日の自宅で毎年催される労働党中央委員会「責任幹部」の新年の集いに参加してきた経験をもつ。他の帰順者とは異なり、金正日の私生活をよく知ることのできる位置にあった。それだけに、彼の証言は事実に接近した可能性が高いと考えられる。

喜び組の真相

喜び組《キップムジョ》は、金正日の乱れた性生活を象徴する用語である。

初めて喜び組の存在を世に知らしめた帰順者は、北朝鮮のコンゴ大使館書記官で一九九一年に亡命した高英煥であった。彼の手記『ピョンヤン二五時』は、北朝鮮社会をとりあげる際に、頻繁に引用される必読書となって久しい。

彼の手記によれば、喜び組とは、金正日が催す酒宴の雰囲気を盛り上げるために動員される女性たちを指す。彼女たちはミニスカート姿のカンカン踊りで酒宴を盛り上げる。宴もたけなわとなると、ブラジャーとパンティーだけの下着姿で踊り、酒宴はいっそういかがわしい雰囲気に変わっていくという。

一九九三年七月に亡命した護衛総局員金明哲《キムミョンチョル》の手記にも、喜び組の話が出てくる。彼は、北朝鮮には「喜び組」、「満足組」、「幸福組」、「寡婦選抜組」があると暴露した。彼は「喜び組」や「満足組」は、みな何一つ仕事もせずぜいたくに暮らしながら、ただただ金日成父子の性のなぐさみものになっていると主張する。彼は高位幹部のための「寡婦選抜組」があり、護衛局がこれを担当していると付け加えた。(3)

彼自身が護衛総局に勤務していたという点からみれば、その主張はかなりまことしやかに響く。

一九九四年に帰順した康明道もまた、同年七月二七日、記者会見の席で喜び組に言及した。(4) 彼は「喜び組は一九七八年頃、統一戦線事業部が最初につくった。社会文化部の李東浩《リードンホ》第一副部長が、管轄する招待所に金正日とともに立ち寄った。改装した紋繍《ムンス》招待所に金正日を案内したのだが、その後で喜び組に味をしめたのだ」と述べた。

三人はそろって喜び組の実体を認定した。しかし三人が証言した喜び組は、名前は同じでもその内容はみな違っている。なぜそうなのかに注目する必要がある。

誰の言うことが本当なのか

「喜び組」の実像を初めて暴露した高英煥は、一時外交部で金正日の政策補佐官をまかされ、金日成と金正日の通訳官をしていたと主張する。しかし北朝鮮労働党組織指導部傘下の大洋貿易会社社長で、亡命した金正敏《キムジョンミン》は「外交部に政策補佐官というポストはなく、誰でも金正日に会えるわけではない」と強調した。[5] どちらの言が正しいのか、確認は困難である。高英煥自身も手記のなかで、喜び組のことを「外交部の渡り廊下で流される噂話」だと記している。

社会文化部が対南秘密工作を担う部署という事実を知る者であれば、康明道の証言には当然のことながら疑問を抱くだろう。秘密工作部署が、あたかも李王朝時代に各地から美女を集めた「採紅使《チェホンサ》」の役目をはたしているという証言は、いかにも釈然としない。また金明哲の証言は、彼の経歴を詳しくみると首をかしげざるをえないものである。手記によれば、彼は一九七七年四月から一九八一年の四月まで足かけ五年にわたり金日成の慈母山《チャモサン》別荘の歩哨に立っていた。彼はそのあいだにたった一度、別荘を修理する際になかに入っただけである。一九八一年五月八日、彼は白頭山の別荘に異動になり、その年一二月にピョンヤンの護衛局庁舎への辞令を受けたが、一週間しか勤務できなかった。隊員の一人を足蹴にしたところ、相手が脳震盪を起こして責任を問われ「労働教化所」へと追われて行った。

結局のところ彼は、実際に金日成と金正日が別荘で何をしていたのか何一つ知りえない位置にいた。にもかかわらず、彼が暴露した逸話はかなりのレベルの「高級情報」である。

金日成と金正日の行動に関して彼が耳にしたという「事実」のうち、特徴的なものをいくつか引用してみよう。

「金日成はたまに散策に出た。しかし野外に出るのはまれで、プラスチックガラスで覆われた、透明のトンネルのような庭園を行き来するばかりだった。」

「金日成は猿の頭も輸入して食べた。食卓の上にのぼった猿もまた、金日成が脳みそをみな平らげるまで目をぱちくりさせていなければならなかった。」

「ほとんどの書類は金正日の秘書と書記が代わって署名し、重要な問題は金正日が自分で署名することもあるが、それもたいていは読みもしないで署名するのが常だ。」

「金正日は異母弟の金平一ととても仲が悪い。金平一に関することなら何でも金正日が邪魔をするので、金平一は一九七八年まで住む家もなく、放浪の身の上だった。」

護衛総局に勤務していたと自ら口にしながら、金正日の家がどこにあるのかさえ知らず、金日成が車から降りる姿を近くで見たこともないという彼が、金日成が何を食べ、金正日がどのように署名し、金正日と金平一の間柄がどうだのと、いったいどうしてわかったのか疑問である。

金日成が「プラスチックガラスで覆われた透明のトンネルのような庭園」を散策するとか、金正日に渡す書類は「紀要課で赤外線殺菌装置のなかに入れ、消毒したのちに包装」して手渡すとやらにいたっては、想像を超えた話としか言いようがない。実際に金日成と金正日にじかに接した諸外国の外交官や、北朝鮮を訪問した人々の証言とは、あまりにかけ離れた内容となっている。

詳細な内情を知るのは困難

こうした点からみれば、金日成父子が十代の喜び組と戯れ、高位幹部が「選りすぐりの寡婦」と遊興にふけるという彼の発言は、決して驚くには当たらないのかもしれない。常識的にみて、かりに金正日が複雑な女性行脚を繰り広げていたとしても、彼と酒席をともにしたことのない者が詳細な内幕を知ることは困難である。

「喜び組」は、はたして北朝鮮に存在するのか？　そもそも「喜び組」という呼称自体が北朝鮮にあるのかどうかさえ定かではない。北朝鮮社会安全部の元指導員で帰順した呂萬鐵《リョマンチョル》は、韓国に来て初めて「喜び組」に関する本を読んだと証言した。彼は「特閣（別荘）で歌や漫談を披露し、金日成父子をねぎらう芸能人」を喜び組と称したのではないかと推測した。北朝鮮の若い女性たちは、特閣などでの勤務に選抜されることをこのうえなく光栄に思っているという。

このように「喜び組」とは、北朝鮮社会で主として公演芸術に従事する人々を指すものとみられるが、正確な実体は不分明である。申敬完は、喜び組というものは存在せず、外国人を相手とする公演団を誤解したものらしいと証言した。

「外国からお客が来れば、接待しなければならない。この公演を専門的に行なうのは、普天堡《ポチョンボ》音楽団と旺載山軽音楽団だ。万寿台芸術団の公演は、きわめて例外的な場合だ。資本主義的な香りのする西洋のダンスや大衆音楽は、おもに軽音楽団が行なう。外国人の客が来れば、一団を引き連れ「資本主義的芳香」を放つ公演も行なう。資本主義国の人間が来れば、彼らの趣向に合わせてやらなければならないからだ。公演や宴会は、金正日が統治次元の必要から組織的に行なっているとみるべきだ。」

喜び組の実体は置くとしても、女性問題や習慣、身体的欠陥がそのままリーダーシップの欠如に繋がらないことは、自由民主主義国家の事例でも証明されている。(6) 問題は、「喜び組」に関する帰順者の証言がいかなるフィルターも通すことなく月刊誌や週刊誌に引用され、その正確な実体とは無関係に、金正日は「好色漢」だという印象をわれわれに与えている点にある。ややもすると金正日に対する理解自体が、煽情的かつ通俗化したものに堕する危険が、あまりにも大きいと言わざるをえないのである。

金正日の性向

金正日の私生活同様、金正日の性向についてもほとんど知られてはいない。かつてピョンヤンに駐在したロシアや中国などの外交官、特派員、脱北者らの証言を通して、断片的に伝えられるばかりである。さらに、それさえも相互に食いちがう証言が、事実の確認も経ぬままにマスコミの手で流され続けている。

一九七八年に北朝鮮に拉致され、その後脱出した申相玉《シンサンオク》・崔銀姫夫妻は、一九八六年に米国で記者会見を行ない「金正日は、頭はとてもよいが、あたたかな人間味に欠け、自らの犯した行為に対する罪の意識がうかがえない残忍な人物」だと証言した。

産経新聞論説委員長だった柴田穂は、著書『謎の北朝鮮』のなかで金正日について、天性乱暴な反面度量が大きく、住民には謙虚な素振りをしながら側近には傲慢で、頭がよく決断力はあるが失敗を認めない頑固さにとらわれ、ひとたびこうと決めたら他がどうなろうとも押し通す、と描写した。(7)

これらとは相反する主張もある。これまで何度も北朝鮮を訪れたことのあるハワイ州立大学の徐大《ソデ》粛《スク》教授は、「金正日は一部で考えられているように、乱暴で予測不能な人物ではないと思う」と述べた。(8)

一九八二～八七年に当時旧ソ連外務次官として北朝鮮を何度も訪問し、金日成と金正日に会見したミハイル・カピッツアは、一九九〇年に取材陣との一問一答で金正日についてこう語っている。

問　間近で見た金正日の人となりについて語ってください。

答　相手を楽しませ、好印象を与える人物だ。きちんとした教育を十分に受け、人間関係を上手に処理する術を知っている。

問　権力を継承すれば、金正日の性格からして、北朝鮮の政策が変化すると考えられますか。

答　金正日は立派な息子だ。父親を尊敬していて、親子の関係はきわめて良好だ。国内では金正日の威信は高く、将来さらに高まるものと信じる。

問　金正日の気性について、わかりやすいエピソードがあればお話ください。

答　晩餐会場で会ったが、金正日は自在に振る舞っていた。率直で、善良かつ気軽に参加者と交わっていた。服装も簡素だった。しきりに笑い、冗談を好んだ。背は高くないが、力が強くて体格もよく、四八歳にしては若く見受けられた。(9)

むろん職業外交官カピッツアの発言には、多分に外交的で儀礼的な香りが漂っている。しかし仮にそうだとしても、カピッツアは実際に何度も金正日に会った数少ない外部の人間の一人であり、留意すべき証言といえよう。

金正日の健康に関しては、ピョンヤン駐在ソ連大使を務めたミハイル・シューブニコフも、前述のソ連共産党中央委員会に提出した秘密報告書に「金日成の家系は、みな体質的に腎臓結石に罹りやすく、金正日も慢性的な腎臓結石に悩まされているが、それ以外の疾患はない」と記録している。

米国ＣＩＡの情報

金正日の性向に関しては、申相玉・崔銀姫夫妻の証言も部分的に参考になる。米国ＣＩＡが申相玉・崔銀姫夫妻への審問を通して得た金正日の性格や態度は、以下のように要約できる。

金正日は、他者からの注目と賛辞を好む自慢屋だ。

金正日は、自分以外の誰一人として一瞬たりとも脚光を浴びることを許さない。

金正日は、白か黒かの論理と善悪の概念だけで人間やものごとを判断し、頻繁に人事異動を行なう。

金正日の気分は、突然怒り出し、すぐまた正常に戻るという具合に変化が激しい。

金正日は、プライドが高く、無礼な行ないや批判とみれば瞬時に怒りをあらわにするため、誰も彼に反対しようとはしない。

金正日は、その場の判断で行動し、一つのことに長く執着はしない。

金正日は、ものごとをバランスよくみる能力に欠けており、自分本位に考え、良心ももたない。

金正日は、偏狭で時代錯誤的な思考方式にとらわれ、革命の必要性と「南朝鮮を帝国主義から解放する」という言葉ばかりを頻繁に繰り返している。

金正日は、東欧圏を含む諸外国の実情についてあまりに無知であり、中国人をより親しく感じている。

金正日は、理念によって行動することはないようだ。

金正日は、幹部を登用する際には、能力や専門性よりも金日成父子と労働党への忠誠心を基準にする。

金正日には、長期的な経済計画はあるが、長期的な政治目標や政策はないようだ。

金正日は、北朝鮮の開放を願ってはいるものの、時期尚早と判断しており、北朝鮮の変化や経済改革が中国共産党のようになることを望んでいる。

金正日は、創造的な人物ではないが、芸術的な感覚を身につけており、作品の長所と短所を批評し識別する能力を備えている。

金正日は、いつも疲れているらしく、また自身の健康状態もよく理解している。(10)

しかし、こうした米国ＣＩＡの分析がはたしてどの程度信頼できるかは疑問である。たとえば外交専門雑誌『フォーリン・ポリシー』の分析家トーマス・オムステッドは、一九九四年七月一六日付の『スターズ＆ストライプス』紙に掲載された論文「金正日に関するＣＩＡの身上調書は信頼できるか」で、基本的な事実さえ誤って記録されていた米国ＣＩＡの金正日関連秘密文書を例にとりあげ、北朝鮮に対する米国の情報不在を指摘し、米国のより正確な情報の蓄積を促した。

なかでも金正日が外国の実情に関して無知だとの指摘は、事実とは異なるとみるべきであろう。一九九七年一〇月四日、外国人官吏としては十年ぶりに金正日と会見した旧ソ連共産党グループのオレーグ・シェーニン議長は、「金正日はロシアの事情をはじめ、国際情勢に明るいとの印象を受けた」と語った。

ピョンヤン特派員を歴任したポーランドのジャーナリスト、ダレーヴィチも「金正日はプレイボーイ、酒癖の悪い男、不安定な性格の持ち主」だとする西側の人物評に対して、以下のように指摘した。

「西側世界は、基本的に韓国の宣伝によって、金正日を悪魔の肖像画のように描くのにたけている。誰もがみな彼のことを、放蕩息子、酒癖の悪い男、不安定な人間だと言うが、これらの風評は明らかに発明品にすぎない。ピョンヤンの主席宮によく出入りする中国人やロシア人は、この類いの酷評を決して口にしない。彼らは韓国の掘る落とし穴に嵌りはしないのだ。金正日は知恵遅れの子供ではない。私は、彼が権力を掌握するにちがいないと考えている。」

「ヒトラー」に関心

韓国では金正日の「対人忌避症」が頻繁にとり沙汰されてきた。個人的な会話は好んでも、大衆の前では気後れしてまともに意思を伝えられないとする主張である。事実金正日の公式な大衆演説は、一九九二年の朝鮮人民軍創建六〇周年記念行事で「朝鮮人民軍将兵に栄光あれ」と発言したのが最後であった。申敬完はこの点について、こう説明していた。

「金正日は、父親にくらべると口ごもりがちで、声量に乏しいという弱点はあるものの、幹部との討論や会議の場での話ぶりはユーモアにあふれ、機知に富んだものだ。

金正日が大衆演説に不慣れなため演説を嫌うのだとする観測は当たっていない。性格上大衆の前に出るのをはばかる側面は、たしかに存在する。しかし金日成が主席だったときには「天にふたつの太陽がありえない」のと同様、金正日自らが表に出るのを意図的に自制していたとみるべきだ。三年間の喪も明け総書記に就任したからには、適当な時期に大衆演説を行なうものとみられる。」

ダレーヴィチは、金正日が公式の席に姿を見せない理由について「金正日は内向的な人物なので、真面目な印象を与えようとしたこと、さらに「一つの星だけが地上を照らす」という北朝鮮の支配論理にしたがえば、息子が大衆の前に出るためには父の死を待たねばならなかった」のだと説明した。

しかし金正日が「対人忌避症」だという指摘は、二度にわたる鄭周永会長との対面と、金大中大統領との首脳会談によって破産をみた。申敬完やダレーヴィチの指摘のように、三年間の「国喪」が明けたのち、金正日は「隠者の指導者像」を脱ぎ捨て、公開の場に積極的に乗り出そうとしているからである。

一方、姜成山《カンソンサン》前北朝鮮総理の婿として知られる康明道は、金正日の趣味と性向について一風変わった証言をした。(11)

「金正日は乗馬を好む。英国とフランスから数十万ドルもする馬を購入して乗りまわしている。射撃も趣味の一つだ。以前はヘネシーをよく飲んでいたが、いまはウィスキーを飲む。酒のせいで膵臓がよくない。煙草もやり、おまけにチェインスモーカーだ。また「夢に見たわが故郷」のような韓国歌謡がお気に入りだ。頭もいい方だ。ただ、あまりに気難しくせっかちだ。金正日が最も尊敬する人物は、ヒトラーだ。ヒトラーの『わが闘争』を枕に眠るという噂を聞いたことがある。不摂生だった金正日の生活は、一九八五年を期して大きく変わった。喜び組も減らし、各地にあった別荘も縮小した。なぜなら、このときを境に金日成が第一線から退きはじめ、金正日の処理すべき仕事がとてつもなく増えたからだ。」

過去には金正日の私生活は乱れていたが、金日成の死後業務の量が増えるにつれて大きく変化したというのである。米国の秘密文書にも同様の表現が見られる。一九九八年八月スティーブン・ボスワース駐韓米国大使は、オルブライト国務長官に宛てた秘密電文で「金日成の死後、補佐官との酒席や暴飲を改め、礼儀正しい行動を意識的に行なうことが増え、意思決定にも慎重さをみせている」と分析した。

北朝鮮で公開された一九七〇〜八〇年代の写真を見ると、金正日が煙草を手にしている姿がしばしば目にとまる。彼が外国産煙草を吸うという事実も、何人もの帰順者の証言で確認されている。ところが、一九九九年一一月二〇日北朝鮮政府機関紙『民主朝鮮』は、金正日委員長が「煙草を控えるのはよいことである。喫煙は明らかに健康にとって有害だ」と語ったと報道し、彼が煙草をやめたのではないかとの推測を生んでいる。

「ヒトラー尊敬説」について、申敬完は異なる証言を行なった。

「黄長燁も、金正日がヒトラーをたいそう気に入っていたと言ったが、彼が相当な関心をもってヒトラーを研究したのは事実だ。しかしそれは、金正日がヒトラーを尊敬していたからではなく、ヒトラーの映画や芸術を媒介とする大衆宣伝に関心を寄せていたためとみるべきだろう。」

「人民的」イメージの創出に心を砕く

金正日がヒトラーから大衆操作術を学んだかどうかは確認できないが、常に「人民的」なイメージをつくり出そうと神経を使っているのは確からしい。ピョンヤン放送は一九九九年一〇月一八日、金正日が一九九六年一月中旬に党幹部らとともにした席で「限りなく繁栄するわが社会主義祖国、その懐でさらに生き甲斐のある幸福な暮らしを享受する民衆の姿を思い描きながら、いかなる難関も甘んじて受け入れつつ働いている」と語ったと報じた。その席で金正日は「今日のための今日に生きるのではなく、明日のための今日に生きようというのが私の人生観」と述べたという。

彼が常日頃ジャンパーを身につけているのも、高度な自己演出である可能性が高い。事実対外的に公表されたものからは、彼が正装している姿はほとんど目にすることがない。彼の背広姿が生誕五〇年の一九九二年に公開され、一時話題になったことさえある。

ある帰順者は、「ジャンパーは「革命をしていた」時代の人々の服装だ。戦闘的な衣装だ。金正日は自分を「革命戦士」だと人々に示したくて、そうしているのだ。おまけにジャンパーは「人民的」なイメージを帯びている。質素にも映る。金日成も金正日の控え目な姿を誉めたことがある」と語った。

さらに金正日が「映画狂」だということも、ジャーナリズムが彼に言及する際に欠かせない材料とされている。崔銀姫もこれを裏付ける証言をした。

「金正日はたいへんな映画狂だ。金正日自身が直接管理し統制する映画関連文献の書庫には、世界各国の映画一万五〇〇〇編が所蔵されており、声優、翻訳家、録音技師など、関係する職員だけでも二五〇名に達する。金正日は北朝鮮映画界の最高権威者として、北朝鮮のいかなる現役映画監督や脚本家よりも優れた才能と実力を備えている。」

北朝鮮の映画水準を高めるために崔銀姫を拉致してまで連れてきたのだから、逆に言えば、金正日の映画に対する関心がどれほど高かったかが理解できよう。

崔銀姫は「歌劇『血の海《ピッパダ》』では前もって二〇〇〇曲をつくらせ、そのなかから金正日自らが数十曲を選び出し最終演奏させた」事例をあげて、金正日が演劇や映画のみならず、音楽にも相当な才能をもっていると語った。

申敬完は、金正日が「映画狂」だという評価について異なる解釈を示した。金正日は多くの外国映画を、たんなる趣味としてではなく、政策的な必要性から観ているというのであった。

「金正日は、なかでも先進科学技術映画、米国のスパイ工作映画をよく観る。スパイ映画が多いのは、対外事業や対南事業を指導するためだ。自分には地下工作の経験がないので、米国・中国・ソ連のスパイ工作映画から多様な戦略・戦術を得ている。
対外・対南事業の戦略・戦術を議論する際には、幹部たちも舌を巻くほど知識が豊富だった。」

多彩な趣味と嗜好

また金正日は、並外れてたくさんの趣味と特技をもつことで知られる。彼がたしなむ趣味やスポーツは、水泳・狩猟・釣り・乗馬・ドライブと多岐にわたる。遊撃隊世代とは大きく異なる、趣味の一面を見せている。

金日成総合大学在学当時から始めた乗馬は、護衛総局所属のピョンヤン騎馬舎で月に一度は練習していたという。一九九〇年代の初めに、金正日が落馬し重傷を負ったという噂が広まったこともあった。

彼が最も好むのは狩りである。これは、彼の特技の一つが射撃である点とおおいに関連があるらしい。彼の射撃の腕前には定評がある。中敬完は「三〇点満点で、二九点か三〇点は撃ち抜く」と証言した。北朝鮮は「将軍様は名射手、われらは命中弾」と称える歌までつくり宣伝している。

彼は現地指導の際や週末を利用して、平安北道の鉛豊《ヨンプン》狩猟場と黄海南道《ファンヘナムド》信川《シンチョン》の専用狩猟場で、雉・野ウサギ・ノロジカなどの狩りを楽しむという。北朝鮮で刊行された金正日の伝記には、彼がときおり党幹部とともに釣りをしたと記録されている。

金正日の趣味のなかで外せないものは、自動車の運転である。高級中学校二年時の一九五八年に初めてハンドルを握った彼は、暇さえあれば車を駆ってピョンヤン市内と周辺を疾走した。何度か事故まで起こしたと伝えられる。

申敬完は、一九七〇年代に実際に数件の事故が起きたことを初めて明らかにした。

「金正日が自分で運転するのを何度か目撃した。事故を起こしたこともあった。私が知る限りで二度ある。一九七五年には街路樹にぶつかり、一九七七年には衝突事故を起こした。」

数年前米国のある海外僑胞は、金正日が自分で運転してきた車に同乗した経験があると語った。これも彼の型破りな性向を示す事例である。

このほかにも、各国の先端的な製品ないしは最も優秀な商品をむやみに買い求め、自分で試してみる癖も、彼の趣味といえば趣味ともいえよう。金正日と長年親交のあったロシアの前外交官トカチェンコの言によれば、彼の書斎には電子手帳、コンピューター、電子ピアノ、音響製品など、日本・米国・フランスはじめ各国の先端電子製品がぎっしりと並んでいたという。トカチェンコはこれを、金正日が先端科学技術に関心が高く、常に新しいものを好む性格の一断面をのぞかせるものだと説明している。

また金正日は、典型的な朝鮮式の食事を好むことで知られる。彼の好む肉類は、プルコギと犬肉、内臓のスープで、魚介類の辛味スープも好物の一つである。果物は、中央党と護衛総局が管理する特別な温室で栽培したイチゴやスイカ、トマトなどを食べるという。

北朝鮮の放送は、金正日が「金日成将軍の歌」を得意とし、赤い色を好むと宣伝する。申敬完は、金正日が金日成主席のオハコだった「思郷歌《サヒャンガ》」（日帝時代に満州に追われた朝鮮人が故郷を想ってうたった歌）をうたうのを聞いたことがあると回顧した。

第五章 「創られた神話」と「誤った推論」の狭間で

——出生と成長（一九四二～一九六四）

出生地の秘密、ソ連か白頭山か

金正日は、これまで数多くの疑問や謎に包まれた人物として描かれてきた。しかしその出生地までが非難の対象とされている事実は、容易に理解できることではない。北朝鮮は金正日が白頭山で生まれたと主張している。一方韓国では、サマルカンド、ヴャーツコエ、ヴォロシーロフなど諸説紛々の状態にある。いったいなぜ、いまもって出生地が議論の対象となるのか。そしてどの説が、より説得力をもっているのだろうか。

金正日は一九四二年二月一六日、抗日遊撃隊の指導者金日成と金正淑《キムジョンスク》とのあいだに生まれた。金日成が金正淑と初めて出会ったのは一九三五年三月、満州遊撃区の能芝営にあった共産党書記局である。当時金日成は、中国共産党の指導を受ける東北人民革命軍（一九三六年に東北抗日連軍に改編）幹部として満州地域で活動していた。金日成はその回顧録で、往時をこのように回想している。

「わたしが彼女（金正淑）をはじめて知ったのは大荒崴会議があったころです。会議の後か途中だったたか、三道湾に行ったことがあります。三道湾は延吉県に属していました。そこの能芝営というところに党書記処があったのですが、彼女はそこで働いていました。能芝営で開かれた書記処の会議の場で彼女に会ったのです。

その後、馬鞍山でわれわれの部隊に編入された金正淑と再会することになったのですが、金《キム》明花《ミョンファ》と一緒に漫江でわたしを迎えてくれた彼女の姿が印象的でした。その日、彼女と多くのことを語り合いました。話を聞いてみると、彼女は寄る辺ない身の上でした。彼女が頼るところは、革命戦友のふところしかなかったのです。金正淑はその後、ずっとわたしとともに戦いました。[1]」

李在徳の証言と中国文献

それから五年後、金日成は抗日遊撃隊に対する日帝の討伐が激しさを増すなかで、ソ連・満州国境を越え、沿海州地域へと向かった。

一九四〇年一〇月二〇日頃、ソ連領内に入る直前に、金日成と金正淑は正式に結婚した。かつて金正淑とともに中ソ国境を越え、いまは中国の瀋陽で暮らす徐順玉《ソスノク》は「中ソ国境を越える前に、琿春で、金日成と金正淑は仲間たちの見守るなかで簡素な結婚の儀式をもった」と語った。翌年三月一日沿海州で、金日成と金正淑は、二人だけが写った記念写真を一枚遺した。

金日成夫婦がソ連に越境したことから、韓国はじめ日本や米国の学界では、金正日は一九四二年二月一六日にソ連邦沿海州付近のヴォロシーロフ地域で生まれたという主張が定説となっている。当時ヴォロシーロフ地域には、金日成と金正淑の所属する東北抗日連軍第一路軍が建設した南野営（B野営とも称する）があった。[2]

一部には、金正日がソ連極東地域のハバロフスクから北東に八〇キロ離れたアムール川沿いに位置する、ヴャーツコエ密営（A野営、北野営とも称する）で生まれたとする主張もある。しかし金日成が、新たに改編された東北抗日連軍教導旅（別名八八特別旅団）の第一教導営営長として赴任するため、南野営から北野営に移動したのは一九四二年八月頃であった。したがって、金正日がヴャーツコエ密営で生まれたという主張は誤った見解である。

北朝鮮はこれらの主張をともに否定する。北朝鮮は、金正日が白頭山の遊撃隊密営地の丸太小屋（朝鮮人民革命軍司令部幕舎）で生まれたと主張している。一九八七年二月一二日、北朝鮮は白頭山密営を金正日革命史跡地に指定し、丸太小屋を建て聖域化した。北朝鮮は、金正日の生母金正淑が一九四一年六月から一九四三年三月までこの小屋におり、国内と長白《チャンベク》地区の反日組織を指導していたと説明する。その時期に金正日が生まれたとする主張である。

北朝鮮は一九八八年八月、金正日が生まれた場所から二一六メートル離れた白頭山獅子峰《サジャボン》直下の将帥峰《チャンスボン》（海抜一八〇〇メートル）を正日峰と名づけた。金日成は一九九八年六月に刊行された回顧録『世紀とともに』第八巻で、金正日が一九四二年二月一六日の明け方に白頭密営で生まれたと記している。

そこで、韓国の学者たちはこう分析する。金日成父子の世襲体制を準備してきた追従者たちは、金正日の出生地を民族の霊山であり革命の本拠地である白頭山と宣伝することで、金正日に民族の精気と革命の正統性を付与し、北朝鮮の人々の忠誠心を鼓吹しようとするのだと。

しかし遺憾なことに、金正日の「ソ連出生説」や「白頭山出生捏造説」は弱点だらけである。一九九二年に中国の党文書保管所から刊行された『東北地区革命歴史文書彙集』には、既存の主張を覆す文書が多数収録されている。なかでも「東北抗日連軍第二・三路軍越境人員統計表」、「東北抗日連軍第一路軍越境人員統計表」、「東北抗日連軍B野営一九四一年・一九四二年被派遣各部隊人員名簿」が注目される。これらの資料は、金正日の出生地に関して二つの重要な糸口を提供している。

一つは、李在徳《リージェドク》という女性が一九四三年に子供を産んだ事実である。彼女は金正日が生まれたとき、乳の足りない金正淑に代わって金正日に乳を与えたと韓国のマスコミが報道した、ロシア在住の朝鮮人である。ところで上記文書によれば、東北抗日連軍第二路軍所属の李在徳は一九四一年一月二日にソ満国境を越え沿海州地域の北野営に到着し、同年八月二八日ふたたび満州へと派遣され、翌一九四二年一二月九日部隊に復帰している。[3] 北朝鮮の主張する金正日の誕生日は一九四二年二月一六日である。李在徳が部隊に復帰してから子供を産んだとすれば、早くとも一九四三年の秋頃でなくてはならない。

李在徳は、一九九四年に中国で発行された雑誌『婦女生活』（三月号）に掲載された「故国に繋ぐ心情」という文章で、金正淑についてこう回想している。

「一九四三年、私の長女はA野営で生まれた。当時は闘いが最も困難をきわめていた時期で、飢えと病が相次いでわれわれを襲っていた。なかでも最も忘れがたいのは、金日成同志が私に食糧品と貴重なカラス貝を届けてくださったことだ。当時金正淑同志の次男も乳が不足していた。私は彼女よりたくさん乳が出たので、ときには娘と一緒に彼にも乳を与えていた。」

彼女が乳を与えたのは金正日ではなく、金正日の弟の金平日《キムピョンイル》（一九四八年に死去）だったというのである。彼女の証言は中国の公式文書と一致している。[4]

李敏の回想

もう一つは、ソ連に越境したのちの金日成・金正淑夫婦の足跡である。中国の文献によれば、金正淑は金日成とともに一九四〇年一〇月二三日沿海州に到着した。内外の学者は、金日成と金正淑が一九四〇年に中ソ国境を越えているため、金正日がソ連の地で生まれたのは動かしがたい事実だと信じている。

ところが中国の公式文書は、金日成が少なくとも二度にわたって沿海州を発ち、満州地域に派遣された事実を明示している。一度目は一九四一年四月一〇日から一一月一二日まで、二度目は一九四二年五月二九日から一一月五日までとされる。[5] 第一次派遣隊の名簿に金正淑の名は見当たらない。

問題は第一次の派遣日付である。中国の公式文書が正確だとすれば、金正淑は金日成が派遣された四月一〇日以前に妊娠していなければならない。その場合、出産予定日は一二月末である。金正日が生まれたのは翌年の二月一六日であるから、金正淑は予定日を二カ月半も過ぎて出産したことになる。医学的見地からすれば、その可能性はきわめて希薄だと言わざるをえない。

一九四三年ハバロフスク近郊のヴャーツコエにあった東北抗日連軍教導旅（八八特別旅団）で金正淑とともに生活していた李敏《リーミン》前黒龍江省人民政治協商会議副主席は、一九九六年に筆者とのインタヴューで当時をこのように回想した。


「私が金正淑同志に初めて会ったのは一九四三年の春だった。そのとき金正淑同志は幼かった金正日国防委員長を懐に抱いていた。金正淑同志は一九四一年の初夏、女性隊員らとともに白頭山密営に行き、朝鮮国内と長白地区の革命組織を指導する工作事業をしていたと聞いた。翌一九四二年二月、そこの丸太小屋で男の子を産んだという報せが訓練基地の通信員から伝えられ、一斉に歓声が湧き起こった。」

李敏は「金正淑同志は、昼間訓練を受ける際には子供を託児所に預け、終わると連れて戻っていた」、

「幼かった金正日国防委員長は、その頃から軍隊ごっこが好きだった」と回想した。

この主張は、北朝鮮の公式の説明とよく似ている。

北朝鮮の文献によれば、一九四一年四月初めに「北方の訓練基地」（南野営を意味する）を出発、東寧を経て五月一〇日汪清に到着した。二日後金日成は、前日（五月一一日）に小部隊を率いてきた金正淑とともに安図に到着したのち、部隊を三つに分け、金正淑の小部隊を先に白頭山地域に派遣した。

六月中旬金日成は白頭山に到着し、小白水谷《ソベクスコル》で金正淑と再会した。

その日金日成は、金正淑ほか伝令兵らとともに昼食をとり、午後には金正淑が作成した書類を検討し会議の準備を行なった。この日の夜について、北朝鮮の朝鮮労働党出版社が一九九二年に刊行した『白頭山密営』には「司令部の丸太小屋はその夜も遅くまで、いつ明かりが消えるとも知れなかった」と記されている。三日後金日成は、金正淑に「白頭山地区の秘密根拠地と、朝鮮国内で活動する小部隊と小組、革命組織の事業の指導について」全面的に委任したのち、延吉を経てふたたび汪清へと向かった。

その後金日成は豆満江《トゥマンガン》沿岸の汪清、琿春各地でおもに活動し、何度か豆満江を越え朝鮮国内にも秘密裏に潜入したという。結論的には、一九四一年六月中旬金日成と金正淑がつかの間再会したときに妊娠し、翌一九四二年二月一六日に金正日を出産したという主張である。

北の主張を額面通りに信じることも困難

金日成は自身の回顧録で、金正日が白頭山密営で生まれたと主張した。いまも北朝鮮には、金正日が生まれたときに自分も白頭山にいたという関連者が多数生存している。朝鮮革命博物館館長の黄順《ファンス》姫《ニ》、朝鮮労働党中央委員会部長金益賢《キムイクヒョン》、崔光の夫人である金玉順《キムオクスン》ら元抗日遊撃隊隊員がそれである。彼らはみな金正日が白頭山小白水谷の丸太小屋で生まれ、翌四三年三月中旬、再度そこを訪れた金日成とともに沿海州に発ったと証言している。

金日成の伝令兵だった金益賢は「一九四二年初頭から白頭山密営で生活するようになった」、二月一六日の朝に金正日が生まれたとの報せを耳にし、近くにいた隊員がみな丸太小屋の前に集まっていたのを鮮明に記憶している、と証言した。(6)

金日成と金正淑の結婚式に参加した朴正淑《パクチョンスク》は、金正淑の足どりに関して「一九四〇年以降小部隊で活動していた頃、金正淑同志は白頭山密営におられましたが、その密営で一九四二年二月一六日に親愛なる指導者同志がお生まれになった。そのとき通信員からその話を伝え聞いて、みなで喜んだのを思い出します。翌四三年に赤ん坊が一歳くらいになったので、正淑同志は赤ん坊を抱いてソ連のハバロフスク近くの北密営（八八旅団があったヴァーツコエを指す）にも行かれ、軍団を行き来しながら活動なさったのです」と証言した。(7)

崔光も、一九四三年の春に金日成とともに白頭山密営に到着し、金正日に会ったと回顧している。(8)この点では申敬完も例外ではない。

「金正日は白頭山将帥峰の下にあった密営で生まれたと理解している。金正日が生まれるとき産婆役だった金明花、ヨム・ポベらの革命第一世代は、すでに久しい以前からその事実をうちあけていた。一九七〇年代半ば頃、業務のうえで金明花ハルモニとしばしば会っていた。彼女は自分の外孫（金日成社会主義青年同盟第一書記を務めた李日煥《リーイルファン》）を連れて対南連絡部傘下の特別招待所に出向き、そこでしばしば家事を手伝っていた。金明花が聞かせてくれたところによれば、金正淑は一九四〇年にソ連国境を越え沿海州地域に入ったが、翌四一年ふたたび満州地域に向かい、一九四三年の初めまで白頭山地域で活動しソ連の地に戻ってきた。」

もとより北朝鮮側生存者の証言を、額面通りに受け入れることはできない。金正日が白頭山密営で生まれたとする北朝鮮の主張が、結局のところ「創られた神話」なのか、それとも韓国側の主張が「誤った推論」であるかは、今後解明されるべき部分である。ただ金正日の「ソ連出生説」が説得力をもつためには、正確な証言や文献に裏打ちされる必要がある。

これまでマスコミや学界で示されてきた李在徳や金善《キムソン》の証言には、中国の公式文献と一致しない部分が多いためである。この点では、もはや古びた偏見は排除されなければならない。一例をあげれば、黄長燁は北朝鮮で発見されたという「スローガンを記した木」の存在を否定する。(9) しかし中国側から白頭山に登った観光客であれば、「スローガンの木」が北朝鮮側にだけあるのではなく、白頭山北側の中国地域にも実在する事実を理解できるにちがいない。スローガンの木に刻まれた字句を北朝鮮が捏造したものとする主張は可能かもしれないが、スローガンの木の存在自体を否定することも、また新たな偏見や歪曲にほかならないであろう。

もとより出生地が白頭山であれソ連であれ、金正日がヴャーツコエの幕舎で乳呑児の時期を過ごしたことは明白な事実である。ソ連の地にいるあいだ、幼い金正日は「ユーラ」という愛称で呼ばれた。解放後金正日の世話をした姜吉福《カンギルボク》は、文明子とのインタヴューでこう語っている。

「わたしがオモニ（金正淑）からお聞きしたところによると、親愛なる指導者同志が白頭山密営で生まれたとき、お二人の名前から一字ずつをとって正日《ジョンイル》と名づけたのだそうです。その後ソ連領内に出入りするようになり、兄弟の名をユーラ、シューラと呼んでいたのです。解放後オモニが正日と呼ぶようにとおっしゃっても、周りではついユーラと口に出るので、その後もユーラと呼ばれることが多く、オモニはご心配なさっていました。オモニが亡くなられたのち、首領様が正日と呼ぶよう強くおっしゃったのです。それでユーラと正日が半々くらいになり、朝鮮戦争が終わって、ようやくみなから正日と呼ばれるようになったのです。[10]」

軍隊で過ごした幼年期が人格形成に影響

金正日が金日成と金正淑という抗日遊撃隊夫婦の息子として「密営」で誕生し、兵士らに囲まれて幼年期を過ごした事実は、彼の人格形成に重大な影響を及ぼしたことだけは確かである。申敬完はこう証言する。

「金正日は粗末で何もない兵営で成長したが、金日成の遊撃隊仲間の献身的な世話を受け、兵営に備わる篤い義理と、困難のなかでも一丸となって闘う遊撃隊式家族主義の空気を吸って育ったといえよう。[11]」

幼い金正日は、金日成の護衛兵や伝令兵だった全文燮《チョンムンソプ》や趙明禄《チョーミョンノク》、白鶴林の背に負われて育った。金正日に対する彼らの世話は徹底したものだった。金正日は周囲の人間や事物を認識しはじめた瞬間から、結束力の強い父の仲間たちの愛に包まれて成長した。荒涼たる前線で生まれた金正日は、劣悪な環境にある兵士らにとって癒しであるとともに希望でもある一方、またいじらしくもあり、いっそう真心のこもった世話を受けた。十代のいまだ幼い年頃で闘いの地に身を投じた彼らは、故郷の弟や甥たちを思い浮かべながら、金正日に真心を込めて接したのだ。」

この時期の金正日について、金日成は次のように回想している。

「金正日は幼年時代から軍隊を慕い、軍人の世界にあこがれました。それでわたしの戦友たちは、彼と会えばまず軍帽をかぶせてやったものです。（中略）白頭密営とは違って極東（沿海州）にいたときは、部隊がわたしの家の近くに位置していたので、訓練の余暇や休息の日には多くの隊員がわたしの家を訪ね、金正日を抱きとって、あんよをさせ、肩車をしたり歌を教えたりしました。（中略）パルチザンの息子に生まれ、砲煙にくすんだ服を着、軍糧を食べ、突撃の号令を聞きながら育った彼の人生は、最初から並のものではありませんでした。[12]」

申敬完は、遊撃隊員と金正日とのあいだに形成された人間的な絆が、一九七〇年代に金正日が後継者に選ばれるにあたって、決定的な要因として作用したと証言する。

「金正日は、父親の部下であり仲間でもある彼らに対して、感謝の心を忘れることのできない立場にあった。彼が後継者と目され権力の頂点に立つようになる過程で、遊撃隊第一世代の役割は決定的だった。金正日もまた彼らを信頼し、丁重に遇してきた。一身を投げうってでも金日成を守るほどに忠誠を捧げてきた遊撃隊第一世代は、その忠誠をそっくり自分たちが背に負い育てた金正日に捧げている。血族や家族主義に近いとも言えるほど、遊撃隊第一世代との結びつきは、金正日の権力と運命を決定づける重要な要素となっている。」

金日成は、護衛司令官を務めた李乙雪元帥を例にあげた。

「解放後、彼が副官を務めていたころ、朝早く起きては警備状態を巡察し、わたしの家の台所で金正日と一緒に朝食を取っていた姿が目に浮かびます。それくらい、李乙雪は幼い金正日と親しかったのです。わたしが現地指導に出かけるたびに、李乙雪は車のなかで金正日を側に座らせたものです。彼は金正日をいつもよく理解し、いたわりました。（中略）

金正日がなぜいまも李乙雪を信頼し、ありがたく思っているのか。それは母の死後、李乙雪が副官長のころ、自分をあたたかく見守ってくれたからです。（中略）ありし日の母をしのびながら幼年時代をさびしく送っていたとき、父母や親戚に代わって彼に肉親の情をそそいでくれたのが、ほかでもない李乙雪のようなわたしの戦友たちでした。(13)」

要するに金正日は、出生から幼年期にかけてのほとんどを軍に関わる環境で育ったといっても過言ではない。こうした条件は、彼に遊撃隊式生活方式とものごとに屈しない強い性格を形成させたが、その一方で、困難のなかにあってなおいっそう結束を強める遊撃隊第一世代という人的資源をもたらした。金正日が金日成主席の死後「先代革命元老」の優遇を標榜したのも、こうした人間関係の延長線上にあるといえよう。

混沌のさなかのピョンヤン入城

一九四五年九月一九日、元山から秘密裏に上陸した金日成は、翌日列車で元山を出発し二二日ピョンヤンに到着した。以後金日成は、ソ連軍の積極的な支援を受けつつ迅速に権力を掌握していく。ソ連の指導者らは、すでに一九三〇年代半ばから金日成と抗日遊撃隊の存在を掴んでいた。申敬完は、金日成が解放以前二度にわたってモスクワを訪れた経験があると語った。

「金日成は一九四四年と四五年の初めに、それぞれ二〜三カ月間モスクワに滞在したことがあった。この事実についていては、具体的な内容が不明だったことから、北朝鮮でも金日成がモスクワ大学を卒業したとか、軍事大学を出た、独ソ戦に参加した、祖国解放のためにモスクワ方面で落下傘の教育を受け、ハバロフスクの密営（金日成など抗日遊撃隊出身者は、これを八八軍官学校、八八野営学校、オケヤンスカヤ密営、極東訓練基地などと呼び、ソ連人は八八特別旅団、中国人は教導旅と称していたとされる）に戻って降下訓練をさせた、などの噂が広まった。これらの噂の当否について、金日成は一切言及しなかった。

一九六一年八月、ある者が林春秋《リムチュンチュ》に向かって「首相同志（当時金日成をこう呼んでいた）がソ連の軍事大学を卒業なさったというのは確かですか」と質問したとき、金日成と遊撃隊闘争をともに闘った林春秋はこう説明した。「軍事大学を出たことはない。しかし一九四四年と四五年の

1947年頃、左から金正淑、金正日、金慶姫、金日成、金平日（1948年に死去）

初めに、モスクワに行ったことはある。当時ハバロフスクで一緒だった中国人指導者の周保中とモスクワに行き、どちらも二〜三カ月滞在したことがあった。この話が誤って伝わったようだ。その頃はソ連軍の攻勢が始まり、東欧解放戦争が課題として登場していた時期だったので、ポーランドはじめ東欧弱小民族共産主義者の熱誠者大会がモスクワで開かれた。この集まりに参加するため、首相同志がモスクワに行ったのだ。しかしそのときモスクワでいかなる教育を受けたかは、同行していなかった私には知るすべがない。」

林春秋の言葉を通して、初めて金日成がモスクワに行った事実が知らされた。北朝鮮ではこれについて、公式にはなんの論評もしていない。しかし解放前に金日成がソ連に行き、ソ連共産党と関係を持ったことは明白だ。」

満三歳で帰国の途へ

中国には、当時周保中と金日成を駅まで送って行った周保中の運転手、劉義権が一九九〇年代中頃まで生存していた。当時ソ連の最高指導者だったスターリンも、金日成の存在について情報を得ていた。北朝鮮は金日成回顧録『世紀とともに』第八巻で、金日成が一九四五年ソ連軍の対日参戦直前にモスクワを秘密裏に訪れ、解放後の北朝鮮政治に深く関与したソ連軍の主要な指導者らと親交を結んだ事実を、初めて明らかにした。

「従来、国際連合軍（八八旅団を意味する）は第二極東戦線軍に属して軍事作戦をおこなうことになっていましたが、朝鮮人民革命軍部隊は主として第一極東戦線軍と連携していました。ソ連極東軍総司令部の発足後わたしは、第一極東戦線軍司令官メレツコフ、軍事委員スチコフと頻繁に会いました。第二五集団軍司令官チスチャコフや集団軍指揮官レベゼフとも親交を結びました。彼らは対日作戦の開始とともに部隊を率いて朝鮮へ進出することになっていました。

ソ連極東軍総司令部の所在地はハバロフスクでした。わたしはハバロフスクを行き来しながらワシレーフスキー（ソ連極東軍総司令官）ともなじみ、マリノーフスキー（ザバイカル戦線軍司令官）とも親しくなりました。[14]」

「対日作戦をひかえたある日、わたしは連合軍指揮官たちと一緒にモスクワへ行きました。ソ連軍総参謀部が催した会議に出席してみると、メレツコフやスチコフをはじめ対日作戦に関連のある各戦線司令部の責任幹部がみな集まっていました。（中略）

わたしはモスクワでジューコフとも会いました。当時彼はドイツ占領ソ連軍総司令官兼ドイツ

管理監督理事会のソ連側代表でした。（中略）
ソ連の人たちは心からわれわれを厚くもてなしてくれました。それは外交的慣例を越えた特別な歓待でした。われわれはモスクワ滞在中、レーニン廟を参観し、歴史博物館にも行ってみました。（中略）
数日後、彼らはわれわれをジュダノフのもとへ案内しました。当時、ジュダノフはソ連共産党中央委員会政治局員兼書記を務めていました。（中略）彼は、スターリンやスチコフから朝鮮のパルチザン金日成のことをいろいろと聞いていたが、思っていたよりもずっと若く見えてうれしい、と言いました。彼によれば、スターリンもわれわれの活動に格別の関心を寄せているとのことでした。（中略）
ジュダノフはわたしとの話し合いの内容をスターリンに報告すると言いました。わたしは、その後もジュダノフと何度か会い、親交を深めました。
メレツコフもスターリンにわたしのことをいろいろと話したようです。（中略）
ジュダノフとの会見を終えたわたしは、スチコフと一緒に極東にもどりました。[15]」

この回想をそのまま受けとるのは困難だとしても、金日成が解放以前にジダーノフをはじめとするソ連共産党最高指導部とソ連極東軍の最高幹部らに会ったという事実は、まことに重大な意味を含んでいる。一九四六年に金日成が朝鮮共産党党首の朴憲永とともに秘密裏にモスクワを訪問し、スターリンとジダーノフに会見したと知られているが、これよりはるか以前に、金日成はソ連の党と軍の指導者に広く知られていたのである。解放後ソ連軍が金日成の活動を積極的に支援したのは、その意味では当然の帰結であった。

一九四五年九月二二日午前、ピョンヤンに到着した金日成は、ともに入北した遊撃隊の仲間を北朝鮮各地へ派遣して情勢の把握と共産党組織の掌握に努め、自身はピョンヤンで主導権の確保に奔走した。金日成は「わたしも平壌《ピョンヤン》入りした翌日から戦友たちとともに、建党、建国、建軍の三大課題の遂行にとり組みました」と回顧している。

その結果、一〇月五日の予備会談を経て一九四五年一〇月一〇日から「西北五道党代表者ならびに熱誠者会議」が開催され、一〇月一三日朝鮮共産党北朝鮮分局が設置された。責任書記は金溶範《キムヨンボム》であった。金日成は執行委員にすぎなかったが、彼が共産党権力の実際の中心であることは漸次明らかになっていった。翌一〇月一四日平壌公設運動場で「金日成将軍歓迎平壌市民大会」が開催された。これを契機に金日成は、大衆的基盤と権力基盤を固めることができた。このときになって初めて金日成は、金正淑と息子金正日に戻ってくるよう連絡を送った。

帰国した金正日

金正日は一九四五年一一月末、ソ連のウラジヴォストークから軍艦に乗り、母金正淑とともに咸鏡北道雄基《ウンギ》（いまの先鋒《ソンボン》）港に入港した。一行はソ連から最後に帰国する遊撃隊女性隊員で構成されていた。金日成の護衛・伝令兵だった全文燮と趙明祿の背に負われ雄基港に降りた金正日は、満三歳であった。

しかし金正日は、すぐにピョンヤンに入ることはできなかった。当時金日成は建党・建国・建軍作業に追われ、息子金正日はじめ家族を迎え入れる余裕がなかったためである。金正淑は入国後おもに清津で活動した。金正日がピョンヤンに入ったのは、一九四五年一二月一七日の北朝鮮共産党第三回拡大執行委員会で金日成が責任書記に選出された直後であった。この拡大執行委員会で国内派共産主義者を制圧した金日成は、ようやく一息ついたところだったのである。帰国後の金正日について、申敬完はこう語った。

「帰国した金正日は、咸鏡北道清津などで四〇余日を過ごした。むろんともに入国した遊撃隊員らと一緒だった。ソ連軍衛戍司令部で生活しながら、金正日は遊撃隊員の背に負われ清津一帯の農村と工場を歩き回った。当時は解放直後の急転回する情勢の下、地方の共産党や政府機関が創られはじめた頃だった。」

人生に最も影響を与えた生母、金正淑

満四歳になった一九四六年、金正日はピョンヤンの南山峠《ナムサン》にある高官の子弟専用の南山幼稚園に通いはじめた。まず申敬完の回顧からみることにしよう。

「金正日の入園当時の担任は、日帝時代に平壌師範学校を卒業し国民学校の教諭をしていたファン・スッキという女性だった。しかし金正日は活発にすぎ、園長とファン教諭の手には負えなかった。そのため金日成大学特設学部を卒業した全今仙《チョングムソン》が、代わって金正日を受け持った。全今仙は誠心誠意金正日の面倒を見て、金日成夫妻を喜ばせた。このため彼女は、のちに人民武力部長を

務める呉振宇の夫人となり、政務院普通教育部長に昇進して金正日偶像化作業の先頭に立った。

彼女はどんな席でも「金正日指導者同志におかれては、幼稚園児の頃から抜きん出た聡明さと、度胸と知恵とを備えておられた」と口にしていた。さらに彼女は「指導者同志は幼稚園の教諭たちを思いもよらない質問でたびたび立ち往生させる一方、秀でた統率力で園児たちを思い通りに動かす隊長役だった」と、常に金正日への賞賛を忘れなかった。

厳格だった生母金正淑

金正日は一九四八年九月、幼稚園高級班課程を終え南山人民学校に入学した。

南山人民学校は、労働党・政務院・民族保衛省など、中央機関の高級官僚の子弟を特別に教育する学校であった。金正日はそのなかの、最高位級幹部の子弟だけで編成された特別学級で学んだ。金日成総合大学師範学科を出たキム・ヨンシルが彼の担任であった。

生母の金正淑は、金正日を深く愛しながらも、まことに厳しく育てた。申敬完があげた逸話を一つ紹介する。

「金正日が南山人民学校に通っていたとき、ある日教師の話を聞かずそのまま家に駆け戻ってきたことがあった。そのとき金正淑は木の枝で金正日のふくらはぎを叩きながら、父親が公人であればなおのこと自分の行動には注意するよう、厳しく言い聞かせた話が広く知られている。」

金正淑は、金日成が現地指導に出かける際には金正日を連れて行き、人民に対してとるべき態度と考えを学ばせた。普通江の改修工事現場やピョンヤン近郊にある美林田野《ミリムボル》の田植え作業などの労力動員現場にも、金正淑は金正日を連れ出した。幼い金正日の世話をしていた姜吉福は、次のように証言した。

「当時お母様（金正淑）におかれては、家事を済ませてはいつも工場や農村に通って実情を把握し、首領様に報告なさっておられましたが、そのときには必ず私と親愛なる同志を連れてお行きでした。一九四七年に製糸工場に行ったときのことです。お母様が親愛なる同志に、女性労働者たちの指がひび割れ、血が滲んでいるのを仔細に見せておられました。また、お母様が親愛なる同志の机に鼓《チャング》を置かれたことをよく憶えています。親愛なる同志がご自分で工夫なさって、鼓を打ちながらあれこれ尋ねられるのに答えておいでしたが、いま考えると、お母様は芸術分野にも明るくておられたようです(16)。」

申敬完もこれと似た証言を行なった。

「遊撃隊員たちの細やかな教育と真心は、幼い日の金正日に急速な精神的成長を促した基本的な要因といえよう。彼が成長した時代と社会の環境がそれほどまでに非常なものだったために、人並みすぐれて感受性の強かった金正日は、他のどんな少年よりも強烈かつ深刻に時代の影響を受けてきたのだ。」

弟と生母の相次ぐ死

金正日が南山人民学校人民班に入学した一九四八年、弟の金平日が首相官邸の池に落ちて亡くなる事故が起きた(17)。さらにその翌年、金正日は母親を突然失う痛みを経験することになった。一九四九年九月二二日、南山病院の特別病室で、金正淑が出産中に死亡したのである。多量の出血によるものであった。ちょっと病院まで出かけてくると家を出た金正淑だったが、永遠に生きて病院を出ることはかなわなかった。金正淑は、崔庸健・金一・金策《キムチェク》ら遊撃隊の仲間に囲まれ、永眠した。申敬完が、労働党中央委員会社会部の指導員として活動をはじめた頃であった。

「そのとき金正淑は、崔庸健ら一人一人の手をとって、自分が死んだ後の息子の教育を委ねた。彼女は金正日を、将軍様にしたがってわれら遊撃隊の革命偉業を代を継いで継承・完成し花開かせる、熱烈な革命家に育て上げてほしいと言い遺したのち、目を閉じた。金策・金一・崔庸健らは、葬儀の際に金正淑の棺の前で「同志的絆で遺言を守り、金日成将軍の革命偉業を代を継いで継承し完成する、立派な共産主義革命家、革命偉業の継承者、後継者に育て上げる」と誓った。」

葬儀の際に、崔庸健が追悼の辞を通して「同志的絆と義務感を持って金正日を育てると誓った」とする逸話はよく知られている。北朝鮮は、金正淑の死後金日成が「金正淑同務《トンム》は、私に対する忠実性がこのうえなく高い同務でした。彼女がなしたことがらは、すべてみな同志のためのものであり、自分のためのものは何一つとしてありませんでした。わたしは彼女がほんの一日でも、十分に食べ、いい服を着て、安らかに暮らせていたならと思います。一生苦労ばかりさせながら先に見送ることになったのは、最も胸の痛むことです」と語ったと宣伝している。母親の突然の死は幼い金正日に大きな衝撃を与えた。姜吉福は、当時金正日が悲しみに耐えようとした姿を次のように証言した。

「お母様が亡くなられたとき、親愛なる同志は八歳で、慶姫同志は三歳でした。慶姫同志が母を求めて泣くと、親愛なる同志が「慶姫や、泣くな、お父様の前で泣いてどうするんだ」となだめ、わたしたちにも「慶姫が泣けばお父様もお辛くなるから、慶姫の前では涙を見せないで」と何度も頼まれ、わたしも泣きたくても泣くことができませんでした。そう言いながらご自分は、自室で一人泣いておられたのです。わたしが行って「妹さんに見られたらどうなさるのですか」と申したら、涙をそっと拭っておられました。親愛なる同志は、父親や妹の前で涙を見せぬよう、一人泣いておられたのです。(18)」

幼時に経験したこれらの出来事が、金正日の性格形成にどのような影響を与えたかは明らかではない。ただ韓国のマスコミは、このときから金正日の性格がゆがみはじめたとやらの、否定的な影響をおもにとりあげている。

しかし、金正日が金正淑の死後親戚の家に引きとられたという一部の報道は、事実とは異なる。金正淑が亡くなったのち、金日成が起居する首相官邸での暮らしは、のちに金日成の二番目の妻となる金聖愛と、小説『林巨正《リムコッチョン》』で名高い洪命《ホンミョン》熹《ヒ》の娘ホン・ギヨンが担当した。金正日はおもにホン・ギヨンの世話を受けた。

いずれにせよ、金正淑が亡くなったのちに金正日がしばらく戸惑いの日々を送ったことは事実であろう。以下は申敬完の目撃談である。

「母親と弟の死は、金正日の心に深い傷を負わせた。孤独と悲しみに沈む金正日は、かなりのあいだ元気をなくして周囲の人々を不憫がらせた。遊撃隊出身の金明花、黄順姫、崔仁徳《チェインドク》、全文燮、白鶴林らが金正日に言い聞かせて慰めたが、彼の気分を変えることはできなかった。

私も幾度か目にしたことだが、金正淑が亡くなってからは、金正日は妹慶姫の手をとって幼稚園まで付き添い、人民学校の授業が終わるとふたたび慶姫を連れて家へと戻った。この光景を目にして、当時多くのピョンヤン市民が涙を流した。」

一九五〇年六月二五日に朝鮮戦争が勃発すると、金正日は叔父の金英柱にともなわれて慈江道の江《カン》界《ゲ》、満浦《マンポ》、さらには中国の吉林市郊外へと避難した。金正日の避難生活には、担任のキム・ヨンシルと首相官邸での暮らしをみていたホン・ギヨン、姜吉福が同行した。その後金正日の一行は慈江道の将子山《チャンジャサン》へと移動し、一九五二年春、戦線が膠着状態に陥るとピョンヤンへと戻ってきた。ピョンヤン近郊の最高司令部で金日成と五〇余日をともに過ごしたのち、一九五二年一一月二二日、金正日は万景台《マンギョンデ》革命家遺児学院四学年に編入した。

のちに金正日は「人が数十年かけても得られないほどの最も高貴なものを、私はその戦火の炎のなかで体得することができた」と語っている(19)。戦争の砲火が止んでいくらもたたない一九五三年九月一日、金正日は平安南道勝湖《スンホ》郡三石《サムソク》人民学校五学年に転入し、その後一九五四年二月ピョンヤン第四人民学校五学年に移った。

回復不能な関係に

この頃の金日成の再婚は、金正日にとって大きな衝撃であった。母親金正淑の仕事を手伝っていた金聖愛が、ある朝にわかに新しい母親になったのだから、それも無理からぬことといえよう。申敬完は、金聖愛が首相官邸のタイピストをしていたとか、一九五〇年代後半ないしは六〇年代の初めに再婚したとする通説を強く否定した。

「金聖愛は農民の娘に生まれ、高級中学校を終えて一九四七年頃人民軍に入隊した。入隊後金聖愛は最高司令部の無線手として勤務し、しばらく後に金日成首相官邸の電話交換手に抜擢された。ここで彼女は金正日の生母金正淑の目にとまり、首相官邸の責任交換手をしながら官邸の生活まで管理するようになる。とりわけ金正淑が亡くなったのちは、洪命熹の娘のホン・ギヨンとともに、首相官邸のあらゆる仕事を引き受けていた。

戦争が勃発したのち、金聖愛は引き続き最高司令部での暮らしを担当した。そのうち戦争が一定程度膠着状態に陥ると、金日成の家庭の切り盛りをする主婦が必要だという主張が、崔庸健・金一ら抗日遊撃隊元幹部のあいだで提起された。断り続けていた金日成を説得し、承諾を得て、彼らは人選を開始した。基本的には円満な性格と、首相官邸の生活をよく知る人物が優先視された。

そうしてみると、結局名前があがっていた多くの候補者のなかから、これまで首相官邸の暮らしをみてきた金聖愛とホン・ギヨンが推された。このとき洪命熹が、自分の娘は首相を補佐するにはまだ力不足であり、金聖愛が適任だと強く主張した。そこで金聖愛が選ばれ、きわめて限られた範囲の政治局員と軍幹部らが参席するなか、こぢんまりとした結婚式が執り行なわれた。一九五二年の秋頃だった。」

一部の学者は、金日成と金聖愛が一九五六年に再婚したと主張している。いつ公開されたかにもよるが、二人の子供の金敬珍《キムギョンジン》と金平一がそれぞれ一九五三年と一九五四年に生まれたことからすれば、一九五二年頃に二人は事実上結婚したものとみて無理はない。金正日は、自宅の電話交換手を務めながら生母の雑用を手伝っていた、年齢も自分と一回りほどしか違わない金聖愛が継母になると、彼女を母とは呼ばなかった。党中央委員の朴正愛《パクチョンエ》はじめ、金明花、黄順姫、朴正淑らかつて金正淑と親しかった抗日遊撃隊の人々がいくらとりなしても、頑として聞かなかったという。

金正日は一九五三年に叔父の金英柱が結婚すると、おもに金英柱の自宅から学校に通い、呉克烈、呉振宇らの家を転々とした。金聖愛と金正日との関係について、申敬完はこう語った。

「金聖愛と金正日の関係は円満ではなかった。第一に、年齢的にみて一四歳ほどしか違わなかった。初対面の際の特殊性に負うところが大きいと考えられる。金聖愛は軍に入隊すると通信隊に勤務し、最高司令部総参謀部の無線手、首相交換室、さらには首相専任交換手を務め、このとき以来首相官邸に出入りするようになった。当時金正日は六歳で、金聖愛は母親の秘書のような立場だった。金正日にとっては姉とも言うべき存在だったのだ。

それが十歳になった年に、にわかに継母として登場した。知らぬ間柄ではなかったため、一方ではよい面もありはしたが、金正日にしてみればいっそう好ましからぬ面も存在した。姉が突如母親になったようなものだ。金正日は継母のもとで育つことなく、戦争のあいだは姜吉福とホン・ギヨンに育てられた。

結婚直後金聖愛に子供ができた。一九五二年秋頃に結婚し、一九五三年末に最初の娘敬珍を生んだ。翌一九五四年には平一が生まれた。

金聖愛と金正日の妹慶姫とは、さらに仲がよくなかった。慶姫は最初から金聖愛を母と呼ばなかった。慶姫は金聖愛の娘の敬珍といくらも歳が違わなかったので一緒に育てられた。もとより金聖愛が二人を同じように扱ったとしても、寂しさはつのる習いだ。弁当を包むときにも、おかずに差をつけているという噂が一部の大人たちのあいだで流れた。慶姫が幼稚園に行くときも、金正日が手を引いて通った。異母兄弟のあいだでいさかいが起これば、等しくたしなめてはいるつもりでも不満が残らざるをえなかった。

ここに家庭不和の生じる素地があった。慶姫と金正日は金英柱に何度も訴えた。金英柱は朝鮮戦争の時期に結婚していたが、彼の家にしばしば足を向けた。母親と一緒に活動していた金玉順（崔光夫人）や朴正淑の家にもしきりに出入りした。継母の金聖愛よりも、ソ連にいるときから面倒を見てくれていた人々との関係のほうが、はるかに心地よかったのだ。金正日は何日か外泊して戻ることさえあった。

金正日は成長するにしたがい、父親が気分をそこねないよう意識的に母《オモニ》という呼称を使った。しかし慶姫は、最後まで母と呼ぶことはなかった。ご飯を用意しても手をつけず、自分でこしらえて食べた。慶姫の結婚式の際も、金聖愛はほとんど口出しできなかった。

慶姫は張成澤とともにモスクワ大学に留学し、一九七二年金日成の六〇歳の誕生日を前にして帰国した。二人の出迎えに、両家の親族が揃ってピョンヤン駅の停車場に集まった。しかし列車から降りた慶姫は、万景台から出てきた遠縁の老婦人たちには懐かしげに挨拶を尽くしながら、金聖愛には一瞥もくれず立ち去った。」

金日成の還暦祝いの宴で起きた出来事は、金慶姫と金聖愛との関係を如実に物語るものであった。同席していた申敬完の目撃談である。

「慶姫は、金日成の還暦祝いの宴を涙の海に変えてしまった。会場は遊撃隊の仲間たち、党中央委員会幹部、軍の高位幹部らで賑わっており、朝鮮式にお辞儀をし献杯も行なっていた。しばらくして家族の番になり、慶姫が金日成に酒を注いでお辞儀を済ませたのち、突如声をあげて激しく泣き出した。「どうしたのか」と尋ねると、「亡くなったお母様は、この光景を目にすることなくお逝きになった」というのだ。そして「母さん、母さん」と呼びながら、その場でひたすら慟哭し続けるのだった。

金正淑と遊撃隊をともに闘った婦人たちもまた、「正淑！」と叫んで嗚咽した。すると崔庸健・金一はじめ元遊撃隊員らも相次いで落涙した。かくして宴会場は完全に嘆きの海と化したのだ。金正日が言い聞かせようとすると、慶姫は宴会場を走り出た。後を追った金正日がなんとかなだめて落ち着かせたのだった。いまもその場面がありありと目に浮かぶ。金慶姫が露骨にも、実の母が祝いの席におらず別の女性がその座を占めていることに、不満をぶつけたのだった。

金正日は分別をおぼえるにしたがい、家庭と父親のために金聖愛との円満な関係を維持しようと努めた。また成長するにつれて衝突することもなくなっていった。ところが一九七〇年代初頭、金聖愛が民主女性同盟委員長になって母親風を吹かせはじめると、二人はもはや回復しようのない間柄となってしまった。」

後継者教育を受けた学生時代

金正日は一九五四年九月一日、ピョンヤン第一中学校に入学した。北朝鮮は、金正日がこの時期に万景台と七谷《チルゴル》革命史跡地の参観を組織（一九五五年四月）し、普天堡、三池淵《サムジヨン》はじめ白頭山一帯の革命戦跡地を踏査（一九五六年六月）して「白頭山革命戦跡地踏査行軍の道」を切り開いたと宣伝する。

一九五七年九月一日、金正日はピョンヤンの南山高級中学校に入学した。北朝鮮の金正日に関する伝記は、例外なく彼の学業成績が全課程・全科目において最優等であり、彼が学生のあいだで卓越した指導力を発揮したと記している(20)。

しかし、いまだこの宣伝の真偽を明らかにするだけの資料や証言はない(21)。申敬完は「北朝鮮の宣伝が過剰に包装されているとはいえ、金正日が政治・経済・文学・芸術・軍事など多方面にわたって学ぶとともに、ピョンヤン市内の復旧建設、協同農場の秋の収穫作業などに参加したのは事実」であると証言した。

高級中学校時代、金日成について海外を歴訪

このときから金正日は、社会科学分野についての課外学習を受けた。また労働党中央委員会全員会

議をはじめ、党・政・軍の大規模な政治的行事と会議にもれなく参加し、会議の進行状況を傍聴した。北朝鮮は、金正日が一九五八年に一万戸の住居建設のための部材生産、大同江遊歩道の建設工事作業、一九五九年のピョンヤン学生少年宮殿建設、大同江護岸工事に学生らとともに加わったと宣伝している。

南山高級中学校に進学した金正日は、そこで民主青年同盟副委員長（当時委員長は教員）を務め、一九六〇年七月に卒業した[22]。

金正日が学校に通うあいだ、金日成と遊撃隊のかつての仲間たちは、彼に対して特別の配慮をみせた。市内の名高い教師を別途依頼し、さらに家政婦の世話までして、彼に自宅での特別教育を施したのである。当時労働党組織部の指導員をしていた叔父の金英柱が、毎日のように訪れて金正日の面倒をみた。金日成は、金正日が中学二年のときから学科や趣味に応じて家庭教師を配し、学業と趣味の生活に専念させていた。金正日に対する周囲の特別な配慮についての、申敬完の証言である。

「金日成の遊撃隊時代の仲間である金一・崔庸健・呉白龍・崔賢・呉振宇・金光侠らは、金正日が継母金聖愛の陰で萎縮したりひねくれたりしないよう、額を突き合わせて話し合った。彼らは専門家と家庭教師に、金正日をしっかり指導するよう命じた。熱誠を注ぎこむ遊撃隊出身者らは、金正日が中学生の頃から彼を地方出張に連れ出し、党の事業を参観させて、国家を運営する様子を何度も見せた。」

彼らが示したこのうえない配慮は、金正日の生母であり、抗日遊撃隊以来の同志でもある金正淑の

金日成主席と散歩する金日成総合大学生当時の金正日

遺言によるものであった。彼ら遊撃隊第一世代は、その後も金正淑との約束を守るために、あるいは権力者たる金日成につきしたがうべく、金正日に惜しみなく誠意を注ぎこんだのである。金正日もまた、そのような彼らから肉親以上の情を感じざるをえなかった。生母に対する情愛が格別深かった金正日は、これからは二度と出産で命を失うことのないようにすると誓ったという。これを契機として、いま北朝鮮が誇るピョンヤン産院がつくられた。

この時期に金正日は何度か海外に出かけている。中学三年のときには金日成の東欧共産諸国歴訪に同行した。金正日が「東独に留学した」とか「モスクワ大学で学んだ」とかの噂は、まさしく金正日の高級中学校時代の海外旅行から生じた話である。

一九五九年にモスクワで開かれたソ連共産党第二一回大会に参加したとき、金正日に初めて対面した黄長燁の回想を聞いてみよう。

「一九五九年一月、私は金日成に随行して、ソ連共産党第二一回大会に参加するためモスクワに赴いた。当時金正日は高級中学校の最上級生だったが、われわれに同行していた。私は、金正日が父親金日成について中央党庁舎にやってくるのを何度か目にしたことはあったが、直接顔を合わせるのは初めてだった。

金正日は、私が金日成総合大学の教授をしていたことを知って、格別の好感をもって接したし、私もまた彼を指導者の息子として暖かくもてなしながら、よい関係をたもつよう努めた。金正日は賢く、好奇心旺盛で、私に大学の学科内容についてあれこれ多くの質問をぶつけてきた。[23]」

このときすでに金正日は、金日成の護衛や健康上の問題について関与しはじめていた。黄長燁の回想を続ける。

「彼は父親に仕えることに特別な関心を寄せた。毎朝父親が出かけるとき、脇で支えるかと思えば、靴を履かせもした。（中略）金日成は息子に支えられると、おおいに満足げな様子だった。夕方金日成が戻ると、金正日は副官や医師、看護員ら随行員を集め、その日の出来事について報告を受け、あれこれ指示を繰り返した。金日成に随行した代表団のなかには政治局員も多かったのに、金正日が自ら口を出して副官や随行員らに具体的に任務を指示するのは、常識を超えた行動だった。

ある日、金正日がソ連の農工業展覧館に行きたいというので、彼を連れて行ったのだが、技術的な問題をしきりに質問してきて、通訳するのに骨が折れた。そこで私は、どうしてそんなに技術に関心が強いのかと尋ねた。すると彼はこう答えた。「父が関心を寄せている問題だからです。[24]」

北朝鮮は、当時金正日があたかも本の虫さながらに広範囲な分野の書物を読みふけっていたと宣伝する。一九五八年一一月一五日、労働党国際部の課長だった許錟は、金正日の自宅に行って書斎をのぞいたときのことをこう回想している。

「本棚には『金日成選集』はじめ、首領様の古典的労作が部門別にきちんと収まっていた。また古典とされる名作はもとより、哲学・経済学・歴史学・語学・法学などの社会科学書と軍事関連書籍、機械・金属・石炭・電気・化学分野の自然科学書と技術書、文芸書、さらには児童書までがジャンル別に区分され、さらに内容別に体系づけて整理してあった。とはいえ、どの書棚も本の背がきれいに揃ってはおらず、でこぼこに相前後して挿しこんであった。それ以外にも、部屋の片側には『労働新聞』はじめ国内の各新聞と雑誌、国際情勢の諸資料が整然と並んでいた。[25]」

申敬完も「金正日はたいへんな読書家」と証言

許錟は、書斎で見た書物のうち記憶に残っているものとして『史的唯物論に関する手紙』、『資本論』、『共産主義における「左翼」小児病』、『中国共産党第八回全国代表大会主要文献集』、『物質と意識は互いにいかなる関係にあるか』、『社会主義経済建設のためのわが党の基本路線』、『今日と明日の科学と技術』、『中国新民主主義革命史』、『アメリカ政治史概要』、『母と子』、『基本建設便覧』、『原子及び化学兵器とそれからの防衛』、『稲の栽培』、『都市の緑化をどう進めるか』、『朝鮮の民間娯楽』、『蹴球競技審判法』、『海のなかの宮殿』などをあげている。

この証言が事実であれば、金正日は学生時代にきわめて多様な分野の書物を読んでいたことになる。申敬完は、金正日が一九七〇年前後にとてつもない量の読書をしたと、自らの体験談を披露した。

「一九六〇年代末、北朝鮮は三号庁舎に大規模な図書館を新設し、対南・資本主義圏の資料を集中させた。当時私は、対南・資本主義国家の図書と資料を統括する仕事をしていた。一九七一年五月三日と記憶している。その日の午前、図書閲覧員が駆けこんできて、首相の息子がやってきたと告げた。そちらを見やると、金正日が一人で近づいてきた。副部長職にあった頃だ。正門でも首相の息子とは知らず、中央党副部長の身分証を見てそのまま通した。「資料図書室はどこか」と訊き、案内されてきたのだ。この図書館の資料は北では特殊資料だったので、三号庁舎以外の者の一般閲覧は事実上困難とされており、許可手続きを踏まねばならない。

金正日は「資料を見にきただけだから、決して上部の者には知らせないように。私が見たい資料だけ出してくれればよい。弁当を持参しているので昼食の心配は無用だ。私が来たからといって、特別に部屋を用意する必要はない。資料を閲覧室で読めるようにさえしてくれれば、それでよい」と依頼した。

私から無理に頼んで特別閲覧室に入ってもらった。当時は金仲麟が対南担当書記をしていた頃だ。なぜ報告しなかったのかと、後でどんな非難を浴びせられるかわからなかったので知らせてやると、目を丸くして駆け下りてきた。金仲麟が挨拶すると「無用といったのに、なぜ知らせたのだ」と言われ、あれやこれや報告せざるをえなかった事情を釈明した。

金正日は、そのときおもに対南関係、映画、文化芸術、風俗、古典に関する書籍を請求して読んだ。夜の一一時まで調べ、退出した。帰り際に「家で読みたいから貸し出してほしい」と言うので、帯出台帳には記録せずそのまま持ち帰るよう言った。それでも金正日は、頑固なまでに一冊一冊帯出台帳に記録して持ち出した。そのようにして五月のひと月間、集中的に読書をした。そのあいだに彼の帯出帳に記録された図書は二〇〇冊以上にのぼった。

後で気づいたのだが、その時期は休暇期間だった。他所に出かけることもなく毎朝九時に資料室に入り、夜の一一時に退出する生活を繰り返した。そうしてなお家で読む本を借り出し、朝には返しにきた。読みきれないときは、さらに貸し出し期間を延長するよう求めた。翌朝用事で来られないときは、その時間に護衛処の職員に来させて返納した。そしてふたたび必要な本を持ってくるよう指示した。六月三日までそんな具合に続いたのだ。

本を読むのもまことに速かったが、集中的に読んでいた。必要な部分は抜粋し、帯出の手続きも必ず規則通りに行なった。返納の約束を一度たりとも違えることなく厳守した。自分で車を運転してきて、幹部食堂には行かず、弁当を包んで持参していた。毎日出勤でもするかのようにやってきたので、対南部署の高位幹部は気もそぞろだった。金仲麟は一時間ごとに電話をよこし、「どうしているか」と確認してきた。お茶を持っていくと、やかんごと置いていくよう指示しながら、わずらわしくて勉強の邪魔になるから気を使ってくれるなと言った。」

申敬完が体験した、いま一つの事例を紹介する。

「金正日は大使の任命、あるいは外国に代表として人を派遣する際には、決まってその人物を試した。いまも憶えているが、一九七二年一一月スウェーデン大使に赴任する者がいた。ある日その人物があわててやって来て、資料を見せてほしいと言った。理由はこうだ。国際関係大学を卒業し大使として赴任すべく、金正日に最後の挨拶に出向いた。金正日は、スウェーデンの言語や風習について理解しているかと訊いた。知らないと言うと鞄を下ろさせ、私のところに行っていくつか資料を入手し、数日勉強してから出かけるよう指示したとのことだった。

実際に専門職として資料を管理しているわれわれでさえ、その資料があることを知らずにいた。目録にあたってみると、スウェーデンの風俗について記した本があった。背筋がぞっとするくらい驚かされた。その後も、そのような人物が七、八人やってきた。おもにその国の酒や煙草、古典などに関するものだった。そこで一九七三年には、対南事業ならびに海外出張者のために、資本主義諸国の酒や煙草などに関する資料ばかりを集めた資料集を前もって作成することにした。」

留学を拒み、金日成総合大学で政治経済学を専攻

しかしながらこの時期に、金正日がいかなる書物をどのような目的で読んだかは不明である。金正日の生活を常時見守ることのできない立場からすれば、かなり誇張されていた可能性も存在する。

一九六〇年九月、金正日は金日成総合大学経済学部政治経済学科に入学した。当時の風潮では「大成しようと思うなら海外留学」という気分が支配的で、多くの人は彼も外国に留学するものと推測していたという。彼は留学の道ではなく、金日成総合大学を選択した。

いっとき金正日はソ連への留学を勧められたこともあった。金正日は許錟に「一部の人々は私に、高級中学校を卒業したら外国の大学に進んで勉強するよう勧めるが、私はわが国で学ぼうと思う」と、金日成総合大学経済学部で勉強する意思を示したという。黄長燁の回顧録にも同様の記述がみられる。

「モスクワ大学にも行ってみたいというので案内したが、同行したソ連共産党の朝鮮担当課長が、金正日におもねるかのように一言口にした。「あなたも高級中学を卒業したら、モスクワ総合大学で勉強なさるのでしょう?」

すると金正日は、むっとした調子でこう答えた。

「ピョンヤンにも金日成総合大学という立派な大学があります。私は金日成大学で学ぶつもりです。(26)」」

これについて金正日の伝記の一つは「金日成総合大学で学ぶとおっしゃったのは、偉大な主体思想《チュチェササン》とその具現化である党の政策が花開く、祖国の現実に基づいた学問をなさるという透徹した主体意識の発現であった。その方にとって、まことの学問と教科書は他の国にあるのではなく、朝鮮の現実のなかにこそ存在していた(27)」と宣伝している。当時金正日は、かなりの水準のロシア語を使いこなしていたといわれる。

これとは異なり韓国の一部マスコミでは、金正日が南山高級中学校の高等班を修了したのちに東独の航空学校に留学したが、生来のならず者気質のため修了できずに二年で中退し、一九六一年金日成総合大学に編入したと主張している。しかしこの主張は、大学進学を前にした高級中学時代の外国旅行が誤って伝えられたものである。

一九六〇年九月金日成総合大学に入学した金正日は、翌年七月二二日労働党に入党、大学党委員会細胞で党生活を開始した。このときから本格的に、父について「政治現場実習」を行なった。大学時代に金正日は、金日成の著作を中心に一年に一万頁を読む、いわゆる「万頁読書運動」を提起するなど、多様な学内政治活動を繰り広げたと北朝鮮の伝記は記している。金正日は大学時代から、金日成・金英柱らの配慮により「政治指導者」教育を受けはじめた。労働党政治委員会の決定により、蔡喜正《チェヒジョン》はじめ金日成の秘書らと都宥浩《トユホ》・金錫亨《キムソッキョン》・金洸鎭《キムグァンジン》・鄭鎭石《チョンジンソク》・朴時亨《パクシヒョン》など各分野における当時の第一人者らによって、金正日のための指導教授グループが構成された。労働党政治委員会常務委員会は、指導教授グループの活動について随時報告を受け対策を協議する一方、教授らの活動を手を尽くして支えた。当時労働党組織指導部第一副部長だった金英柱が、これらを管掌し事業を推進した。金英柱は中央党組織指導部責任指導員の朴壽東《パクスドン》を金日成総合大学党委員長に派遣し、大学でも金正日の教育に格別気を配っていた。金正日は大学での四年間に政治経済学を学びながら、各分野の指導教授の講義を通じて指導者教育を受けた。党闘争史部門では張成燁《チャンソンヨプ》（妹の夫張成澤の実兄）が個人教授を行ない、科学院経済学研究所長の金洸鎭に政治経済学を、金日成総合大学歴史学部長の朴時亨には革命史を、科学院傘下の言語文学研究所長金秉済《キムビョンジェ》からは語学を、それぞれ学んだと知られている。

このようにして金正日は、四年間の在学中に一般知識に関する専門的な高等教育を受けたのみならず、父親の思想理論を体系的に習得した。彼は、金日成首相参事室の参事であり、金日成論文の草稿執筆者を務めていた蔡喜正から、金日成の論文と著作について体系的な講義も受けた。

北朝鮮は、金正日が大学時代に『三国統一問題の再検討について』（一九六〇年一〇月）、『現代帝国主義の特徴と侵略的本性について』（一九六一年七月）、『地方経済の発展に関するわが党の方針の正当性』（一九六二年）、『社会主義建設における郡の位置と役割』（卒業論文）、『首領の革命思想に基づく党員の思想的統一と団結を強化しよう』、『大学生の革命的世界観を断固として確立するために』などの諸論文を記したと主張している。金正日が書いたとされる論文の当否について、申敬完の証言を紹介する。

「大学時代に金正日は、党の政策に関する論文をいくつか書いたと知られているが、これこそが個人教授たちから与えられた課題だった。金正日の政治的関心と実力を育てようという、金日成の意図によるものだった。教授たちは彼に対して計画的に課題を与え、まとめられた論文を修正する作業を引き受けた。論文のうち『地方経済の発展に関するわが党の方針の正当性』は、その年八月の地方党ならびに経済幹部の昌城《チャンソン》連席会議で、党の方針の基礎資料ともなった。」

彼の卒業論文には学士学位が授与され、六カ月繰り上げて卒業した。一方で金正日は、大学時代にさまざまな対外活動を黙々とこなしていた。以下は申敬完が直接経験した逸話である。

「一九六〇年代の初期には、ピョンヤン市街地の再建事業が盛んに行なわれていた。再建事業の支援に労働党幹部や学生、軍人が大挙動員されていた、一九六二年一〇月末のことだ。その頃ピョンヤン一帯には、二、三日のあいだひどいみぞれが降り続いていた。労働党幹部と金日成大学の学生が、ピョンヤン市西城区域の臥山洞《ワサンドン》から龍城《リョンソン》区域までの道路工事作業に動員されていた。

そのとき、工事現場に資材を運ぶトラック数台が泥濘にはまって身動きがとれなくなった。人々がみな駆け寄って車を押したものの、工事資材を満載したトラックは泥沼に深くはまりこんでいくばかりだった。

そのとき何者かが護衛処のトラックを駆って、修羅場と化した工事現場に現われた。首相の息子、金正日だった。彼も他の学生同様作業現場に動員されてきていたのだが、トラックが泥濘にはまるや護衛処に走り、かますを運んできたのだった。彼は泥沼にとびこんでタイヤにかますをあてがった。それから運転台に駆けあがると自らハンドルを握り、トラックを泥濘から引きずり出した。彼は全身みぞれと泥にまみれていた。金正日の存在についてよく知らずにいた労働党幹部らも、泥水をかぶった「首相の息子」を目のあたりにして、深く感銘を受けた様子だった。」

大学時代から指導者の訓練

当時ピョンヤン市民は、誰もが一九六一年九月の労働党第四回大会の決定にしたがい、市内の各区域を割り当てられ建設事業に動員されていた。今日ピョンヤン市民たちは、通りを歩きながら「ここは私がつくった」という武勇談をよく口にするという。大学生の金正日がこの工事現場に参加したことは、政治指導者としての彼の資産と言うべきであろう。

金正日は大学時代、父親の現地指導に同行する恩恵をこうむった。機会のあるたびにピョンヤン市内の工場と周辺の農場はもとより、両江道豊山《プンサン》、咸興《ハムン》の龍城機械工場とビナロン工場建設現場、水豊《スプン》発電所、南浦製錬所、黄海製鉄所など各地を訪れた。実務を通して現場で経済を学びながら、父親の「現地指導」方式を隅々まで体得したのである。

さらに金正日は、大学党委員会に所属しながら、労働党中央の主要な会議を傍聴できる特恵を享受していた。大学三、四年時には党政治委員会会議、党中央委員会全員会議をはじめ政務院会議、最高人民会議、軍系統の軍事幹部会議、政治幹部会議などの重要な会議にはほとんど参席した。これは、金日成の息子でなくしては不可能なことであった。金正日の活動に関する、申敬完の証言である。

「金正日は大学教導隊の軍事訓練と、年間二カ月程度の入営訓練コースや労力動員にも参加した。金正日は、学内では大学党委員会の学生党委員会に所属していたが、教員党委員会にまで関与していた。金正日は大学の党組織と社会主義青年同盟組織の指導者として権限を行使し、目障りな、また気に入らない学生たちには思想検討まで要求した。」

金正日が大学に通っていた頃、金日成総合大学では激しい思想闘争が行なわれていた。親ソ的傾向をもつソ連派、ソ連留学組に狙いを定めたのである。北朝鮮で「反宗派闘争」の嵐が吹き荒れたのは一九五六年秋からで、一九五八年三月頃には、事態はひと区切りついていた。しかし大学内には火種が残っていた。教育は依然としてソ連式の教科書でなされていたし、教員のあいだでもソ連式の立場をとる者が珍しくなかった。金日成の側としては、最高学府である金日成総合大学が修正主義・教条主義の残滓の本拠地になりかねないとの憂慮を抱くに十分であった。こうした雰囲気のなかで、金正日は仲間の学生や教員らとともに大学の改編作業に加わっていたのである。

金日成総合大学では、金正日の越権行為に反発する教員や学生らが一部存在してはいたものの、あからさまに不満を表明すれば他大学に追われることもあったという。申敬完は「金日成大学経済学部の学生八名が、一度に元山経済大学に転校していったこともある」と証言した。

しかしこうした過程を経ながら、金正日が金日成の後継者及び指導者として浮上していったことは否定しがたい事実である。おおいなる特恵と特別教育を通して、金正日は最高のエリート教育を身につけた後継者に育てられた。金正日の大学生活は「政治指導者」への体系的な訓練課程だったのである。

第六章　権力のバトンを引き継ぐ

——後継者への道（一九六四〜一九七四）

後光か、それとも彼の能力か？

金正日は一九八〇年一〇月の朝鮮労働党第六回大会直後に、一躍政治局常務委員として登場し、自らが金日成主席の後継者であることを内外に誇示した。一九七〇年代後半にも彼の権力後継の噂はしばしば流れていたが、「よもや息子に権力を手渡すようなことはあるまい」とする判断も根強くあった。しかし一九八〇年代に入ると、もはや彼が後継者である事実を否定するのは困難になっていた。以来一七年が過ぎた一九九七年一〇月、金日成の死後三年を経て、金正日は労働党総書記に公式に推戴されたのである。

北朝鮮は「首領」金日成の息子金正日を「次世代の首領」とする後継体制を確立することで、「封建的な権力の世襲」という批判に甘んじざるをえなくなった。

この決定は北朝鮮内部でも少なからぬ波紋を呼び、資本主義圏はもとより社会主義圏からも疑問の眼差しを向けられることになった。北朝鮮は権力の世襲を正当化、制度化するために、その後も多くの努力を傾けざるをえなかった。金正日による権力の継承は、かなりの期間にわたり北朝鮮のアキレス腱として作用することになった。

父親の権威だけでは説明できない

そうした負い目を承知の上で、北朝鮮は金正日を後継者に指名した。これまで金正日の後継者への抜擢は、たんに金日成の後光のおかげだとする分析が支配的であった。事実父親の権威を抜きにしては、金正日の登場を理解することは難しい。しかしながら、金正日がいくら北朝鮮の体制を掌握していた金日成の息子だったとしても、北朝鮮の大衆から認定を受ける「北朝鮮式の」検証手続きはそれなりにあったものと推測される。

金正日の後継者への浮上について、申敬完は『月刊朝鮮』とのインタヴューで次のように語っている。

「北朝鮮がどれほど愚かな国家だとしても、三〇代前半の若さで国家を率いる指導者に選ばれた人物であれば、彼に相応の根拠があるとみるのが妥当だ。金正日にはカリスマ性が不足しているとか、指揮統率力に欠けるとか、支持基盤が脆弱だとかの判断は表面的な観察にすぎない。[(1)]」

北朝鮮に拉致され、のちに脱出した申相玉・崔銀姫夫妻も、金日成主席の死後金正日政権が長くはもたないだろうという専門家の観測に対して、「韓国の北朝鮮専門家と称する人々は、北朝鮮について何も知らず、金正日に会ったこともない」、「金日成が金正日を後継者に定めたのは、彼が自分の息子だったからではなく、能力が備わっているから」だと語っている。

金正日が後継者となるうえで、父親の後光を背に受けていた点をひとまず脇に置いて、彼がいかにして北朝鮮を動かす労働党を掌握し、ついには後継者の座を占めるようになったかについて、まずは検討すべきであろう。誰が金正日を推薦し、なぜ金正日が後継者に決定されたかを追う必要がある。

党中央委員会で政治活動をスタート

金正日は一九六四年に金日成総合大学を卒業し、労働党中央委員会に配属された。この時点から金正日は、本格的に北朝鮮の政治に足を踏み入れることとなった。金正日の初期の組織指導部生活については、当時中央委員会幹部として勤務していた申敬完の証言が初めてのものである。

「金正日は一九六四年四月初めに、指導員の職級で中央党に入った。当初は政務院（内閣）を担当する中央指導課にいたが、その後総合指導課に異動した。二年近く経って中央指導課の責任指導員に昇進した。金正日はその一方で、金日成の警護を担当する護衛処の業務も管掌した。」

労働党の組織指導部は、北朝鮮全体を動かす核心部署といわれる。そのなかでも重要なのは、中央指導課・総合指導課・幹部指導課・検閲指導課の四つである。中央指導課は、政務院とその傘下の各中央機関や部署、国家保衛部、社会安全部などの国家的統治（行政）機構を直接指導する。総合指導課は、人民武力部総政治局、社会安全部総政治局、鉄道省総政治局など、政治局をもつ特殊国家機構を総合的に指導する。結局のところ中央指導課と総合指導課は、国家の中央機構を直接管理する組織である。いわば権力の核心機構のなかでも核心にあたる部分といえよう。金正日は労働党に入ると、最も重要な核心部署でスタートをきったことを意味する。申敬完の証言を続けよう。

「金正日は、中央指導課では政務院と政務院事務局を担当した。政務院の総理・副総理・事務局長・事務局官吏らを指導する立場だった。総合指導課では人民武力部・社会安全部を担当した。指導員というと韓国では軽く見られるかもしれないが、北朝鮮ではそうではない。たとえば中央指導課指導員の場合、政務院傘下機構の党委員会書記や長・次官級に相当し、局長クラスは相手

1970 年代初頭に朝鮮芸術映画撮影所を訪れ、自らカメラをのぞく金正日当時労働党副部長

にもされないほどの立場だ。金正日の場合は、政務院党委員会を担当した。」

金正日は、まず国家機構を管掌する中央指導課で、党中央委員会内部の事業全般を理解した。金正日は一時政務院首相参事室（秘書室）に異動し、政府の内部事業についても把握した。こうして金正日は、党と政府の事業の全般的な状況を押さえることになった。

破格の待遇であった。二四歳にしかならない金正日が、党組織指導部長である叔父金英柱の下で、党と政府の全般的な事業に関与しはじめたのである。金正日は本格的に党内権力基盤の掌握を開始した。おりしも彼が党組織指導部に入ったのち、一九六七年から労働党権力内部には巨大な渦が巻き起こっていた。「甲山《カプサン》派事件」である。

金日成の遊撃隊派に属し、一九四〇〜五〇年代の権力闘争を生き残った甲山派のリーダー朴《パク》金喆《クムチョル》・李孝淳《リーヒョスン》らは、一九六七年五月中旬の労働党中央委員会第四期第一五回全員会議において徹底した批判を受け粛清された。この事件の性格について、申敬完はこう語っている。

「この事件は一九五六年の「八月宗派事件」とは異なり、金日成個人に対する挑戦ではなく、金日成の次期後継者選定の構図に対する挑戦だった。一九六〇年代中盤当時、すでに党の核心部分は秘密裏に後継者の構図を「金日成―金英柱―次世代」と定め、内部では合意をはたしていた。しかし党内においてさえ世論化できずにいる状態だった。

金英柱は一九五九年に党の組織指導部長に任命されたのち、一九六六年一〇月の第四期第一四回全員会議で党書記に選出された。金英柱は政治委員会候補委員にまでなり、組織問題を完全に掌握しつつ急浮上していた。党内の空気が金英柱に権限を集中させる方向に動くと、党組織担当副委員長だった朴金喆は「お飾り」になってしまった。朴金喆ら甲山派は、これに強く反発して出た。日帝時代の経歴さえ疑わしい金英柱を後継者に認定することはできないという主張だった。彼らは一九六七年三月から金英柱批判を開始し、朴金喆を金日成の後継者に担ぎ出そうとまで試みた。」

一九六七年五月の第四期第一五回全員会議で容赦のない批判を浴びたのち、甲山派は全員が解任された。朴金喆と李孝淳は、地方の農業機械作業所の副支配人に追われ労働者へと転落し、次いで「宗派主義者集団収容所」である特別教育所に監禁された。彼らに同調した金道満《キムドマン》（宣伝担当書記兼宣伝煽動部長）と朴容国《パクヨングク》（国際部長）、許錫宣《ホソクソン》（科学教育部長）、高赫《コヒョク》（副首相）、河仰天《ハアンチョン》（最高人民会議常任委員）も粛清された。当時金正日は、党組織指導部が全員会議を組織し準備する過程で、甲山派の粛清と唯一思想体系の確立に深く関与した。そのとき彼は二五歳であった。

「朴金喆・李孝淳事件」と「金昌鳳・許鳳学事件」

唯一思想体系確立の方針が公開されたのは、一九六七年六月末の第四期第一六回全員会議においてである。「朴金喆・李孝淳事件」は、金日成の思想を党の指導思想として確立し、すべての党活動に貫徹させていく「唯一思想体系」が始動するきっかけとなった。そして金日成の絶対的な権威を認める「首領制」誕生の決定的契機となった。金正日は彼らの粛清を主導し、党内における立場を強化していった。

一九六七年に金正日は、いくつもの地方工場と企業所を視察する機会をもった。北朝鮮は、金正日が一九六七年に龍城機械工場はじめ咸興毛織物工場、亀城《クソン》紡績工場、ピョンヤン製糸工場、大安《テアン》電気工場、粛川《スクチョン》郡協同農場、青山里《チョンサルリ》協同農場を指導したと宣伝している。

党組織指導部で「朴金喆・李孝淳事件」の処理を終えた金正日は、一九六八年労働党中央委員会宣伝煽動部文化芸術指導課長に異動した。労働党の組織事業を握る組織指導部と並んで、宣伝煽動部は労働党の宣伝事業を掌握する党内屈指の核心部署であった。当時宣伝煽動部の幹部として金正日の側にいた、申敬完の証言である。

「当時の思想書記は楊亨燮だった。彼は宣伝事業全般というよりも、むしろおもに教育科学部門の業務を担当し、金正日の顔色をうかがう立場だった。粛清された宣伝煽動部長金道満の後任

図表3. 北朝鮮支配エリートの歴史的変遷

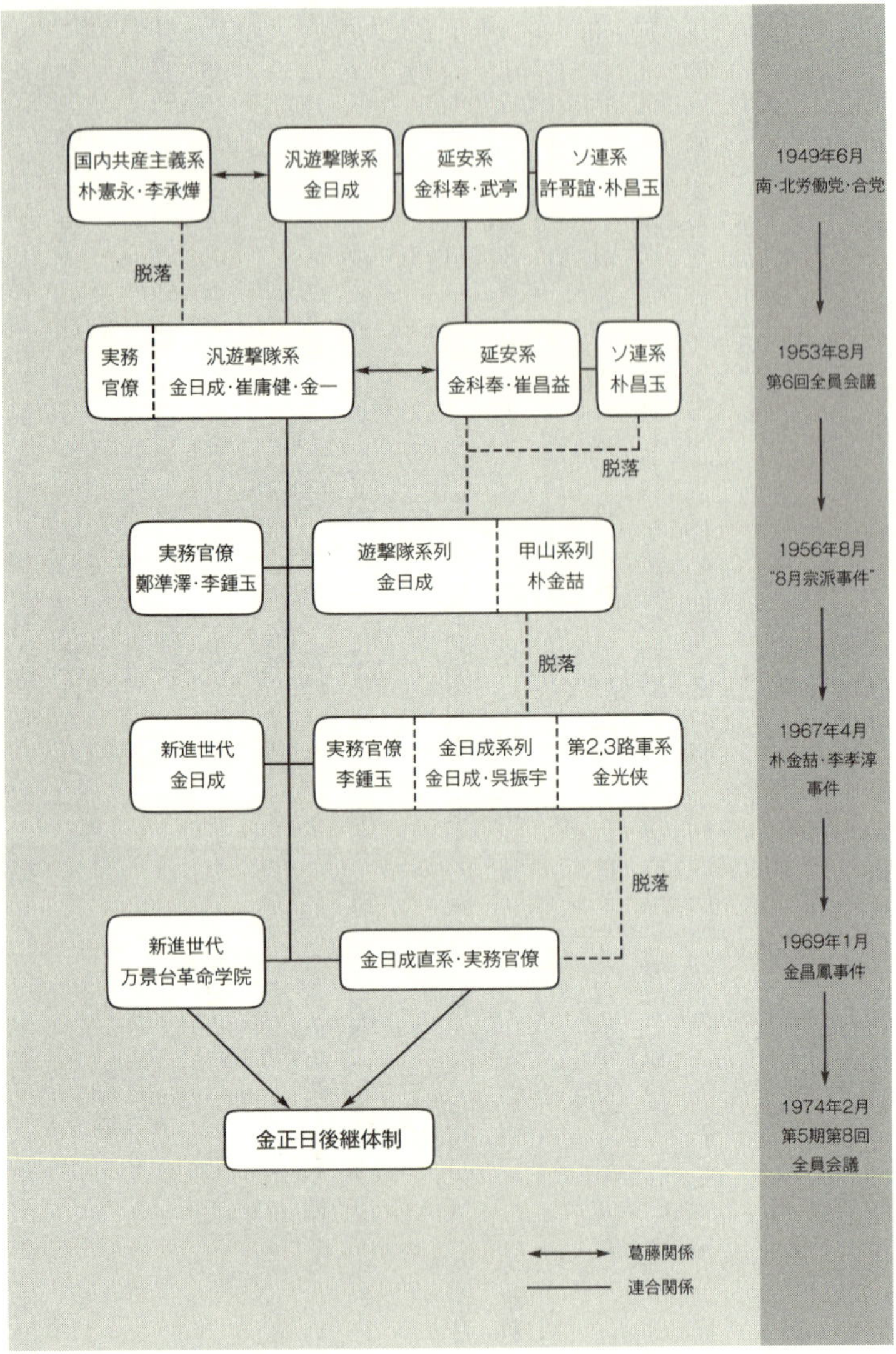

金国泰は、金日成の遊撃隊の同志だった金策の息子だ。彼は当時健康がすぐれず、入退院を繰り返していた。実質的に宣伝煽動部は、一介の課長にすぎなかった金正日の掌中にあるも同然だった。」

一九六七年も末になって、ようやく朴金喆・李孝淳事件の余波が鎮静化した。このときばかりは、労働党内部に「金日成─金英柱─次世代」の後継構図が貫徹される雰囲気であった。

しかし今度は、遊撃隊グループ内部の「軍部強硬派」が労働党の後継構図に反発した。一九六八年中頃から、軍部の指導者である民族保衛相金昌鳳、対南事業総局長許鳳学らが金英柱に反旗を翻したのである。一九六八年一〇月、労働党は軍全般の検閲事業を進めた。労働党はまたしても粛清の嵐に包まれた。当時軍の検閲事業に加わっていた申敬完の証言である。

「金昌鳳・許鳳学らは、「朴金喆・李孝淳事件」以後さらに党権が金英柱に集中し、また金英柱が老将たちをおろそかに扱うことに反発した。これら強硬派は金英柱の過去を問題視し、彼による指導を拒みさえした。彼らは対南事業で功を成しとげ、金英柱への後継構図を変えさせようと試みた。その結果、対南事業において左翼冒険主義的な軍事路線が発生した。一九六八年の一・二一青瓦台奇襲事件、一〇月末～一一月初めの「蔚珍《ウルチン》・三陟《サムチョク》武装スパイ南派事件」がそれだ。彼らは一九七二年の金日成の還暦までに統一を達成しようという「功労主義」にとらわれていた。金昌鳳・許鳳学ら軍部強硬派とその配下の軍特殊偵察局長金正泰《キムジョンテ》（金策の次男）は、党指導部に報告もせずに「統一と南朝鮮革命戦略計画」を樹立し実践に移した。

結局彼らの行ないは露見し、一九六九年一月初めの労働党政治委員会拡大会議で処罰を受けた。当時金正日は宣伝煽動部にいたが、金英柱をたすけて金昌鳳・許鳳学らの動向を監視し、内偵の結果を網羅して拡大会議を表裏両面から組織・指導する役割をはたした。」

金正日はこの事件に関連して、人民軍党全員会議を日程にあげ、報告書の作成、討論の準備、決定書や公式書類の作成を自ら準備した。「朴金喆・李孝淳事件」と「金昌鳳・許鳳学事件」の経験を通して、金正日は「権力とは何か」についての眼識を備えることとなった。

理論を現場に適用する

注目すべきは、この時期に金正日が大学で学んだものを実際の業務に適用・執行すると同時に、全国・全党的範囲で事業を組織・指導する役割をはたしたことである。金正日は、こうして指導者としての経験と能力を体得していった。

金正日が自らの専門性を発揮する機会をつかんだのも、まさしくこの時期であった。朴金喆・李孝淳事件は映画芸術の分野にも大きな影響を及ぼした。これら甲山派は、一九三〇年代の抗日武装闘争における甲山工作委員会の役割を過大に演出しようとしていた。朴金喆は党宣伝煽動部長の金道満に命じ、自らを金日成と同格に扱おうとする映画『一片丹心《イルピョンダンシム》』を製作した。朴金喆がソウルの西大門《ソデムン》刑務所に収監されていた当時、彼の妻が夫に対していかに忠誠を尽くしたかという筋立てであった。この部分について、遊撃隊出身者らは集中的に批判を加えた。このほかにもいくつもの映画が問題とされた。

すでに高級中学校時代から映画・演劇・音楽に関心の深かった金正日は、当時文化芸術指導課長の任にあった。一九六七年九月初めにピョンヤンの芸術映画撮影所で開かれた、映画芸術分野における朴金喆・金道満の「反党的害毒」清算のための拡大政治委員会で、二五歳の金正日は事件の後始末を買って出た。

金日成はやむなく映画芸術分野における責任を委ねた。これを契機として金正日は、党の思想事業全般を掌握する実権者へと踏み出すことになった。金正日が行なった最初の作業は思想闘争会議であったと、申敬完は証言した。

「金正日は、一九六七年の九月から俳優・作家・演出家・声楽家・演奏家ら映画芸術分野に携わる人々を集め、一大思想闘争会議を開催した。要するに、過去についての自己批判だ。彼らへの処罰は寛大に済ませながら、一方で金正日は「速度戦」を提起した。これはすべての作家と芸術人が、党と金日成が要求する通りの作品を、最高水準の内容で、しかも短時日のうちに生み出す方法だった。また金正日は「生産も学習も生活も、抗日遊撃隊式に」というスローガンをたて、映画芸術製作の指針とした。これは「抗日遊撃隊の闘争と生活を描いた作品だけが革命的大作となりうる」ことを意味するもので、ただひたすら金日成に忠誠を尽くす映画だけをつくれという話だった。」

金正日は、このとき脚本の創作にあたる四・一五創作団を起こし、最新式の機材と映画制作設備を買い入れた。そして作家や映画人の待遇を改善し、自ら党員証を交付するなど、懐柔と特恵を施して彼らをとりこんだ。一九七〇年六月には、作家や演出家を集めて「社会主義の現実を反映した革命的映画をさらに多く創作しよう」という談話を行なったとされる。

この頃金正日は中央党の事務室をほとんど空にしたまま、ピョンヤン大劇場と朝鮮映画撮影所に出向き作家と映画人を督励していた。歌劇『花を売る乙女』の製作過程での、申敬完の目撃談を一つ紹介する。

「主題歌をうたう歌手を選ぶため、金正日は歌劇団の代表的な歌手五〜六名に順にうたわせた。金正日は彼らの歌声に耳を傾けていたが、その荘厳な雰囲気はまるで宗教行事さながらだった。それから、問題と思われる部分を一つ一つ指摘した。こうして主題歌をうたう者を、金正日自らが選定した。」

この時期に金正日は、映画『血の海』、『花を売る乙女』、『ある自衛団員の運命』、『密林よ語れ』などを製作した。そしてこれらの映画を「五大革命歌劇」へと昇華し、舞台にかけた。彼はこの種の大作の製作にあたっては、主題歌一つにも寝食を忘れたかのように情熱を傾けた。申敬完は「革命の元老」たちが金正日のつくった歌劇と映画を観て、強い感動を受けたと証言した。

「一九七二年の二〜三月に、金正日が主導する「革命歌劇の集い」が行なわれた。公演の演目には『血の海』や『花を売る乙女』が含まれていた。公演を観た金日成と彼のとり巻きたちが、昔を思い出して涙を流したという噂が届いた。元老たちの感嘆の声を集めた革命歌劇は、金正日に対する遊撃隊第一世代の信頼をいやがうえにも高めるほかなかった。金正日によって初めて、映画芸術分野における「遊撃隊式」化が成し遂げられたわけだ。北朝鮮の文化芸術分野における一大革命だった。」

労働党の二大核心部署の掌握に成功

映画俳優の崔銀姫も同様の話を聞いたと証言する。

「金日成は歌劇『血の海』を初めて目にして、いたく感動した。このとき以来彼は、金正日の能力を高く評価し、信任を揺るぎないものにしたという。金日成が息子を後継者に定めたのには、金正日が芸術分野を管掌して父親を偶像化したことが大きく作用していたといわれる。(2)」

金正日は一九七〇年九月、宣伝煽動部副部長に昇進した。今回も破格の人事であった。宣伝煽動部長の金国泰や思想担当書記の楊亨燮はいても、宣伝事業に関する権限はとうに金正日に集中していた。金正日は、組織書記をしていた金英柱が病気療養のためおもに外国や休養地で過ごすようになると、金日成総合大学の党委員長を務めていた朴壽東を組織指導部の第一副部長に置き、組織指導部の業務まで管掌した。労働党の二大核心部署である宣伝煽動部と組織指導部を掌握した金正日は、一九七〇年代初めには権力の中心部における強力な実権者に浮上していた。

金正日は金日成の権威に直接ふれる問題や、労働党の歴史的な意義に関することはほとんど単独で処理した。新たな党員証の図案と作成及びその交付に関する問題、また金日成の肖像のデザインと配布方法、さらには金日成勲章と贈り物に関することまで、あらゆることがらに指示を下した。

この頃から文化芸術部門に従事する者たちのあいだで、「英明なる指導者」、「親愛なる指導者」という呼称が交わされるようになった。また金日成の側近たちも、この頃には金正日を金日成の後継者とみなしていた。金正日の擁護者たちは、文化芸術部門に始まった金正日の偶像化作業を、徐々に思想事業部門へと拡大していった。彼らは「英明なる指導者同志は党の事業の天才であり、首領の思想理論を完璧に再現した思想理論の天才であり、首領の領導芸術と高邁な徳性を完璧に再現した英明なる指導者」であられると称賛を開始した。こうして金正日は、一九七〇年代の初期に労働党の両輪とも言うべき組織指導部と宣伝煽動部を掌握したのである。

一九七三年四月、金正日は『映画芸術論』を発表した。これにより金正日は、北朝鮮における文化芸術を理論から実践にいたるまで指導し、「種子論」に代表される独自の理論を提示することで、党の宣伝煽動部門における確固たる地位を築くこととなった。

三三歳にしてのぼりつめた地位

金正日が後継者に内定したとき、彼は数え年で三三歳にすぎなかった。いったい何が北朝鮮指導部をして、はやくから彼を後継者に決定せしめ、二〇年を超える政治訓練を積ませることになったのであろうか。当時北朝鮮が直面していた内外の諸条件と、関連する人物の証言と資料を総合すれば、その糸口が見出せるにちがいない。

一九六〇年代後半、権力の中核をなしていた金日成と遊撃隊出身グループは、後継者問題について真剣に検討していたものとみられる。継承者をあやまてば、前任者に反旗を翻したり、政権維持が不可能になったりする事態も生じうるという判断からであった。

後継問題が切迫していたのには、まず外部からの要因があった。

スターリンの死後権力を握ったフルシチョフは、一九五六年二月のソ連共産党第二〇回大会で大がかりなスターリン批判を展開した。その影響はすぐさま北朝鮮の政治にも及んだ。一九五六年八月二九日に開かれた朝鮮労働党中央委員会八月全員会議を前後して、深刻な党内闘争が繰り拡げられた。延安派の尹公欽《ユンゴンフム》（当時商業相）が、同じ延安派の崔昌益《チェチャンイク》（副首相）、ソ連派の朴昌玉《パクチャンオク》（副首相）と共同戦線を張り、金日成の「個人崇拝」と「重工業優先政策」に対して公々然たる批判に及んだのである。

後継者の椅子をめぐり増幅する葛藤

彼らは全員会議の席で、相次いで金日成批判演説を敢行しようと試みた。中央委員の多数の賛同を得る合法的手続きを踏んで「金日成失脚」をはかったのである。しかし尹公欽の演説は金日成派の手で制止され、首謀者らは中国に亡命し、彼らの計画は水泡に帰した。いわゆる「八月宗派事件」である[3]。

この事件により、金日成の権力に対する挑戦の炎はひとまず消え去った。しかし金日成が強い衝撃を受けたことは明らかである。申敬完は「金日成と遊撃隊グループは、ソ連の影響により労働党内部でも挑戦勢力が頭をもたげたことに甚だしい衝撃を受けた。彼らはソ連の状況について、レーニンとスターリンが後継者を正しく準備できなかったためと結論づけた」と語った。

一方中国は、一九六〇年代の半ばから文化大革命の波に洗われていた。文化大革命の渦中で紅衛兵が金日成に「修正主義者」のレッテルを貼ったことに、北朝鮮指導部は憤激した。当時の北朝鮮の情勢認識に関する、申敬完の証言である。

「北朝鮮指導部は、江青・王洪文らの四人組が劉少奇や鄧小平を攻撃するのを見て、資本家階級に対する文化革命ではなく、革命の老幹部たちの存在を根底から揺るがす行為だと認識した。毛沢東が中国共産党の長年培った伝統を無視し、後継問題を非原則的に処理したための弊害と断定した。さらに文化大革命の過程で、先に後継者に決定していた林彪がクーデターをはかり発覚して死んだことも、後継問題を満足に処理できなかったためとみなされた。」

ソ連と中国での事態が、金日成と遊撃隊出身勢力に後継問題を急いで処理するようせき立てたことは明らかである。申敬完は「一九六〇年代半ばから一九七一年まで、ソ連と中国の権力動向を詳しく紹介する党内部の『通報資料』を発行した」と証言した。この資料は、中国とソ連で後継問題を誤って処理したために味わった陣痛を詳細に紹介したものであった。週に一度ずつ党中央の指導員級・政務院各部（省）の副局長級・道党の責任指導員級・郡党の部長級にのみ配布された。資料配布とあわせて、ときには幹部らに対し後継問題の切迫性を訴える討論も組織した。当時北朝鮮の指導部が、どれほど後継者問題に頭を悩ませていたかを端的に示す事例といえよう。

後継問題の切迫性は、たんに外部要因のためばかりではなかった。労働党内部でも一九六〇年代半ばには、深刻で複雑な権力闘争の様相が現われていた。

すでに金日成系は、一九五六年の「八月宗派事件」以来一年半に及ぶ「反宗派闘争」を通して、延安派とソ連派の除去に成功していた。その結果一九六一年の労働党第四回大会では、金日成直系の遊撃隊出身勢力が大挙して党中央委員会に登用された。大会では、汎遊撃隊系とみなされる甲山派の登場も目を引いた。甲山派は、解放以前に咸鏡北道甲山地域で満州の金日成部隊と連動して地下活動を行なった、甲山工作委員会の関連者たちである。一九六一年の第四回党大会以降、少なくとも六年あまりのあいだ北朝鮮の政治は平穏であった。

ところが、前述のように一九六七年に甲山派が挑戦勢力として出現し、後継問題の処理がいっそう切迫した課題となった。当時労働党内の動きをつぶさに見ていた申敬完は、こう評している。

「一九六七年五月の党中央委員会第四期第一五回全員会議での懸案だった「朴金喆・李孝淳事件」は、後継問題に直接関わる事件だった。一九五〇年代の八月宗派事件が金日成権力に対する挑戦だったとすれば、「朴金喆・李孝淳事件」はナンバー2の座をめぐる最初の権力闘争だった。」

これは北朝鮮指導部にいま一度後継者問題を思い起こさせる事件となった。どのような形であれ、党内の混乱を防ぐために後継者の選定を急ぐ必要性が提起された。

金聖愛の失脚

金聖愛の振る舞いも小さくない役割をはたした。一九六九年二月に朝鮮民主女性同盟委員長になった金聖愛は、越権行為に熱中していた。あたかも金聖愛が労働党の上に君臨しているかのような印象を与えることさえあった。当時の状況について、申敬完はこう語った。

【写真】1980年代、主体思想塔の建設工程を指導する金正日

「金聖愛は、金日成が一九七一年一月の全国農業大会で「金聖愛の意見はわたしの意見と同じである」と語ったのをよいことに、あれこれ口をはさみはじめた。彼女は最高権力を自在に操るほどの第二人者として振る舞った。金聖愛は、金日成の前妻金正淑の痕跡を歴史から消し去ろうとした。金正淑に言及した文言はすべて削除され、金正淑関連の執筆者は左遷されるか、労働者へと転落させられた。また中国で江青がそうだったように、金聖愛は遊撃隊の元老たちを無視する態度を露骨に示した。さらに弟の金聖甲《キムソンガプ》と金聖浩《キムソンホ》を重用し、朝鮮王朝時代の王妃の血族さながらに一つの分派をなして、次第に傍若無人に振る舞うようになっていた。」

そういう状況にいたれば、なおのこと遊撃隊出身者は反発せざるをえなかった。金聖愛の行動に最初に反旗を翻したのは、護衛局の全文燮・白鶴林・趙明祿はじめ抗日遊撃隊の時代に金正淑と親しかった人々であった。彼らは金聖愛の越権行為とその一派の非行を調査し、当時映画と歌劇の製作に没頭していた金正日とともに、一九七四年六月のピョンヤン市党大会で金聖愛を失脚させた。その後の金聖愛について、申敬完はこう語っている。

「金聖愛は半年間の謹慎を命じられ、慈母山の別荘に軟禁された。それまで一九七三年九月の後継者決定後も、公式の席上に姿を見せて「親愛なる指導者同志」、「親愛なる党中央」と口にはしていたが、女性同盟の会議では尊称を付さずに「正日《ジョンイル》」と呼んで、居合わせた人々から指摘を受けていた。これは金正日を後継者とは認めていなかったことを意味する。その後主席の生活をみる必要から、二カ月ほど経ったところで禁を解かれた。それからは金正日に対する呼称も改めるようになった。」

最終的には、当時党の組織書記であり党の参謀長格とも言うべき金英柱が、任務をきちんとはたせなかったことが一つの要因となっていた。

金英柱は、一九六〇年代に入って「金日成―金英柱―次世代」という暫定的な後継構図により、後継者になりうる位置にあった。しかし金英柱が登場して以降「朴金喆・李孝淳事件」を筆頭に「金昌鳳・許鳳学事件」が表面化し、さらに彼らが粛清されたのちも金英柱は後継者としての役割をきちんとはたすことができなかった。彼自身の能力と健康のせいであった。金英柱は政治的な眼識に乏しく、組織指導部長の任にありながら左傾的誤謬を犯したとの指摘も受けた。一九六〇年代中盤以降は、病気療養のため休養所とソ連、ルーマニアなど各地を転々とした。金英柱が十分に役割をはたせないなかで、金聖愛が後継構図の間隙を突き、越権行為に及んだのであった。

危機感をつのらせた遊撃隊元老たちは、新たな対案を模索しはじめた。金日成の病気も、後継問題の危機感をあおる要因となっていた。首の後ろの腫瘍がますます肥大化していたのである。これにより「金日成―金英柱―次世代」という後継構図は調整を余儀なくされた。当時北朝鮮の権力の核心部でなされていた論議について、申敬完はこう証言している。

「金一・崔庸健・呉振宇・崔賢ら遊撃隊グループと金英柱とのあいだでは、金英柱の病気の完治が期待できない場合は、その座を次の世代に委ねて政治的な訓練を積ませるのがよいという意見が出はじめていた。困難はあっても、金英柱世代という中間過程を省いて、次の世代に後継者を持ち越そうというのだった。

革命第一世代としては、次世代の後継者、すなわち金正日に実権を移譲して後継者に擁立するという趣旨だった。主として遊撃隊グループに始まるこうした主張は、一九七〇年の第五回党大会の準備過程から本格化し、金正日を後継者に擁立するための手順が踏まれていった。」

しかし権力とは、人から人へやすやすと手渡せるような性質のものではない。それゆえ金正日は、形式的であるにせよ国家経営の能力と大衆からの信望を認定されなければならなかった。そのためには、時間と事前の地ならしが必要であった。申敬完の証言を続けよう。

「第五回党大会と前後して金一・崔庸健・崔賢ら遊撃隊元老は、金正日を党中央委員に選出すべきであり「中央委員が難しければ、候補委員にでも押し上げておくべきだ」と主張した。当時宣伝煽動部副部長だった金正日は、職級からみて党中央委員会候補委員に選出されることは可能だった。しかし金日成は、金正日がまだ二八歳と若く、内外の非難を浴びる恐れがあると判断して、彼らの提案をいったん保留にした。」

金正日と金英柱との権力闘争説

金正日の後継問題は、一九七一年四月下旬、党中央委員会第五期第二回全員会議の直後に開かれた党政治委員会会議で論議された。この席で病気のため組織書記の任務をはたせなくなった金英柱が、金正日を労働党の組織・思想書記に据える提案を行なった。これは金正日を後継者に選定することを意味していた。金英柱のこの提案は遊撃隊派の賛同を得たものの、金日成は「いましばらく様子を見よう」と、ふたたび保留の決定を下した。

これに関しては、一つ指摘しておくべき事実がある。金英柱と金正日との不仲説がそれである。黄長燁も同様の主張を述べている。

「金正日と金英柱の権力闘争は深刻に展開していった。しかし金日成が弟の自分ではなく息子を選んだような印象を受けると、金英柱は病に倒れ寝こんでしまった。結局「食物性神経不調和症」という病で、朱乙《チュウル》療養所に入院の身となった。（中略）一九七四年二月の党全員会議で金日成は、弟の金英柱に対して、事業への意欲に欠け自分を十分に支えていないと批判した。

金日成の批判に異を唱える者は誰一人いなかった。金英柱は党全員会議で副総理に降格された。（中略）金正日は、金英柱が副総理でいることさえ疎ましく感じた。そこで金英柱を両江道の山奥に送り、軟禁してしまった。
それから一八年が過ぎた一九九三年、金日成は、実弟の処理についての評判が芳しくなく、また、もはや金正日の競争相手ではないことを考慮して、金英柱をピョンヤンに呼び戻し副主席につかせた。しかし金英柱は依然として軟禁状態と変わらぬまま、業務からも徹底して排除されていた。(4)」

金正日と金英柱との権力闘争説は、黄長燁の証言によっていっそう説得力を増したようである。しかし当時金英柱を近くから見守っていた申敬完は、異なる主張を行なった。

「金英柱は金正日が幼いときから、彼の最も頼もしい後見人だった。金正日が大学に通うとき、また労働党組織指導部に入ってきたときにも、金英柱は金正日に細やかな配慮を忘れなかった。後継者問題が出たときも、金英柱が先頭に立って金正日推戴の雰囲気を醸成していた。一九七〇年に入ると金英柱は健康が極度に悪化し、療養所に入ることが多くなった。」

「一九七二年五月、韓国の李厚洛中央情報部長が秘密裏にピョンヤンを訪れたときの逸話がある。李厚洛は金英柱をソウルに招請したが、病気を理由に断られると、本当にそうなのか確かめたくなった。そこでピョンヤンで開かれた晩餐会の席上で、李厚洛はほとんど無理強いするかのように金英柱に酒を勧めた。断りきれずに金英柱は何度か杯を干した。翌日、金英柱は意識不明状態に陥った。彼が意識を回復すると、金日成は決して酒を飲むなという注意に背いたことを厳しくたしなめた。」

「金英柱の健康異常説」は、そのとき晩餐会の席にいた申敬完の証言が事実に近い。その晩餐会に同席していた当時の韓国中央情報部幹部も、同一の証言を残している。申敬完は「金英柱は普段は健康そのものなのだが、突然意識不明に陥ることがあった」と証言した。

最終段階を迎えた選定作業

金正日の後継問題は、一九七一年一一月の党中央委員会第五期第三回全員会議で再度とりあげられた。この頃には金正日を後継者に推戴するための動きがふたたび始まっていた。金日成が一九七二年四月一五日に還暦を迎えるため、そうした雰囲気に便乗して「金正日に代を譲ろう」という意見が活発になっていた。

一九七二年四月二二日、当時首相兼朝鮮労働党総書記だった金日成主席は、存命中の抗日遊撃隊老幹部らとともにピョンヤン市万景台区域にある万景台と七谷革命史跡地を訪れた。金主席が還暦を迎えて一週間が過ぎた日であった。この日の訪問には、金正日当時宣伝煽動部副部長をはじめとする「第二世代」も同行していた。七谷史跡地に到着した金主席は、第一世代と記念撮影を行なった後で、今度は第二世代を呼んで一緒に写真を撮った。現在労働党書記局で書記を務める金己男《キムギナム》・金国泰・崔泰《チェテ》福《ボク》らが参席していたとみられる。

その場で金主席は「われわれが切り開き、以来四〇年にわたって続けてきた革命事業を引き継ぐべき者たち」と名指して、「われらが革命を受け継ぐ者たちは、どんなに激しい嵐が吹き荒れようとも、揺るぐことなくわれらが革命偉業を最後まで完遂しなければならない」と語った。その場にいた三〇～四〇代の若い幹部こそが、まさしく北朝鮮第二世代の核心たちであった。後継者の選定作業は事実上最終段階を迎えていた。

一九七二年六月八日に開催された政治委員会で、崔庸健・金一らは、健康のすぐれない党中央委員会組織部長金英柱に代わって金正日を置き、党の全権を付与するよう力説した。その場で金日成は反対の意思を表明したといわれる。申敬完は、短い期間ではあったが、金正日以外の第二世代も後継者の対象として検討されたことがあると証言した。

「金日成は「金正日がまだ三〇にしかならない」との理由から反対の意思を示した。もっと広い範囲を対象に後継者を探してみようという意見もあった。そこで革命第一世代のなかでは若手の白鶴林と全文燮が、遊撃隊二世からは呉克烈・呉龍訪《オヨンバン》・崔相旭・金斗南が、後継者としての綿密な検討の対象に加えられた。しかし一定期間調査した結果、「金正日に匹敵する者はいない」との最終結論が下されたのだ。」

しかし後継者の指名は北朝鮮の急迫した政治状況に押され、しばらく論議が中断した。加えて南北の対話が開かれ、七・四南北共同声明が採択された時期でもあった。

同七二年一二月一二日、第五期第六回党全員会議が開催された。これは「社会主義憲法」最終案を確定した、とりわけ重要な会議であった。北朝鮮の「首領制政治体制」が法的に整備されることとなった。次いで一二月二五日から二八日まで第五期第一回最高人民会議が開かれ、社会主義憲法が制定された。翌二九日には政治委員会全員会議が開催される。

申敬完は、この会議で「金正日を後継者に決定するにあたって多数決で決めようとの主張がなされたが、金日成が異を唱えたため結論は保留された」と語った。そのすぐ後に続いて開かれた政治委員会の常務委員会会議で、崔庸健・金一・崔賢が再度申し立てたが、金日成は「もう少し時間を置こう」と彼らを押しとどめ、決定をさらに引き延ばしたという。ただし元老たちの主張通り、とりあえず組織宣伝部門を金正日に任せるについては同意した。申敬完の証言を続けよう。

「一九七三年四月一五日の金日成六一回目の誕生日を契機として、八月三〇日に開催された政治委員会拡大会議で金正日を後継者に決定したが、ひとまずは組織・宣伝部門について全権を付与することで内部の合意をみた。続いて九月四日から一七日まで開かれた第五期第七回全員会議で、すでに三月から始まっていた三大革命小組活動を点検すると同時に、三大革命小組を率いてきた金正日を党中央委員会組織担当書記兼組織指導部長、宣伝担当書記兼宣伝煽動部長に選出した。」

一九七三年九月の第五期第七回全員会議では、三大革命小組運動の遂行状況のいかん、「大安の事業体系」にかなった独立採算制の実施問題、金正日の党書記確定問題がとりあげられたが、金正日の党書記選出については秘密事項とされた。

いずれにせよ金正日は、労働党の核心部分である組織と宣伝部門に関する類例のない党権を譲り受け、後継者の道に踏み出すこととなった。それまで四人で分担していた任務を、金正日一人が行なえるよう権力を集中したのであった。当時労働党内部の雰囲気は急速に金正日の側に傾いていた。申敬完は、誰一人反対できない雰囲気だったと証言した。

「党の内部では、秘密裏に金正日を書記に選出した第五期第七回全員会議の決定書と、その意味を説明する「赤い手紙」を全党に発し細胞ごとに回覧させた。また各細胞でこの問題を討議し、金正日を唯一の後継者として推戴ししたがうことを誓う決議書と、一人一人の宣誓文を作成して中央に上げるよう指示した。誰であれ、金正日の権力世襲に反旗を翻したり、異議を唱えたりはできない雰囲気だった。」

五部門の長を握る

北朝鮮はこのような推戴決議文を積み上げたのちに、一九七四年二月党中央委員会第五期第八回全員会議を開催した。第八回全員会議は下部から上げられた決議文に基づき、金正日を金日成の唯一の後継者として公式に決定した。遊撃隊第一世代が内部論議を開始して以来四年を経て、金正日は公式の後継者に確定したのである。

この会議では、金正日に党政治委員会委員の座を与えるとともに「共和国英雄」称号を贈った。このとき以来、北朝鮮のマスコミは金正日を「党中央」と呼びはじめた。ジャーナリストの石川昌は、金正日を政治委員に選んだ日に国家副主席の金一が、躊躇する金日成を説得したと主張する。(5)

遊撃隊第一世代が積極的に金正日を後継者に押したてたという主張に対しては、反論がないわけではない。その一例として黄長燁は「一部の人々は、金日成とともに抗日武装闘争を展開した元老たちが金正日を後継者に担ぎ上げたと誤解しているが、そうではない。抗日闘士のなかにそうした見解を提出するに足る人物もいなかったし、よしんばそのような意見を出せる者がいたとしても、金日成がわずかでも反対の意思を示せば、それが通る道理はなかったからだ」と主張している。(6)

一方金日成は、金正日を後継者に選定するうえで「抗日革命闘士」が先駆的な役割をはたしたと、自身の回顧録で明らかにした。

「金正日同志への忠実性においては、抗日革命闘士が以前もいまも先頭に立っています。抗日革命闘士が金正日同志を領袖の唯一の後継者に推戴したのは、彼が党と国家、軍隊を指導すれば民族の将来が保障され、白頭山で切り開いたチュチェの革命偉業がいささかの振れもなく代を継いでりっぱに継承され、発展するという確固たる信念をもっていたからです。抗日革命闘士が彼を領袖の後継者に推戴したのはとりもなおさず、軍隊が彼を民族の領袖におし立てたことを意味します。

金一、崔賢、呉振宇とともに、林春秋も金正日同志をわが党と国家の首位におし立てるうえで先駆者の役割を果たしました。(7)」

どちらの主張が正確かは不分明である。ただ、金正日の成長の過程で抗日遊撃隊世代が頼もしい後援者の役割をはたしたという点、その後一貫して金正日が「革命の先輩」すなわち遊撃隊世代の優遇政策をとっている点からみて、彼らが金正日を積極的に押し出した可能性は高いといえよう。中敬完は「崔庸健・金一ら遊撃隊の元老が亡くなるとき、彼らは異口同音に「しっかりした後継者を選んでおいたから安心して死ねる」と語っていた」と証言した。

後継者に選ばれた金正日は、政治委員会委員、組織指導書記と部長、宣伝煽動書記と部長という一人五役の重責を負うこととなった。こののち一九七六年一〇月に開かれた党中央委員会第五期第一二回全員会議は、金正日を「金日成首領の唯一の後継者」、「英明なる指導者」、「親愛なる指導者」として公式に決定した。金正日に残された仕事は、組織指導部と宣伝煽動部に側近を配し、権力の掌握力を高めていくことだけであった。

革命第一世代・第二世代の支持

金正日が後継者に認められていく過程は、指導者としての能力と品性、そして業績を宣伝することで、形式的ではあれ大衆の認定を受ける「北朝鮮式」の検証手順とみることができる。それはまた、金正日がいかにして後継者に浮上したかを理解するうえでの、出発点でもある。

先にみたように、金正日は金日成と遊撃隊グループの格別な関心のなかで特別教育を施された。彼らは有能な教師と最高の技量を備えた芸術人や技術者を配して、金正日の学習と課外活動を援助した。

大学時代からは、党中央委員会全員会議、政治委員会拡大会議などにもオブザーバーとして加われるよう特権を付与された。大学を卒業し中央党に入ると、北朝鮮社会を動かす核心部署である組織指導部と宣伝煽動部に勤務し、国家運営の思想と理論、方法を体得した。これらを通して金正日は、同年配の学生たちとはくらべようもないほど、早くから政治・経済・社会の問題に対する観察眼を養うことができたのであった。

金日成と遊撃隊グループの特別教育

さらに金正日は、父親ばかりでなく一九四九年に亡くなった母親の後光にも預かっていた。金正淑は亡くなる直前に、金一・崔庸健・崔賢ら遊撃隊時代の仲間を呼んで「息子の正日を、次代の革命を担える立派な共産主義者に育ててほしい」と遺言し、崔庸健は金正淑の葬儀の際に「同志的義理と義務感をもって金正日を育て上げる」と誓ったと、申敬完は証言した。

金正淑の遺言は金正日を後継者に育ててくれるよう明言した付託ではなかったが、金正淑と生死をともにした遊撃隊グループには「革命同志」の遺訓として残され、金正日が幼い頃から大学時代にいたるまで常に深い関心と注意をはらうこととなった。金正日が後継者として登場する雰囲気は、すでに当初から醸成されていたのである。

万景台革命家遺児学院（革命学院）の生徒との密接な人間関係も、金正日が後継者として浮上するには欠かせない要因であった。万景台革命学院は、金日成がかつて抗日遊撃隊時代にともに活動した仲間の親戚や子息を集め、教育を受けさせるために設立した機関である。この学院の目的について、金日成は次のように説明したという。

「戦火の中で散り散りになり、行き先はおろか生死さえわからない戦友たちの遺家族と遺児を探し出し、わたしたちがよく面倒をみて、しっかり育ててやらねばなりません。犠牲となった同志たちは、祖国が解放されたら幼いわが子に学問をさせ、革命家に育ててくれと望んだのです。わたしは、困難な闘いの日々のいかなる瞬間にも、彼らの遺言を忘れたことはありません。遺家族と遺児を一人残らず探し出し、よく面倒を見てしっかり学ばせ、犠牲となった革命先烈の意志を受け継いで、彼らが立派な革命家に育つよう努力しましょう。(8)」

一九四六年、林春秋・朴英淳《パクヨンスン》ら抗日遊撃隊活動を行なってきた数名は、犠牲となった遊撃隊員の子息や幼い親族を探すため満州へと派遣された。このとき金正淑は、旅装を整えて各地に発とうとする彼らをつかまえ「一度や二度探したくらいで、決してあきらめて戻らないで。ひと月だろうと、ふた月かかろうと構わない。この世の果てまで行ってでも、必ず連れて戻らねばなりません」と、哀願するかのように念入りに頼みこんだとされる。申敬完は、林春秋が当時の状況をこう話してくれたと語っている。

「林春秋一行が探し出し送還した遊撃隊員の子息たちは、そのほとんどが面倒をみてくれる者もなく、孤児暮らしかそれ以下の悲惨な生活を送っていた。金正淑は大同《テドン》郡の地主の家に万景台革命家遺児学院をつくり、遊撃隊の女性隊員らとともに賄いをしながら、そこで寝泊りするほどだった。満州から子供たちがみすぼらしい格好でやってくると、家に連れ帰って食べさせ、風呂に入れて二〇〜三〇日面倒をみた後で学院へ送りこんだ。彼らにとって金正淑は、実の母親も同然だった。そのとき金正日は、母に寄り添いながらその光景をつぶさに目にした。当時は五〜六歳だったが、呉克烈たちと家で兄弟のように一緒に遊び、学院にも行って仲間と交わり、ともに過ごした。」

文化芸術部門の掌握からスタート

一九四七年、革命家遺家族のためのピョンヤン革命家遺児学院が創設され、翌年万景台に巨大な建物を新築し万景台革命学院が開設された。学院生と金正日との人間関係について、申敬完は「金正日は革命学院が建てられたのちも、頻繁にそこに通って「兄」たちと親しく過ごした。のちに万景台革命学院出身者と金正日との関係を「血縁的連繋」と表現する理由はここにある。彼らは血の繋がった兄弟よりもさらに近しい間柄」だと明かした。朝鮮戦争の期間も、金正日はしばらくのあいだ万景台革命学院で彼らとともに生活していた。

これら万景台革命学院の第一、二期生が、一九七〇年代初めには党・政・軍の中堅層を形成していた。彼らは金正日が後継者に浮上するや、強力な支持勢力として登場した。彼らは一九七〇年代に金正日とともに三大革命小組運動を主導し、世代交代へと導いた。申敬完は「現在金正日の周辺に位置する党・政・軍の主要幹部は、みな万景台革命学院の出身者で、幼年期を金正日とともに過ごした人々」だと証言した。

しかしこうした点だけをもって、金正日の後継者への浮上を説明するのは困難である。どのような形であれ、金正日自身が業務遂行の能力を示して認定を受ける、検証手続きが必要だったとみなければならない。

だとすれば金正日は、北朝鮮社会において、いかにして業務遂行能力を認められることができたのだろうか。申敬完はこれを時期別・分野別に詳しく説明した。

金正日が中央党に入って初めて注目に値する成果をあげた分野は、前述の文化芸術部門である。金正日は文化芸術の新たなジャンルとも言うべき「革命歌劇」を創造した。文芸ものの主題を抗日遊撃隊の革命伝統に設定し、これを形象化するのに成功したのである。

金正日は本格的な革命文化芸術創作のために、一九六八〜六九年に組織団体の創設を開始した。一九六八年に「四・一五文学創作団」を、六九年には「万寿台芸術団」を創設した。さらに続けて「白頭山創作団」[9]、「血の海歌劇団」をつくり、文化芸術における独自の様式を創出していった。北朝鮮はこれを「文化芸術の革命的転換」と宣伝している。北朝鮮の文化芸術を遊撃隊の伝統と主体思想に立脚した「革命的芸術」へと転換するうえで、金正日が決定的な貢献をはたしたという説明である。

金正日は文化芸術を通して抗日武装闘争を生き生きと再現した。それらは遊撃隊の元老たちを感服させるに十分であったが、金正日は、映画や歌劇などの芸術行為それ自体よりも、むしろ文化芸術の分野に革命の伝統を確立した点をいっそう高く評価された。金正日が創案し、理論化を行ない、実生活に具現化したという生活体系は、一九七〇年代に金正日が唯一指導体制を確立していく過程で、そのまま労働党全体にわたって適用された。

金正日は、他部門よりも緩みの目立つ文芸部門の仕事のやり方と放漫な生活様式を、根本から改造する作業に非常な関心をもって臨んだ。彼はまず仕事に対する姿勢について「遊撃隊式」方法と理論にしたがうこと、そしてそれを実生活に具現化するよう強調した。そのうえで仕事に対する姿勢と方法として「速度戦」、「思想戦」、「闘志戦」を提示した[10]。これらは大衆運動の新たな形態として創造されたもので、芸術部門での適用を経たのち全部門へと拡大・波及した。

金正日は新たな生活体系を、ひとまず映画界から実現しようと試みた。申敬完の証言である。

「およそ芸術人は、思想面では自由主義的・個人主義的気質が濃厚で、集団生活にきちんと適応できない傾向がある。当時の北朝鮮も例外ではなかった。金正日はこれを是正するため、文芸部門の幹部に二日・三日・五日・一週間・月間の党生活総括体系を導入した。西欧的な雰囲気を匂わせる、あるいは西欧文化に触れる機会の多い人物の場合は、例外なく二、三日おきに総括を行なう対象に加えられた。たとえば西欧の映画や芸術に始終接する芸術家、海外出張ないし海外派遣の頻繁な外交官、貿易部門の幹部らはこの範疇に属した。事務職、生産労働者、科学者などの場合は週に一度、もしくは五日に一度総括を行なうとされた。」

党生活総括の核心は思想総括にある。思想総括とは、自己批判と相互批判を意味する。[11] 総括に参加する構成員は一人の例外もなく、一定期間内の自分の行動が唯一思想体系に背いていなかったか点検を受けた。極端な場合には、公務で地方出張をする際にもその地域の総括時間に参加し、当該地域の党細胞書記に確認を受けねばならないとされた。

総括時間には職位の上下を離れ、各自が平等な組織員の立場で加わる。申敬完は「総括時には、相互批判が辛辣極まりないくらい激しかった。討論と批判の雰囲気を制度的に保障するため、機関や地域細胞の場合、該当する組織の長には決して細胞書記を充てないよう命じた」と証言した。

導入初期には、規律を確立するためきわめて厳格に執行した。申敬完は直接目撃した事例を一つあげた。

1980年代、李鍾玉副主席（左側）、呉振宇人民武力部長（右側）の革命第一世代と語る金正日書記

「金正日は俳優たちの場合、部屋にあがるときに脱いだ靴の揃え方まで規制した。金正日が予告なしに突然万寿台芸術団を訪れたことがある。金正日は入り口に俳優たちの履物が雑然と脱ぎ捨てられている光景を目にして、彼らを集め苛酷なまでに叱りつけた。万寿台芸術団員は、当時軍隊式に列をなして出退勤しなければならなかった。作家や芸術家にあっては思想状態が重要だという、金正日の指示があったためだ。」

党と国家の事業へと拡大

金正日は文芸部門で生活体系の範を示したのち、一九七二年からはこれを党と国家の事業全般へと普遍化した。「模範創造運動」や「速度戦」も、文芸芸術部門での適用を経てから他の部門全般へと広がった。これを通して金正日は、後継者に決定される以前から北朝鮮社会の変化を主導し、金日成と遊撃隊世代から政治指導者たるにふさわしいと認められはじめたという。

金正日が党の組織事業に具体的に介入を開始したのは、先に述べたように一九六七年に開かれた第四期第一五回全員会議であった。当時金正日は組織指導部中央指導課に在籍していた。金正日はこの会議を実質的に組織し、会議が終了した後も朴金喆・李孝淳らを処理する問題、その「思想的害毒」を根絶する思想闘争の課題に深く介入した。

金正日は一九七〇年の第五回党大会開催を準備する過程で、組織事業の能力を示した。当時党大会の準備に加わっていた、申敬完の証言である。

「党大会の準備は膨大な作業だった。ところが、当時組織部長の金英柱は健康状態が悪化してルーマニアで治療を受けていたし、宣伝煽動部長の金国泰も病気だった。そのため党宣伝煽動部副部長の金正日が担当せざるをえない状況にあった。党大会を準備するには、党中央委員会全員会議に提出する前回大会以降の総括報告書を作成しなければならないが、そのすべての作業を金正日はほぼ完璧に処理した。

報告書は金日成自身が草案を作成したのち、それを土台に専門家が集まって議論し仕上げた。金正日はその場にも自ら加わった。通常参加者たちは会議の開催される二カ月前に一堂に会して準備討論を行なっていたが、金正日は各々の討論内容を聴取し、それらを修正ないし補足する役割を担った。」

第五回党大会を契機として、金正日の党に対する掌握力は目に見えて高まり、呼称も「副部長同志」から「指導者同志」へと変わりはじめた。申敬完の証言を続ける。

「一九七〇年に入ると、文芸部門はこぞって金正日を指導者として認めていた。このときすでに、彼らは金正日を「指導者同志」と呼びはじめていた。党内の一角、主要には道党・郡党幹部のあいだでも、金正日を指導者として認める人々が増えはじめていた。一九七一年に入ると、大劇場や映画撮影所には「親愛なる指導者同志の〇〇〇なるお言葉を実践しよう！」という式のスローガンが掲げられはじめた。映画撮影所の党委員会は、金正日さえ知らぬ間に「親愛なる指導者同志」を公的な呼称とすることを満場一致で決議していた。金正日はのちにこれを知って「気恥ずかしい」という反応を示したが、党幹部はもとより人民大衆にも親近感を与えるために「親愛なる指導者同志」と呼ぶべきだという主張が大勢を占めた。結局この呼称は映画部門から党内部へと急速に広がり、一般化する様相を見せていった。」

この時期に金正日は、党の元老や配下の人々の琴線に触れる振る舞いを度々行なったという。具体的には、個々人に対する格別な関心と配慮として示されたといわれる。この時期に何度も贈り物を受けた経験のある申敬完の証言には、きわめて具体的な事例が含まれていた。

「金正日は、新入党員に党員証を授与する際には自ら署名して渡していた。党幹部の子弟が外国語を習っていると聞くと、それを憶えていて、録音機を贈るなどの行為を頻繁に行なっていた。

痙攣の発作で苦しんでいるという噂を耳にして麝香《じゃこう》を届け、治療の手助けをしたこともあった。

金正日が党宣伝煽動部副部長だったときには、映画部門はもとより報道出版部門幹部のあいだで、時計、テレビ、冷蔵庫、掛け布団など、貰わぬ者はいないくらいだった。彼は党幹部が検閲を終えて戻ったときには、例外なく「娯楽会」を開いてやった。党宣伝煽動部は映画撮影から戻った者たち全員に娯楽会を用意し、労苦をねぎらうこともあった。

また金正日は、例年正月の一日か二日には組織や宣伝部門の幹部を招いて宴を催していたが、最低でも猪半頭、雉三羽程度は贈り物に渡していた。こうした慣行は金正日が後継者に確定したのちも続けられた。最近経済が困難になり、娯楽会やたいそうな贈り物ではなく「感謝の手紙」に代える傾向をみせている。」

金正日は鞭と人参、厳格な組織・思想生活と贈り物を適度に組み合わせ、自らのもつ能力を示してみせた。遊撃隊第一世代は、金正日の能力と巧みな用人術に満足したという。彼らは金正日の登場に反対するどころか、むしろ金日成に対し、すみやかに金正日を正式な後継者に確定するよう勧めたというのであった。

金正日が後継者として登場する過程で、北朝鮮住民の支持を獲得したかについては疑問が残る。一九七〇年代の北朝鮮では、韓国の国家安全企画部に相当する国家安全保衛部の専横が際立っていたからである。ただ、金正日がたんに父親の七光りによって後継者になったのではなく、遊撃隊第一世代と万景台革命学院出身の第二世代の支持を受けていたことは、今後金正日体制の前途と関連して留意しておくべき点であろう。

第七章　掌中の泥

――北朝鮮崩壊論の虚と実

現実からかけ離れた崩壊のシナリオ

一九九四年七月に金日成が突然亡くなると、金正日体制の前途に対する関心が一気に高まった。数年のあいだ内外の学界は「北朝鮮崩壊論」と「改革開放不可避論」で覆いつくされる様相を見せていた。しかしながら北朝鮮は、限定的な開放を行ないつつも、依然として「われわれ独自の社会主義体制」を堅持している。ただし将来もなお、金正日体制が深刻な経済難と外国資本の浸透のなかで、引き続きこのまま進んでいけるかについては意見が分かれる。

あたかも一世を風靡したかにみえた「北朝鮮崩壊論」は、北朝鮮の情勢分析に大きな問題があったことを実証的に示してくれた。なぜそうした主張が横行したのかを、いまは省みるべき地点にあるといえよう。申敬完は、北朝鮮研究者が北朝鮮体制の弱みと同時に、強みを押さえなかったためだと診断した。

「金正日体制が安定しているかどうかの判断は、対北朝鮮政策を立てるうえで重要な根拠だ。金日成主席が亡くなると、多くの人々は金正日体制内部の不安定要因による突発的事態発生の可能性を予見して、体制の崩壊、ないしは前途の予測は不可能という見解を表明した。短時日のうちに金正日体制は崩壊し、それが南北統一の契機になるだろうとの見解を披瀝する人々もあった。一九九七年二月の黄長燁の亡命によって、この種の見解はさらに広まった。しかし私の見るところ、北朝鮮専門家という人たちは個々の現象に埋没し、北朝鮮の強みと変化をまったく考慮しないでいるようだ。」

不満はあっても組織力なく

金大中前大統領も、一九九九年三月二四日に開かれた統一部への国政改革報告会議で、金正日体制の強みと弱みを同時に押さえなければならないと指摘し注目を集めた。

金正日体制の一般的な不安定要因は、現在大きく三つの側面において主張されている。

第一には、内部反体制勢力の反発から内部に動揺が生じ、社会不安が醸成され、それが体制崩壊にまでつながる。

第二には、北朝鮮の経済破綻、とりわけ食糧難に苦しむ住民の抵抗や不服従が、社会の不安定と体制の危機にまで発展する。

第三には、領導支配層内部の葛藤、対立と暗闘、反発によって体制の危機にいたるとする見方である。なかでも海外留学生や現代的な教育を受けたインテリ層の進出が、体制の危機を招くとみている。

これらが相互に複合的に作用して突発的な事態をもたらす可能性があり、そこに外部資本や外国文化が浸透し影響力を及ぼせば、内部の不安定要因とあいまって体制危機へと追いこみ、崩壊ないしは政権交代させることができるという見解である。そうだとすれば、これらの主張や予測がはたして現時点で妥当性をもっているか、金正日体制の安定を阻害する要因となるのかについて検討を加える必要がある。

先にあげた不安定要因のうち、まず支配層内部の対立と葛藤の問題から検討してみよう。これは「革命第一世代」と「革命第二世代」との葛藤、体制の進路の問題に関わる保守派と開放派（現実派）との対立、支配層内部における留学生出身エリートの進出や反発、それらがたしかに存在し、また金正日体制の危機や崩壊へと現実化されうるのかという問題である。

申敬完は、現在北朝鮮支配層内部において葛藤が存在する兆候はないと分析した。

「私の見解では、北朝鮮支配層内部における領導核心・指導核心は、文字通り一心同体の関係を形成している。とはいえ、もとより個々の幹部が何らかの問題について不満を抱くことはありうるだろう。しかしそれが組織的に発生し、組織的な力を帯びることはない。個別的なもので終息し、たちどころに除去され、力をもつことはない。

現実主義者たる開放派やエリート官僚の反体制化の可能性も、しばしばとり沙汰される。彼らは現代科学の理論や西欧の状況について、多くの知識と情報をもっている。なかんずく経済分野においては核心的な役割を担っている。しかし北朝鮮は、技術よりも唯一思想を先に立たせ、革命化と主体化がどの程度なされているかが、官僚事業においては最優先視されている。

唯一思想が基本となり、次いで技術と機能の問題が考慮されるため、開放派と保守派とのあいだに思想的な差異はほとんどないとみて差し支えない。むろんそれらの人々のなかでも、個々には反体制的な要素も存在しうるだろう。だがそれはあくまでも偶然的・個別的な性格のものであり、組織的な性格を帯びることはない。」

北朝鮮の人々は苦難にあっても耐え忍ぶ

次いで経済的困難・食糧難の問題を検討してみよう。現在北朝鮮が食糧難・電力不足などにより経済的困難に直面している事実を否定する者は誰一人いない。北朝鮮もこれを公式に認めている。申敬完は、三つの側面から北朝鮮の経済的困難を診断した。

「北朝鮮の経済的困難は、第一に社会主義経済市場の崩壊による国際的な孤立状態、第二に経済・技術面において完全に立ち遅れ、生産施設の老朽化から生じた難局、第三には敵国に包囲されるなかで、体制維持のためには軍隊に依拠せざるをえないことから発生した。」

こうした困難と難関は、はたして北朝鮮の体制に社会不安や危機として現出しうるのだろうか？申敬完は懐疑的であった。

「北朝鮮は、経済的側面では基本的に自立経済が維持されているため、人々を最小限食べさせ、国防力を維持しうる土台は確保している。食糧不足の問題も、一般的に余裕をみせるほど豊かでないことは事実だ。しかし徹底した配給がなされ、全体としてみれば個々人の食糧に余裕はないものの、一般的に言えば人々は基本配給量を保障されている。徹底した配給制のため、配給の少ない者は食糧不足を実感せざるをえない。私が北朝鮮にいたときも同じだった。さらには配給が定期的になされない現象も存在する。しかし基本階層（労働者・農民・事務職員など）に対しては、基本食糧が内部的に保障される。食糧不足が人民大衆の集団的な反発を招き、体制の危機にまで発展するとみるのは困難だ。」

1994 年7月8日に亡くなった金日成主席の追悼式に参席した金正日国防委員長

とりわけこの問題に関連して、申敬完は北朝鮮の人々の一般的な特質を強調した。北朝鮮の人々は困難があっても耐え忍び、克服する精神がきわめて強靭だとする主張である。

「北朝鮮の人々の一般的な情緒は、日帝の支配を受けていた時期、さらには朝鮮戦争における苦境と戦後の再建過程を通じて、自然に身についたものだ。そうした困難な時代に粥をすすり、ベルトをきつく締め、今日の建設を成し遂げたという自負心がある。

自由民主主義体制においては、個人の不満が集積すればたちどころに社会不安へとつながるが、北朝鮮は集団的・組織的な社会なので、個人の不満が組織化されるのは難しい。したがって経済的困難や食糧難が社会不安に発展することはなく、個々人が耐え抜いていくものとみられる。」

たしかに、北朝鮮で食糧不足から集団的な抗議行動が起こったという信頼すべき情報は、現時点では伝えられていない。食糧難の原因が「帝国主義勢力」による統制のせいだと教えられる状況では、個人の不満が組織化されることはなく「ベルトをきつく締めて克服しよう」という雰囲気に収斂される。「苦難の行軍」、「社会主義強行軍」というスローガンはこれを物語るものといえよう。

三番目に、北朝鮮内部の反体制勢力の不満要因を検討してみよう。黄長燁は、北朝鮮内部に彼にしたがうグループが存在すると語っておおいに関心を集めた。申敬完の考えはどうか。彼は反体制勢力が存在する可能性はあるものの、組織化はやはりたやすいことではないと主張した。

「北朝鮮内部の反体制人士は、ごく少数ではあるが存在するだろう。しかし反体制勢力の基盤となるべき出身成分の悪い者や越南者の家族たちも、時が移り世代が代わって、いまや祖父や父親の代の、過去の出来事となった例が多い。そのような人々に党組織が寛大な特別措置を講じて、差し支えのない場合は包容し、一部の悪質な者だけを孤立させ監視している。彼らが組織化され反体制化することはほとんど不可能だ。ビラや落書き程度はあるとしても、きわめて限られた人々による反抗心の表出にすぎない。」

北の現実への無理解が生んだシナリオ

現在多くとりあげられる不安定要因は、いずれも北朝鮮体制を危機に追い込む本質的な要因となるのは難しいというのが申敬完の分析であった。そうした現象がまったくないというのではなく、部分的に存在する、限定的な性格のものにすぎないと彼は説明した。
申敬完は、北朝鮮社会内部における突発的事態の可能性も否定した。

「突発的事態の類型として、いくつかの場合が想定されている。第一に、支配領導層の政治的変質により白旗を掲げる形態だ。その代表としてソ連、東欧社会主義圏の事例があげられる。しかし北朝鮮の場合、短期間のうちにそれを想定するのは難しいとみている。個々の人々が変質していくことはありえるかもしれないが、核心幹部層の変質を期待するのは困難だ。もとより私が国を離れてから十年以上の歳月が流れたのだから、そのあいだに多くの変化がありえただろうが。

第二に、軍事クーデターによる崩壊の可能性だ。北朝鮮の軍隊を動かす軍内部の指揮系統、軍部を掌握する核心指揮官は、徹底して金正日の側近で構成されている。軍の内部で個人や小集団の反体制的な行動はあるとしても、軍隊指揮系統の領導層や大集団が体制崩壊勢力として登場する可能性はないとみられる。なぜなら、軍が党組織を基本としているためだ。軍事組織だけで成り立っているなら、クーデターの可能性もゼロではない。しかし軍が党の強い統制下にある点に注目しなければならない。

第三に、大衆蜂起による社会不安と体制危機の可能性だ。どのような社会であれそれを脅かす要因となるためには、その社会を構成する基本階層が動揺し、これらの人々が立ち上がらなければならない。しかし北朝鮮の支配層は基本階層に中心を置いて組織化、統制しているため、その基本階層からの集団的・組織的な反発を想定するのは困難だ。小集団が騒動を起こしたとしても、たちどころに鎮圧されるだろう。

第四に、核心高位層の内部対立の可能性だが、これもまた現実性を欠いた推測だ。北朝鮮の核心高位層は、一心同体の意識が強烈で、内的葛藤は大きくない。あったとしても黄長燁の場合のように、個別に表出する以外にない。それは、これからも同じだ。

結局のところ現時点で予測されている突発的事態の可能性とは、最も一般的・通俗的、ないしはソ連や東欧の前例から考えつく類型を論じているだけで、北朝鮮の現実とはかけ離れたものばかりだ。」

申敬完が北朝鮮を離れて以来すでに二〇年以上の歳月が流れ、彼の観測がどれほど現実を反映しているかは検討を要する課題である。ただ九〇年代中盤の最悪の状態を脱したとみられる北朝鮮社会で、それ以降これまで論じられてきたような不安定要因が、北朝鮮の体制を揺り動かす要因として現出してこなかった点は注目に値する。

わけても金正日が一九九七年一〇月八日朝鮮労働党総書記に推戴され、一九九八年九月五日第一〇期第一回最高人民会議を召集してふたたび国防委員長に就任したことで、急激な体制崩壊論や体制不安論は沈黙を余儀なくされた。一九九八年に語った北朝鮮情勢に対する申敬完の評価は特徴的であった。

「一九九四年の金日成死去後危機に直面していた北朝鮮は、一九九七年一〇月の金正日総書記推戴を起点に体制の安定度を高めた。周囲の情勢や経済状況は目立って改善されはしなかったものの、金正日体制それ自体は相当に強化された。短期間のうちには北朝鮮体制内部に動揺はないだろう。政府当局者とマスコミは、黄長燁書記や張承吉《チャンスンギル》大使の亡命、キム・ギョンホ一家の脱出などに注目し、北朝鮮体制の不安定さを強調しているが、北朝鮮の実情を知らぬ分析だ。

いまの北朝鮮の状況は、掌中の泥にたとえられよう。手の中にある泥をぎゅっと握り締めると、一部は指のあいだからこぼれて落ちるが、残った泥はしっかり固まる。それと同様に、現在進行中の一部北朝鮮住民の脱北は、金正日体制が強化される過程で耐えきれずにとび出したものだ。北朝鮮体制の安定性を脅かすべき反体制勢力は、北朝鮮内部にとどまれずにはじき出され、北朝鮮には反体制勢力が存在できない状況なのだ。」

申敬完は、北朝鮮の体制が安定しており、将来も相当の期間にわたって安定した体制を維持するだろうという展望に立ったうえで、南北の関係をほぐしていく必要があると助言した。

統治体系の安定的構築

金正日体制の強みとしては、なによりもまず金正日が長期間にわたり後継者として統治体系を安定的に構築してきた点を指摘できる。少し長くなるが、重要な部分なので申敬完の証言をそのまま引用する。

「金正日体制の第一の強みは、金正日が二〇～三〇年という久しい期間にわたり、後継者として自らの統治体制を組織し、思想的にしっかりと構築してきた点をあげることができる。これが、金正日体制が安定性を維持している基本要因だ。

金正日は一九七三年九月に、北朝鮮体制内部において最も核心的であり重要な役割をはたす、労働党中央委員会組織・宣伝書記の座にあって後継者への正式決定を受け、党権を完全に掌握した。金正日は十年のあいだ、後継者の資格をもって自らの唯一的指導体系を党・政・軍及び社会全般に徹底して確立した。その期間に、党・政・軍の大小さまざまな問題が金正日の指示と指令にしたがって動き処理される、指揮監督体系が完成した。

北朝鮮はすでに二〇年以上にわたり、金日成から金正日へと続く統治指導体系を、思想・政治・組織のあらゆる面において準備してきた。金正日が段階的に自己の後継体制を確固たるものに築き上げてきたため、北朝鮮における金正日の掌握力はゆるぎないものとなった。

金正日は二〇年余りのあいだ倦むことなく、自己の統治体系を強化してきた。首領―党―大衆の三位一体論と一心団結論は、まさしくそのためのものだ。外部では実感できないばかりか、とうてい信じ難いことにちがいない。金正日が主体をどれほど強化し一心団結の体系を強固にしたかは、想像を絶するほどだ。金日成の時代よりもむしろ堅固だとさえいえよう。北朝鮮社会を構成する基本階層の一心団結は、はるかに強まっている。」

側近には自分の人間だけを

金日成の時代よりも金正日体制が、さらにいっそう確固とした団結体系を備えているとの見解は、多分に論争的といえよう。一般的には、金日成にくらべて金正日の権威が劣るとみられているからである。金正日体制の第二の強みは、北朝鮮体制を支える革命第一世代と革命第二世代、そして第三世代までもが、運命をともにする一心同体である点にある。

「革命第一世代は、一九三〇年代の日本帝国主義に反対する強固な抗日武装闘争の時期から今日まで、半世紀を越えるあいだ運命をともにしてきた人々だ。彼らは思想・組織的に結束し、逆境の中にあっても常に生死と苦楽を分かち合いながら一つにまとまってきた。

革命第二世代の中枢は、第一世代の息子や娘たちだ。日帝による植民地時代に日本人《イルボンノム》から弾圧を受け、生まれ故郷を離れて流浪の身となり、解放後万景台革命学院に入学した人々だ。現在の中央党部長級、道党責任書記、それに人民武力部・総参謀部・総政治局・陸海空各軍司令部の責任者らは、おおむね革命第二世代に属する。いずれも日帝時代に「浮浪児」同然だった子供たちを解放後一人ずつ探し出しては連れ帰り、実の親にも勝る恩情を施して万景台革命学院で学ばせ、金日成大学はじめ海外へも留学生として派遣し、党と行政機構及び軍の幹部として体系的に育て上げてきた人々だ。国家の指導的地位で活動しているという点で、彼らは金正日と運命をともにしている。金正日体制が崩壊すれば自らも倒れるほかない、運命を同じくする人々なのだ。

彼らの主張する、「ひとつの運命体」という言葉のもつ意味を理解しなければならない。彼らは長期間にわたってありとあらゆる試練を経ながら、繰り返し鍛錬されてきた。金日成唯一思想体系と金正日唯一指導体制に適応できなかった人々は、すでにみな脱落した。彼らは幾度となく鞭打たれた末に残った、選りすぐりの人々である。亡命した黄長燁の場合は、金日成主席の寵愛を受けてきたものの、彼の死後それまでの防壁がなくなると脱落した例外的な事例とみることができる。」

金正日体制の第三の強みは、体制を保衛すべき機構、すなわち党と軍及び国家の安全保衛機構を、徹底して金正日の側近で固めている点にある。

「北朝鮮社会を運営する核心機構である労働党は、中央党―道党―市・郡党―初級党にいたるまで、その指導幹部は徹底した「金正日主義者」により構成されている。党の核心党員（細胞書記）も基本階層出身であり、長期間にわたって検閲を受け鍛錬されてきた人々だという点を認める必要がある。

軍隊をみても、軍隊指揮系統の人民武力部・総参謀部・陸海空各軍司令部・総政治局はもとより、軍団師団旅団、さらには大隊にいたるまで、指揮官らは、戦時と平時にかかわりなく軍事活動の検閲を受け鍛錬されてきた革命第二、第三世代で構成されている。

国家安全保衛部も、中央―道―市・郡―末端幹部のみならず一般職員までもが、選りすぐりの金正日主義者でまとめられている。

このように体制を構築する中枢的な核心機構は、金正日側の人間で構成されている。体制を維持しうる中枢組織が確固として存在しているのだ。ソ連や東欧が滅んだ主な理由は、指導部の変節から党が力を失って組合化し、軍隊や安全保衛部が存在こそすれ、体制を支える機構にはなりえなかったことにある。水で土塀が崩れるように崩壊してしまったのだ。これは核心が強固に結束できなかったことを示すものだ。こうした点で、北朝鮮とは基本的な差異が存在する。」

金正日体制の第四の強みは、長期にわたる歓心政策を通して北朝鮮住民から一定の支持を得ている点である。

「金正日は一九六〇年代後半以来、住民の支持を得るためにさまざまな歓心政策を用いてきた。冠婚葬祭の折りに贈り物を届けることは日常化され、広範囲に行なわれている。職位とは関わりなく、特別な対象者には名節や冠婚葬祭の際に贈り物を届ける。個人や集団が国に利益を与えたとき、また功績により偉勲を立てたときには、一人一人への評価と感謝の手紙、表彰をもれなく届ける。まことに細やかな配慮をしているのだ。なかでも誕生日や還暦、さらに翌年の進甲に膳を調えるのは、なにも特別なことではなく大衆的に行なわれている。

また幼稚園や初等学校から大学まで、軍の除隊兵にも学生服を無償提供するなど、毎年金正日の名前で贈り物が配給される。なかでも子だくさんな母親や、仕事で負傷し生命の危機に陥った人々に対する配慮には、国家的見地からあらゆる手段と方法を動員する。人民の多様な生活必需品を生産することに格別な関心を寄せていると絶えず宣伝している。八・三人民消費財生産運動、軽工業革命路線などがそれにあたる。

こうした一連の活動を通して金正日は、ある面では金日成をしのぐ権威を形成した。朝鮮民族第一主義を掲げ、民族的矜持と自負心をもちうる記念碑的創造物を押し出したのも、彼の統治力を高める一助となった。たとえば西海閘門、ピョンヤン産院、少年宮殿、体育文芸施設、凱旋門などは、民族的自負心と矜持の象徴となっている。これらはたんに外国からの賓客に見せるための展示物ではない。さらに重要な、内部の結束のためのものなのだ。」

申敬完は金日成の時代よりも金正日がよりいっそう北朝鮮住民の信頼と信望を集めていると証言したが、これは検証の困難な部分といえよう。北朝鮮の公式報道を見る限りにおいては、金正日と北朝鮮住民の結束はきわめて強固なものに映るが、脱北者の証言によれば、金日成のときとはちがって金正日に対する住民の抵抗感が強いとされているからである。

六つの乖離現象

ほとんどの北朝鮮専門家は、北の経済が再生不能状態に陥っているとみている。将来改革・開放に向かわなければ、必然的に崩壊するしかないとの見方が支配的である。しかし申敬完は、北朝鮮体制の抱えるさまざまな問題点にもかかわらず、金正日体制に脅威を与え危機へと導くような本質的な要素はないと診断した。ただし北朝鮮内外のいくつかの要因が複合的に作用して、体制の脅威ないしは危機の要素となる可能性はあると、彼はみていた。

まず北朝鮮自体の要因として、体制内に潜在するいくつかの乖離現象、及び党と国家の政策上の問題が指摘された。申敬完は体制内にひそむ乖離現象を、大きく六つに分けて説明した。

「第一に、党と政府の路線や政策と、北朝鮮社会の現実との乖離現象だ。すなわち党の政策と路線の内容はよくとも、実生活において具現されているかという側面では、多くの乖離をみせているといわざるをえない。米の飯に肉のスープを食べ、瓦屋根の家に暮らすというのは戦略的スローガンだが、これが長期間にわたって実現されずにいる。

第二に、理論と実践との乖離現象だ。理論の内容とは別に、それを実践活動に移すうえで多くの乖離が生じている。人々の自主的・創造的生活という理論それ自体はよいとしても、北朝鮮の人々の実践活動においては多くの乖離現象が存在する。

第三に、幹部や党員、及び一般住民の、言葉と行動のあいだの乖離現象だ。正しいことを上手に口にするが、いざ実践するとなると駄目な場合が多く、反対の結果を生むことさえある。保身主義と消極主義、そして要領よく立ちまわろうとする行動が広範囲に見受けられる。なかでも口先一つで大儲けをたくらむ者、言葉ばかり忠実な者たちが存在する。

第四に、集団主義から生じる問題として、組織と個人生活との乖離がある。北朝鮮では集団主義が社会の運営原理だが、すべての生活が集団主義で進められれば、各人の個性と欲求に反する場合が多く生じる。

第五に、唯一性と多様性との乖離がはなはだしい。北朝鮮の体制がすべての多様性を唯一化・一元化でまとめようとするなら、無理が生じざるをえない。

第六に、中央と地方、上部と下部、指導と被指導、これら相互の乖離現象だ。中央から命令を下ろしても、地方できちんと履行されない現象が見受けられる。上部と下部のあいだには官僚主義が存在する。」

実用と原則との葛藤

北朝鮮の社会主義は、集団主義を基本とする高度に組織化された社会である。そのためには、すべてのことがらを規範化・定式化しなければならない。そこで個人や多様性、上部と下部に関わる乖離現象が生じるというのである。北朝鮮はこうした乖離現象を、組織生活と思想教育を通じて解決しようとはかる。組織と思想生活における締め付けがいっそう強まることになる。しかるのちに現実生活を改善し、住民の欲求を充足させようとする。しかしこうした手法自体、現実からの乖離を生む場合が多いという。

申敬完は「北朝鮮指導部が組織生活を強化して問題解決にあたろうとしても、人々が疲弊すれば台無しになる」と述べ、思想教育のもつ限界を指摘した。北朝鮮が抱える体制内部の乖離現象は、北朝鮮指導部の積極的な事前予防措置により緩和もされているが、体制にとっての弱みであることは明らかである。

次いで申敬完は、政策上表面化する可能性のある脆さを三点に分けて指摘した。

「第一に、強硬な原則主義者と現実的な実用主義者との葛藤だ。北朝鮮では将来、対外開放や対外政策の執行において葛藤が生じうるだろう。

対外開放は一時的・戦術的な措置ではなく、経済戦略における方針だ。西側との合作や交流は不可避であり、拡大されねばならない。しかし開放の幅と広さ、また深さに関して、原則主義者と現実重視主義者とのあいだに意見の相違が存在する。現実重視派はその幅を広げようとし、原則主義者は狭めようと主張するにちがいない。金正日の性向と政治スタイルからすれば、対外開放を大胆に広げる側に立つ可能性が大きい。

もとより革命第一世代をはじめとする軍隊と国家安全保衛部内の原則主義者たちは高い地位に

あるため、彼らがブレーキをかける可能性もある。つまり、原則と現実とのあいだに隔たりが生じうるのだ。現実主義者は特殊経済地域を、一箇所だけでなく南浦・新義州《シニジュ》などに拡大しようと主張し、原則論者はこれに反対して警戒することだろう。

第二に、軍需と民需の比重の設定をめぐる葛藤だ。北朝鮮はいまだに国防力の強化と軍需拡大の必要性を強調している。国防建設と軍事力を優先課題に掲げるからには、国防力を発展させねばならない。生活の問題は辛抱できるにしても、国防力が揺らげば国が滅ぶという認識なのだ。当然のことながら、人民経済部門にはたいへんな負担を及ぼしている。

国家計画委員会ほか経済分野の各部署は、民需工業を減じて軍需支援に回らねばならないことに相当な不満を抱えているものと考えられる。米国との敵対関係が和らぎ、周囲の環境が変化すれば、現実主義者からの「対外環境が変化したのだから、軍需を減らして民需に転換しよう、石炭・鉄鋼を民需に向けよう、国民生活の発展を目指そう」という主張が浮上可能となる。

第三に、対外政策の執行において、非同盟圏への援助、国際共産主義に基づく支援問題が議論になる可能性がある。北朝鮮の経済水準からして、いまや経済支援は手に負えないのが実情だ。

一九八〇年代中盤ニカラグアに二〇万ドルを支援し、アフリカ諸国にも頻繁に無償援助を行なった。全体として莫大な額にのぼった。さらに対外宣伝費も相当なものだ。そのうえ各国共産党に活動資金と武器も提供した。非同盟国家支援問題、なかでも国際共産主義運動に対する支援と対外宣伝費の支出があまりに多すぎる。問題は、対外支援が今後さらに強化されそうな点だ。なかでも国際共産主義運動への影響力を確保するため、いっそう経済支援を強化する方向に進む可能性がある。そうなれば現実主義者たちは「巨額に過ぎる」と反対に回るかもしれない。」

しかし、金正日の体制掌握力が堅固な状況では、これらの内部的脆弱さはいまだ大きな問題とはなっていない。将来拡大する可能性としてのみ、いまは残されている。

続いて外的部門の脆弱点として、なによりも資本主義国家との接触と交流によって必然的に流入せざるをえない、資本主義圏の資本と文化がとりあげられた。

「経済の開放は、北朝鮮にかなりの脅威的要素として作用するにちがいない。経済の開放は経済交流と人々の往来をもたらす。文化や芸術、さらには生活様式までがそれとともに流入せざるをえない。特殊経済地域や自由貿易港の開設が、今後南浦や元山にまで拡大する可能性がある。そうなれば多額の外国資本を引き入れ、新たな合作・合営・純外国資本という、三つの形態からなる私的所有が生まれる。私的所有の出現は、社会主義的な集団的所有と資本主義的な個人所有との併存をもたらし、これまでの社会主義経済管理形態のほかに、新たに個人的・資本主義的な経済管理形態が発生する。

さらに、これまでにはなかった賃労働が生まれるだろう。資本主義の市場経済原理が作用しはじめ、社会主義的経済原理との併存が不可避となるにちがいない。

そのため、今後併存現象をどのようにコントロールし連繋をとっていくかが、北朝鮮の政策の成否を左右することになる。すなわち所有と経済管理の形態において、集団管理と資本主義的経済管理をどのように融合させるかが当面の課題となろう。中国では社会主義経済理論を定立しなおし、資本主義を包容している。北朝鮮がこの問題を解決できなければ、大きな混乱が発生するにちがいない。」

とりわけ対外交流の拡大につれて資本主義的な思想、生活様式と文化・芸術が流入し、将来大きな問題として浮上する可能性が高い。いくら蚊帳を広げてみたところで、資本主義的な思想と文化が靴底の土のように入りこむほかはない。これらは社会主義的な生活様式とは相いれず、両者間の葛藤が熾烈になることであろう。申敬完は、個人の物欲が増大していく現象に注目した。

「現在北朝鮮に不正腐敗が蔓延しているという証言は誇張されたものだ。しかし豊かな物質生活を営めなかった北朝鮮の人々が資本主義の文化に接したとき、予想だにしなかった物欲に火がつく可能性がある。たとえば何度も外国に出ている者は平気でいても、初めて海外出張に行く者は、何か買えるものはないかと血眼で探し回る。これは大きな弱点だ。」

内的・外的要因が個々に独立して存在するときは力をもたなくとも、これらの要因が複合的に作用し拡大すれば問題の生じる可能性があると、申敬完は結論づけた。

第八章

後継者金正恩の登場

金正恩の登場と後継者の決定過程

北朝鮮は二〇一〇年九月二八日、朝鮮労働党代表者会議を開催し、後継者金正恩《キムジョンウン》大将を労働党中央軍事委員会副委員長に選出した。北は予想を覆し、後継者の顔を公開した。後継者として労働党創建六五周年行事にも参席した金正恩は、以後公然と金正日国防委員長の現地指導に同行を開始する。

一九七四年に政治委員に任命され、その後三年を費やして党・政府・軍における唯一指導体系を確立し、さらに三年間の過渡期を経た後に、はじめて第六回党大会において公表した金正日の後継継承過程を、圧縮して進めているのである。

抗日遊撃隊が解放直前に金日成主席を責任者に推戴

やはり北朝鮮は「抗日遊撃隊国家」であった。二〇一〇年九月二八日、四四年ぶりに開かれた朝鮮労働党代表者会議が終わった直後、後継者として姿を現した金正恩が、ピョンヤンの錦繍山《クムスサン》記念宮殿で党・中央機関のメンバーならびに第三回労働党代表者会議参加者と撮った記念写真が、それを示している。この写真は『労働新聞』九月三〇日付け一面に掲載された。

そこでは、錦繍山記念宮殿に掲げられた金日成主席の写真の前で、一列目に座る李乙雪元帥らの「抗日遊撃隊第一世代」、次世代を育てるためにつくられた万景台革命学院出身の「第二世代」、そして新たに北の中心に浮上しつつある「第三世代」が座をともにしている。

一列目に座る人物のうちでは、まず李乙雪（九〇歳）元帥が目を引く。一九三〇年代に金日成主席が旧満州地域で抗日遊撃隊活動を行なった当時、少年伝令兵として活躍した李乙雪は、政権樹立後も人民武力部や護衛司令部など、一貫して軍に身をおいてきた。八四年からは一〇年間、金正日国防委員長の護衛司令官の任にあった。その彼が、金正恩の右側二番目に座っている。いまだ生き残る抗日遊撃隊第一世代が後継者金正恩を支持していることを、象徴的に示すための配置である。

抗日遊撃隊は一九四五年七月、解放を迎える一ヶ月前に朝鮮工作団を結成し、金日成を責任者に推戴した。一九九六年九月に中国黒龍江省ハルピンにある元抗日遊撃隊員陳雷・李敏夫妻の自宅を訪れた際、李敏女史は「解放直前に金日成主席は、東北抗日連軍教導旅団に所属していた崔庸健・安吉《アンギル》・姜健《カンゴン》・崔賢・金一・崔光ら、遊撃隊主要幹部の推戴により朝鮮人部隊の責任者になった」と語った。李敏女史は、その後国内のマスコミとのインタヴューでも「崔庸健らは、ソ連側の責任者から「朝鮮人のなかで誰を指導者にすべきか」と尋ねられ、解放後の闘争方向と進路を模索するための内部秘密会議を招集して「金日成は、歳はわれわれより若いものの、軍事・政治面での能力が卓越しているため、指導者にすることに決めた」と知らせてきた」と証言している。

解放後に北で政権が樹立された後、金日成主席が最高指導者に浮上した理由をうかがわせる証言である。

それから二五年を経て抗日遊撃隊員らは、当時労働党の宣伝煽動部副部長の地位に上っていた金正日を後継者に推戴する。金一・林春秋・崔賢・呉振宇らがその中心だった。

彼らは一九四九年九月、金正日の生母であり抗日遊撃隊の同志でもあった金正淑が亡くなる直前に遺した「金正日をしっかり育ててくれ」という遺言を聞いている。

金正日が一九七四年二月政治委員に任命され、公に後継者となった後も、抗日遊撃隊の元老らは、

雪　7金永春　8金正恩　9李英鎬　10金正日　11金永南　12崔永林　13金鉄萬（?）14金国泰　15金慶姫　16金己
11朱奎昌　12崔龍海　13金永日　14金養健　15朴道春　16張成澤　17禹東則　18金正覚　19金昌燮　21玄哲海

『労働新聞』９月 30 日に掲載された写真。最前列　左から1朱霜成　2李勇武　3楊亨燮　4崔泰福　5全秉浩　6李乙
男　17姜錫柱　18辺英立　19洪石亨　第二列　左から5文景徳　6朴正淳　7金平海　8金洛姫　9太宗秀　10李泰男

金正日による後継体制の樹立に象徴的な役割を担った。金一・林春秋・李鍾玉・全文燮・朴成哲《パクソンチョル》らはその代表であり、呉振宇・崔光の歴代人民武力部長が、最後まで軍の元老として金正日を補佐した。抗日遊撃隊の第一世代が金正日を後継者に推戴し安定的な継承を支えたように、金正恩が後継者として登場する過程においては、彼らの息子である第二世代が中心的な役割を果たしたのである。さきの写真を見ると、一列目と二列目のほとんどが抗日遊撃隊の息子たちで占められている。

一列目に座る金永春《キムヨンチュン》人民武力部長、李英鎬《リーヨンホ》総参謀長、全秉鎬《チョンビョンホ》・崔泰福・金国泰政治局員と、二列目に立っている崔龍海《チェリョンヘ》秘書、玄哲海大将が代表的な第二世代である。

核心人物は、抗日遊撃隊二世の李英鎬総参謀長

なかでも注目されるのは、李英鎬総参謀長だ。一九四二年一〇月に生まれた李英鎬次帥は、一九五九年八月人民軍に入隊、金日成軍事総合大学を卒業した後、師団参謀長、軍団作戦部長、総参謀部作戦局副局長、人民軍副総参謀長、ピョンヤン防衛司令官などの要職を経て、二〇〇九年二月人民軍総参謀長に命じられた。彼が党代表者会議の直前に次帥に昇進し、金永春国防委員会副委員長に代わって政治局常務委員に電撃的に登用されたのは破格の人事で、金正恩後継体制構築の核心的な役割を与えられたものとみられる。金正日時代に呉振宇人民武力部長がいたとすれば、金正恩時代には、李英鎬次帥が呉振宇の役割を担うであろうことを示唆している。

彼の家系は、正確には確認されないものの、抗日遊撃隊員の李鳳洙《リーボンス》と金明淑《キムミョンスク》との間に生まれたとの説が有力である。李鳳洙（一九〇一―一九六七）は、一九三〇年代初頭から金日成と連携して活動した抗日遊撃隊の第一世代である。同じく一九三〇年代に抗日遊撃隊で活動した金明淑（一九一二―

一九八六）と、一九四一年末頃ウラジヴォストーク近郊にあった南野営で再婚したと伝えられる。

李鳳洙は、一九三〇年代初めに中国の琿春地方で反日地下工作を行なった際、日帝の監視から逃れるために医者に変装して活動していた。それが縁で、一九三三年からは反日遊撃隊の病院長として活動を始めた。金日成はその回顧録で「林春秋、李鳳洙たちは治療活動で特出した業績を残した名医であるばかりか、後進の育成においても無視できない功労を立てた権威ある人々」だったと振り返っている。後進の育成に言及したのは、李鳳洙が解放後万景台革命学院の学院長として活動したためである。また金明淑は、金正日の生母であった抗日遊撃隊員金正淑と親しく、一九四〇年代初めに一緒に撮った写真が残されている。

すなわち李英鎬次帥は、両親がともに抗日遊撃隊出身であり、父親の李鳳洙は日帝時代に「軍医官」として、解放後は万景台革命学院院長として活動していたため、遊撃隊二世らの間に幅広い人脈をつくることができたものとみられる。北朝鮮が李英鎬次帥に金正恩後継体制形成の核心的な役割を負わせた理由を示唆するものである。

相対的に若い、遊撃隊第二世代と第三世代が支える

李英鎬次帥のほかにも、崔賢前人民武力部長の息子である崔龍海秘書、呉振宇前人民武力部長の三男である呉日正《オイルチョン》労働党民防衛部長、呉白龍前国防委員会副委員長の息子呉琴鉄《オグムチョル》（前空軍司令官）、金策の息子金国泰党検閲委員長も前面に立っている。彼らはみな六〇代であり、抗日遊撃隊二世のうちでも相対的に若い世代に属する。

金永春人民武力部長、全秉鎬内閣政治局長、玄哲海国防委員会常務副局長ら七〇代になる第二世代

に代わって、相対的に若い六〇代の第二世代が前面に出て、金正恩後継体制を支えているのである。

「党の決定が、すなわち人民の決定」

電撃的に公表された金正恩後継体制だったが、それが順調に出帆できた最大の要因も、抗日遊撃隊員とその第二世代による推戴、さらに第三世代の支持によるものであった可能性が高い。

北朝鮮研究家である和田春樹東京大学名誉教授は、かつて北朝鮮を「遊撃隊国家」と規定した。「朝鮮民主主義人民共和国」を創建し、いまの体制の原型をつくった人々が遊撃隊、すなわち抗日パルチザンであるという意味であろう。金日成主席を最高指導者に推戴した人々も抗日遊撃隊の仲間であり、金正日国防委員長を後継者に推戴し支えたのも、抗日遊撃隊第一世代と第二世代だった。二〇〇八年下半期に金正恩を後継者に推戴し、後継体制づくりの先頭に立った人々もまた、抗日遊撃隊第一世代と第二世代であり、これを第三世代が支えている。

そうした点で、北の後継者選定過程は独特である。選挙を通じてなされる資本主義社会における最高指導者の選出とはまったく異なり、社会主義を経験した中国の最高指導者選出とも異なる特性をみせている。世代の継承が、抗日遊撃隊出身者の世代の継承として現れているわけである。中国のある学者は「中国での後継者への継承は、長い検証過程と熾烈な競争を通じてなされるが、北朝鮮では基本的に革命第一世代の子や孫の影響力、すなわち集団としての意志が反映されている」、「北朝鮮は中国とは違って、抗日遊撃隊員とその子孫らの集団による決定で後継者を推戴している」と語った。「抗日遊撃隊員」の権威と後光が存続する限り、北朝鮮の後継者は、抗日遊撃隊集団の手で決めるほかない特殊性を帯びているというのである。

北の継承過程がそれなりの特殊性を反映してはいても、世代交代による意識の変化は時代に抗えないようだ。ピョンヤンにハンバーガーとピザの店が登場し、中国の大衆文化をいち早く取り入れていることなどが、それを表している。金正恩に象徴される北の第三世代が、時代の流れに応じて、人民経済の再建と対外開放に総力を傾けることができる条件を備えたといえよう。そうした点で金正恩の登場は、北朝鮮社会に新たな変化をもたらす契機となるだろう。

後継者金正恩は、いかなる人物か？

後継者に決まってから二年が経ち、党中央軍事委員会副委員長に任命され公式の場に姿を見せた金正恩だが、その経歴と活動内容は依然としてベールに包まれている。

「二〇〇八年下半期に北朝鮮の最高指導部が後継者に決定した金正恩は「青年大将」と呼ばれ、国防委員会で働いている。特定の職責に任命されたのではないが、後継者の資格で党・政・軍すべての事業に関与している」

二〇一〇年初頭に中国で会った、ある北朝鮮消息通の言葉だ。彼は「外部の観測とは異なり、後継体制の構築がかなり速いスピードで進められている」と付け加えた。それから約半年が過ぎ、北朝鮮は金正恩に「大将」の称号を付与し、党代表者会議を通じて党中央軍事委員会副委員長に選出した。二〇一〇年に朝鮮労働党第七回党大会を催して後継者を公にするだろうとの予想を裏切り、突如公開の席に姿を現した。名実ともに金正恩時代を迎えているのである。

金正恩は一九八三年一月、金正日と高英姫の次男として誕生した。金正恩には、兄の金正哲《キムジョンチョル》と妹の金汝正《キムヨジョン》がいる。彼は幼い頃から軍服を着て育ったという。ピョンヤンで小学校と中学校を終えた金正恩は、しばらくスイスに留学し、一九九九年末に帰国した後、金日成軍事総合大学で学んだとされている。

世宗《セジョン》研究所の鄭成長《チョンソンジャン》研究委員は「金正恩は二〇〇二年から二〇〇七年四月まで、軍の幹部養成機関である金日成軍事総合大学特設クラスで「主体の領軍術」をはじめとする軍事学を秘密裏に学んだという。金正恩が軍事大学で学んだのは、高英姫が金正日の先軍政治を受け継ぐよう強く望んだからで、そこで彼らだけの特設クラスが用意されたのだ」、「特設クラスを修了した正哲・正恩の二人は、金正日も加わった公開の席上で「主体の領軍術」を具現化した軍事理論を発表し、金正日から拍手まで送られたといわれる」と紹介した。

金正恩が二〇〇五年からの約二年間、金日成総合大学の教授陣から哲学、歴史、経済学の個人教授を受けたとする証言もある。彼が二〇〇〇年代に入って集中的に大学の教育課程を履修したのは確かなようだ。海外のある北朝鮮専門家は「大学の講義を通して金正恩は、カリスマ性とリーダーシップにおいて高い評価を受けた」と語った。

二〇〇八年に大学を卒業した後、金正恩の消息は杳として知れなかった。それまでは、後継問題に関する論議が浮上することもなかったのである。しかし二〇〇八年八月に金正日国防委員長の「健康異常説」が持ち上がり、状況は一変した。最高指導部内で後継問題がふたたび深刻に論議された。北の内部情勢に詳しい中国のある学者は「二〇〇八年末に、抗日遊撃隊第二世代を中心とする北朝鮮の最高領導層内部において、後継者の決定をこれ以上引き延ばすことはできないという厳しい問題提起が行なわれ、深刻な論議と苦悩の末、最終的に金正恩に決まった」と語った。

金正恩は後継者に決定した後、金正日国防委員長のほぼすべての公開活動に随行したとされている。

後継者に内定した後は「衛星管制総合指揮所」で長距離ロケットの発射に立ち会うなど、金正日のさまざまな公開活動にもれなく付き添い、後継者として「首領を補佐し支える革命活動」を続けながら、将来を見据えて積極的に歩を進めていたという。

金正日国防委員長の現地指導事前点検

北朝鮮の内部資料は、金正恩が二〇〇九年に金正日の江原道、咸鏡道、慈江道への現地指導に随行した際、事前に当該地域を訪れ検閲と準備作業の指導にあたったと宣伝している。

また北朝鮮は「二〇一二年の強盛大国達成」のため、二〇一〇年五月に開始した「一五〇日間戦闘」と、これまでになく盛大に行なった五・一節（メーデー）記念行事、さらに故金日成主席の九七回目の誕生日を記念する「祝砲夜会」についても、金正恩の「作品」と宣伝している。金正恩を称える歌謡曲「パルコルム（歩み）」も北朝鮮の全域に広まっている

中国のある北朝鮮消息通は「二〇〇九年に、党員を中心として金正日国防委員長と金正恩後継者に忠誠を誓う「忠誠の手紙運動」が進められ」、「過去二年間で金正恩が急速にその地位を固めている」と評価した。

二〇一〇年七月には、金正日が一九七四年に後継者に内定したときに使われた「党中央」という表現が、『労働新聞』をはじめとする北朝鮮メディアに登場した。金正恩の代表的な業績とされるコンピューター制御技術（ＣＮＣ）のスローガンも、二〇〇九年八月に開かれたマスゲーム・アリラン公演に初登場した。

北の市民たちも党代表者会議以降、金正恩副委員長について公に語り始めた。二〇一〇年九月ピョ

ンヤンを訪れた外国人記者団に対し、一九六八年に拿捕したプエブロ号の案内員が「人民軍は数年前から（金正恩を）大将と仰いできた」、「われわれは（金正恩を）領導者同志（金正日）と同等にみている」と語った。

ある北朝鮮専門家は「金正日は一九七二年に後継者に確定した後、三年を費やして党・政・軍にみずからの唯一指導体系を築きあげた」、「人民軍内部における指導体系を樹立した金正恩は、二〇一二年までに党と内閣ほかの部門にも確固たる後継体系をつくりあげるだろう」とみている。

後継者金正恩、最初の職責は党中央軍事委員会副委員長

二〇一〇年九月二八日に開かれた党代表者会議を経て、朝鮮労働党中央軍事委員会が、実は北朝鮮の最高機関である事実が明らかになった。副委員長職が新たに設けられ、金正恩大将と李英鎬総参謀長が就任したからである。

党規約には、中央軍事委員会が「党の軍事政策の遂行方法を決定し、人民軍を含むすべての武力強化と軍事産業発展に関する事業を組織・指導し、わが国の軍隊を指揮する」と明示されている。

党中央軍事委員会に加えられたメンバーをみると、これまで金正日体制の最高権力機構であった国防委員会をしのぐほどの印象を与える。金正恩大将を中心とする新たな後継者指導体系が、中央軍事委員会を中心に運営されるであろうことを示唆する措置とみられる。

したがって、今後は党中央軍事委員会と政治局常務委員会が、北朝鮮のすべての路線と政策を決定し、核心機構としての座を占めていくに違いない。なかでも党中央軍事委員会が、金正恩時代を牽引する機構として急浮上するだろう。党の領導と先軍路線を「調合」可能な機構というわけである。

また金正恩と李英鎬の副委員長任命は、国内の後継体系が事実上仕上げ段階に至ったことを示すものである。金正恩が二〇〇八年末後継者に内定し、二〇〇九年一月労働党内部で公にされた後に国防委員会で活動を開始してから、一年半ほどが経った時点である。金正日も一九七四年政治委員会に任命されてから、一年余りで軍隊内部における後継体系を完了した。金正日が後継体制を樹立する過程と比較すると、一九八〇年の状況に似ているともいえよう。

党の核心機構の人選を終えた北朝鮮は、今後金正恩副委員長の主導により、党中央委員会副部長・課長級人事をはじめ地方党に至るまでの大々的な人事措置を断行するものと予想される。

後継者による単一指導体制の樹立

党代表者会議における人選の特徴は、大きく三つの側面で注目される。第一に、金正恩後継体制が無難に着地を果たせるよう、金日成と金正日の時代に中心的な役割を担ってきた幹部らを党・政・軍の主要な地位に置いた。外部から起こる不安定要素を除去しようとする意図とみられる。なかでも金正日の時代に中央と地方で活動し、すでに検証済みの人事が、今回政治局と秘書局に登用された。ある北朝鮮専門家は「金平海《キムピョンヘ》秘書、李泰男《リーテナム》副総理らは、一九六〇年代に金正日が中央党に入ったときから歩をともにし、金正日による後継体制の樹立後は地方の責任者として赴任、今回中央党に復帰した」、「金正恩による新たな後継体制を確立し、地方と中央を有機的につなぐうえで大きな役割を果たすだろう」と述べた。

第二に、抗日遊撃隊の第二世代のうち、相対的に若い層が金正恩時代の中心幹部として新たに浮上している。崔龍海秘書、呉日正労働党民防衛部長がその代表格である。中国のある学者は「万景台革命学院出身の抗日遊撃隊二世、三世たちが、金正恩の後継体制を支える核心的な役割を果たすだろう」と展望する。

第三に、集団指導体制ではなく、後継者中心の単一指導体制が樹立されるものとみられる。その過程で特定の人物が、いわゆる北朝鮮専門家が予想するような摂政役や後見人になることはなく、集団による協議を経て組織的に後継者を補佐する形態がとられるであろうことを示唆している。

後継者登場以降の、北朝鮮の政策を展望する

後継者が公になって以降、内外の耳目は北朝鮮の政策の行方に集まっている。短期的には、二〇〇九年から表面化している北の平和・対話攻勢が持続されよう。金日成主席の「三大遺訓」の貫徹が主要な目標となる。長期的には金正恩時代を特徴づける政策も徐々に現れるものとみられる。

二〇一二年まで、北は人民の経済生活向上と対外環境改善のために力を注ぐものと予想される。これは二〇一〇年を「強盛大国の扉を開く年」と位置づけた目標を達成し、後継体制を無難に定着させるための前提でもある。これに関連して在日本朝鮮人総連合会機関紙『朝鮮新報』は、二〇一〇年一〇月二日党代表者会議の解説において、北が二〇一二年に「強盛大国」の達成を展望した事実をとりあげ、「今日の国際情勢下において、わが国の経済復興と朝鮮半島の平和保障、北南関係の改善は互いにつながっている」と主張した。北朝鮮が計画経済の整備、中国との協力を通じた対外開放、六者会談の再開、南北対話復元の努力を同時に進めようとする意志を示すものであろう。

「相互信頼のモデルを構築しよう」

当面北朝鮮は、二〇一〇年五月と八月の二度にわたり中国との首脳会談で合意した戦略的協力関係を、各方面で拡大していくものとみられる。金正日国防委員長は二〇一〇年一〇月一〇日、朝鮮労働党創建六五周年行事に参加するため訪れていた周永康中国共産党政治局常務委員に「朝中両国は政治面において相互信頼のモデルを構築しなければならないのみならず、経済面での相互協力においても新たなモデルをつくっていくべきだ」、「これからは絶えず経済協力分野の水準を高めていくようにしよう」と提案した。

中国も「政府による支援」から「政府主導」へと立場を変え、北朝鮮への経済協力に向かう意向を明らかにした。中国の指導部は「朝鮮労働党の新たな指導体制とともに協力の精神を強めていく」（習近平国家副主席）、「中朝間の友誼は代を継いで伝えられなければならない」（胡錦涛主席）と朝中協力を強調し、後継者金正恩を中国に招請した。これにより朝中間の経済協力が強化され、羅先《ラソン》市、清津市をはじめ中朝国境地域に開放区（経済特区）が設けられることになる。二〇一一年には胡錦涛主席のピョンヤン訪問、金正恩副委員長の中国訪問も実現する可能性がある。

中国のある学者は「中国は東北アジア情勢安定のために北朝鮮との協力を強化する必要があり、北は後継体制の速やかな安定と人民経済改善のために中国との協力が必要な状況」である。今後は「中朝間の政治・軍事・経済・文化などあらゆる分野での戦略的協力が進むだろう」と展望する。

「九・一九共同声明を履行する用意が整った」

北朝鮮は、平和協定締結を中心とする米朝対話および多国間協議にも積極的に向かうだろうとみられる。米朝協議を指揮してきた姜錫柱《カンソクチュ》前外務省第一副大臣の、内閣副総理および政治局委員への任命や、六カ国協議首席代表だった金桂寛《キムゲグァン》外務次官の第一副大臣への昇進などからみて、北は米朝高位級会談のための布石を打っている。

党創建記念行事直後の二〇一〇年一〇月一二日、北は金桂寛外務省第一副大臣を中国に派遣し、六カ国協議と朝鮮半島情勢について論議した。これに関して北朝鮮外務省スポークスマンは「われわれは六カ国協議再開の用意ができているが、米国をはじめとする一部の参加国がそうではない条件下で、慌てることなく辛抱強く引き続き努力していくこととした」と述べた。

北朝鮮は南北対話にも前向きな姿勢を示している。二〇一〇年下半期以降、繰り返し南北会談を提案している。とりわけ二〇一一年に入ってからは、韓・米・日との対話と海外資本の誘致に積極的である。

北の対話攻勢は、二〇一〇年一二月二〇日訪北中のビル・リチャードソン州知事に対して金桂寛外務省第一副大臣が述べたとされる「包括的な対外戦略」と関連がある。その核心は、米朝関係の正常化を外交路線の中心に置くところから脱して、米朝・南北・日朝対話を併行して行ない、全方位的に進めていくというものである。中国のある北朝鮮専門家は、「北は二〇一〇年に、今後の経済路線、対南路線、対外路線については一九九〇年代初頭に金日成主席がとっていた路線に戻り、これを後継者金正恩の時代の基本方針に定めた」と明言した。金正恩の登場以後、北朝鮮で金日成主席の遺訓が強調される理由でもある。

北が「一九九〇年代初めの金日成主席の路線」に言及したことで、当時の北朝鮮の動きを考えることが、今後の進路を予測するうえで大切になってくる。一九九〇年代初めの歩みを振り返れば、今後北朝鮮は南北・米朝・日朝関係を同時に改善するために対話攻勢をとりながら、内部では農業と軽工業の発展を強調し、対外貿易を拡大する方向に進むだろうと予想される。

そこで北朝鮮は、ただ待つのではなくオバマ政権の決断を促す行動をとった。二〇一〇年一一月米国の中間選挙とソウルG20首脳会議が終わった後、軽水炉建設現場とウラニウム濃縮施設を公開したのがそれである。北朝鮮は同月初めから中旬まで米国の学者らを相次いで招き、それぞれに異なるメッセージを送った。ひとつは軽水炉を建設しており、その原料となるウラニウム濃縮施設をすでに備えているというもので、もうひとつは核開発を中断することも可能だとするものである。米国が北朝鮮に対する抑圧政策を続ける場合は核の能力をさらに高めるが、平和協定締結のための対話に向かうのであれば核開発を中断してもよいというメッセージだった。米国が北朝鮮の核能力に疑問を呈すと、それをすぐさま公開するという勝負手を放ったわけである。

北朝鮮の現代的なウラニウム濃縮施設を確認したオバマ政権は、「戦略的忍耐」から介入政策へと転換するほかない状況に追い込まれた。結局米国は二〇一〇年一二月中旬、何度も延期してきたビル・リチャードソン州知事の訪北を承認した。米朝対話が途絶えた二年の間に北の核能力が強化され、朝鮮半島における中国の影響力が増していく状況をこれ以上見過ごすことはできないという戦略的判断が、行動へと具体化し始めたのである。

米国は、南北対話を経て米朝の直接対話と六カ国協議に進む青写真を描いているようである。米国の高位官僚は、二〇一一年に入って「南北対話に始まる外交交渉が可能である」と口にし始めた。しかし南北対話が再開されたとしても、南北の互いに対する認識と議題の設定において立場の隔たりが大きく、対話が思うように進むかは疑問である。北朝鮮は「すべての問題を論議できる」との立場にみられるように、延坪島《ヨンピョンド》砲撃事件に対する遺憾の意と非核化の意志表明を行なう用意がなされているとみられる。一方韓国側では、開城工業団地活性化、金剛山観光の再開、平和協定締結など、北側の要求を受け入れるための準備はなおざりにされているようだ。むしろ南北が平和協定を主導しなければならないなどの、南北対話の障害となるような発言を繰り返している。六カ国協議も平和協定問題が解決しないと空回りする可能性が高い。

金正日委員長みずから海外投資の誘致に乗り出す

北朝鮮は成果が流動的な南北対話や六者会談より、むしろ海外投資の誘致に力を注いでいる。いまだ核問題と南北関係の緊張により国際社会の対北制裁が続いている状況では、北が外資の誘致に所期の成果をあげられるか疑問視する声が多い。しかし最近の北の動向をみると、これまでとは明らかに異なる様相が繰り広げられている。

二〇一一年一月二三日金正日国防委員長とエジプトのナギーブ・サウィリス、オラスコム会長との面談が象徴的だ。北朝鮮が公開した写真を見ると、サウィリス会長は夕食会の後、金正日委員長と握手し、張成澤国防委員会副委員長の腕をとって親しさを誇示した。オラスコム・テレコムは、二〇〇八年に七五パーセントを投資（北朝鮮逓信省が二五パーセント）して「高麗リンク」を設立し、北朝鮮で携帯電話事業を行なっている企業であり、二〇一〇年末現在の加入者数は三〇万人を超えている。サウィリス会長は二〇〇八年、米国の経済専門誌『フォーブス』の選ぶ「世界の富豪五〇人」に名を連ねた企業家である。

そうした点からみて、この会談はまことに異例であり興味深い。金正日がサウィリス会長と会い、北のメディアがこれをただちに報道したことについて、オラスコムからの大規模資金導入のための地ならしではないかとの分析もあった。しかしこれまでのような投資誘致のための「地ならし」ではなく、事前に相当な投資の合意がなされていたため金正日との面談が実現したものとみられる。金正日の地方現地指導にも随行せずに、張成澤部長が朝鮮合営投資委員会のリ・スヨン委員長とともに投資誘致の合意を引き出したとみるのが自然である。

朝鮮合営投資委員会の投資誘致事業も、速度を増している。同委員会は二〇一〇年七月八日に内閣全員会議で批准された、外資誘致と合営・合作など国外に関わるすべての事業を統一的に指導する国家的中央指導機関である。国家的投資戦略と計画に基づいて外国政府、民間レベル、開発投資家との間で投資協定及び投資計画を締結し、多様な方式による投資と経済特区についての管理運営を行なう、内閣直属の機関である。国家的中央指導機関は、北朝鮮が羅先特区への投資誘致促進のために二〇一〇年三月に改正した「羅先経済貿易地帯法」にも登場する組織で、この法律は羅先特区の開発を国家的中央指導機関が管理監督すると明示している。言い換えれば北朝鮮政府の外資誘致専用窓口ということになる。

過去三〇年にわたってスイス駐在外交官として活動し、二〇一〇年初めに帰任したリ・スヨン前ジュネーヴ北朝鮮代表部大使が委員長を務め、傘下に一三の局が設けられている。

二〇一〇年一二月キム・イルヨン副委員長が率いる合営投資委員会代表団は北京を訪れ、中国商務部との間で羅先特区と鴨緑江《アムノッカン》河口にある黄金坪《ファングムピョン》島《ド》開発のための了解覚書（ＭＯＵ）を取り交わした。三五億ドルをかけて五年間行なわれるこの合作開発のために、北朝鮮は土地と労働力を提供し、中国側は資金を投資する。最近合営投資委員会は、中国商務部が指定した中国の国営企業との間で投資地域と事業別に契約を締結、あるいは協議を進めていると伝えられる。

なかでも羅先市の場合、五つ星ホテルとゴルフ場、大規模貿易市場、二〇万キロワット規模の発電所が具体化しており、二〇一一年内に図門と清津を結ぶ鉄道の現代化事業にとりかかると伝えられる。北朝鮮と中国は、これらの事業を計画通り進めるためにピョンヤンに共同管理委員会を置き、羅先などに分所を設置する予定である。

さらに注目すべきことは、国営及び合作会社を通して執行される形ではあるが、事実上中国中央政府の資金が投資され始めた点である。これまで中国企業が北朝鮮の鉱山、港湾などに投資しようとしても、脆弱なインフラのせいでうまくいかなかったり、契約の履行が遅々として進まなかったりすることが度々あった。しかしインフラ整備に中国中央政府から投資がなされれば、開発企業の対北投資も活気を帯びるものと予想される。

また金正日委員長と金正恩後継者が二〇一〇年に中国を訪問した後、北朝鮮の開発のペースが本格化している点も見逃せない。北が中国の改革開放モデルを一〇〇パーセントは受け入れないにしても、中国が改革開放を進める過程で経験した試行錯誤と成功事例を手本に「北朝鮮式開放路線」がその姿を現しつつある。

日本との対話は、二〇〇二年の「ピョンヤン宣言」にもとづいて進める

二〇〇九年一二月のボスワース特使の訪北以降、日本との対話も水面下で始まった。スティーブン・ボスワース特使は、北が拉致問題を含む日本との対話に新たな姿勢を見せたと伝えた。北朝鮮は米国、韓国などの四者、あるいは六カ国協議参加国との全方位的な積極外交攻勢の次元において、日本との

左から金正恩党中央軍事委員会副委員長、李英鎬総参謀長、金正日国防委員長

対話の意志を伝えたのである。北は日本との過去の清算問題を早期に解決し、国交正常化をなし遂げるという腹積りのようだ。日本の鳩山総理も、必要であれば北を訪問するという意志を表明したことがある。北朝鮮は、二〇〇二年「ピョンヤン宣言」の精神にしたがい、二〇〇八年八月に行なわれた日朝実務接触における合意事項が依然として有効だとする立場である。

日朝対話の出発点は、二〇〇八年八月に日朝実務接触で合意した内容になるだろう。この接触で北朝鮮と日本は、北の拉致被害者の再調査と日本の経済制裁の解除に合意した。とくにこの会議で、北は「権限が付与された調査委員会」を迅速に構成して調査を行ない、「可能な限り」という但し書きはあるものの、その年の秋までに調査を完了するとの内容を受け入れている。

しかし二〇〇八年九月麻生太郎総理が就任するや、北朝鮮は「（新しい日本の総理が）両国間の合意をどのように取り扱うかについて、なんの保障もない」として、拉致再調査委員会の設置を延期した。それ以降は麻生総理の対北強硬姿勢が続き、日朝対話は中断した。日本政府は一年後の二〇〇九年八月、ビル・クリントン元大統領訪北の際に「拉致問題の全面的な解決という前提で、麻生総理がピョンヤンを訪問する意志がある」とのメッセージを伝えたが、北朝鮮はこれを拒絶した。

日本のある外交関係者は「二〇〇八年に合意した再調査が頓挫した後は、現在まで意味のある対話がなされずにいる」、「日朝間の公式接触が再開される場合、二〇〇八年の実務者協議を再確認し、それを具体化する方案が論議されるだろう」と語った。

北朝鮮側の対話への意志は強いとはいえ、不信もまた根深いものがある。北のある関係者は「朝日対話が始まれば、日本はまず最初に横田めぐみさんの遺骨を共和国（北）に返還すべきである」、「日本が遺骨を返したら、それをヨーロッパの信頼しうる研究機関に渡し再度分析を依頼することになる」と述べた。

北朝鮮は、日本側の要請により二〇〇四年に横田めぐみさんの夫である金英男《キムヨンナム》氏に会わせ遺骨も手渡した。しかし遺骨を受け取った日本当局は、公開しないという約束を反故にして、北がもとから埋葬されていた遺骨を意図的に掘り出し鑑定不能になるよう火葬したと発表した。そしてその年一二月、日本の内閣官房長官が記者会見を開き、北が横田めぐみさんのものだとした遺骨はＤＮＡ鑑定の結果、他の二人の骨を混ぜたものと判明したと発表した。

日本側がにせものだというなら、横田めぐみさんの遺骨を戻してくれ、そうすれば第三国の公の機関に依頼して再度分析しようというのである。

中国のある北朝鮮消息通は「北はめぐみさんの遺骨の公開、遺骨の真贋に関する論議を通じて、日本側に強い不信感を抱いている」、「対話のためにはこのような不信を解消しうる事前接触が不可欠だと思う」と述べた。つまり日本の外務省といきなり公式の会談に入れば、議論が遅々として進まなくなる。非公開接触を通じて日本の総理や与党の有力者が会談を提案する場合には、いつでも対話が可能だとする見方である。

これと関連して二〇一〇年に北側のある関係者も「朝日首脳会談を政治的に論議可能な、力のある人物との接触が必要な時点」にあると強調した。

北朝鮮は六カ国協議が再開される場合、それとは別に、日朝双方の対話を通して日朝関係正常化と拉致問題の解決を模索するものとみられる。ただ日朝の対話は米朝、南北対話と連動する側面が強く、六カ国協議の再開と協議の過程に大きな影響を受けるものと予想される。日本も六カ国協議が再開される場合、日朝の対話再開の必要性を痛感することだろう。後継者の登場とともに、北朝鮮内部では「過去のできごとを清算しよう」という流れが生まれている。日本政府が強い関心を抱く拉致問題も、六カ国協議と日朝対話が同時に進められれば、新たな突破口を見出せるものと思われる。

金正恩体制への移行は順調に進むか？

二〇一〇年九月二八日朝鮮労働党代表者会で後継者として登場した金正恩朝鮮労働党中央軍事委員会副委員長は、いま大急ぎで党・政・軍に後継体制（唯一指導体制）を樹立しようとしている。

金正恩副委員長は二〇一一年に入り金正日国防委員長の軍現地指導に五回以上随行し、対外活動にも二度姿を見せた。二月一四日の孟建柱中国国務委員兼公安部長との接見と、テーボルムナル（陰暦の正月一五日）にあたる二月一七日の、劉洪才中国大使をはじめとする大使館館員や経済人を招いての銀河水《ウナス》管弦楽団音楽会である。鴨緑江計器総合工場など平安北道にある企業所への訪問とテグァンガラス工場など経済分野の現地指導にも同行し、万寿台創作社も訪れた。北朝鮮がいまだ公開していない単独行動まで考慮に加えるとするなら、金正恩副委員長が軍・経済分野などほとんどすべての分野に関与し始めたことを示唆している。

二〇一一年三月一〇日、ロナルド・バージェス米国国防情報局（ＤＩＡ）局長も上院軍事委員会の公聴会に提出した報告書で「われわれは金正恩への継承が順調に進められるだろうと引き続き評価している」と明らかにした。韓国や日本など西側研究者が後継体制の不安定性を指摘しているのとは異なり、米国情報当局の責任者は、北朝鮮の後継体制が順調に定着しつつあると評価しているわけである。

中国延辺大学のある学者も「金正恩副委員長を中心とする唯一指導体制が、党・政・軍に急速に広がっている」、「若い新進勢力の浮上が際立ってきている」と語った。一部専門家らは、二〇一〇年一一月二三日北朝鮮が西海の延坪島に砲撃を加えたことをとりあげ、金正日と金正恩の軍部に対する統制に問題が生じているのではないかとの分析を提出している。北朝鮮が対話と平和攻勢を繰り広げるさなか、延坪島への砲撃が突出していたからである。

しかし北の延坪島攻撃は決して偶発的なものではなく、二〇一〇年一月八日北朝鮮が北方限界線（ＮＬＬ）付近の海上に集中砲撃訓練を行なって以降、十分に想定されていた事態であった。その間韓国軍当局は北朝鮮がＮＬＬ海域でさまざまな挑発行為を行なうであろうと報告していたが、青瓦台大統領府の対策はないままであった。経済的困難により国内を治めるだけでも苦労が絶えない北朝鮮が、はたして実際に攻撃できるだろうかという韓国当局の誤った認識が作用したためである。

北朝鮮は軽水炉とウラニウム濃縮施設の公開、また南北対話攻勢を行なう一方で、延坪島への攻撃などを通じて、実は「戦争と平和」という根本問題を提起しているのである。米国と韓国の、交渉へと向かう決断を促す「先制戦略の基調」を、「強盛大国」への扉を開く二〇一二年まで引き続き強化していくであろうと公然と主張している。

要するに北の延坪島砲撃は、ＮＬＬを紛争海域につくりあげ、長期的に平和協定締結の正当性を確保していくための布石とみられる。また北朝鮮みずからが宣言した海上境界線の北側に向けて、かりに韓国当局が砲撃訓練をしたり軍艦が入りこんだりした場合、座視はしないぞという警告でもある。米韓双方に狙いを定めた挑発、ということになる。延坪島事件の直後、韓国国会立法調査処も「北朝鮮の延坪島に対する挑発は、たんに一回性のものではなく、戦略的な目的をもって緻密な計画の下になされており、この種の挑発は今後も続けられる可能性が高い」と予測している。

結局のところ延坪島への砲撃は、一部の北朝鮮軍部の暴走から生じたものではなく、党中央軍事委員会と国防委員会の決定にもとづき、平和協定への議論と南北対話を引き出そうという戦略的目標にしたがって、計画的になされたものとみることができる。ゆえに金正日と後継者金正恩の軍部掌握に問題があるという分析は、明らかに間違っている。

北朝鮮の内部情勢に敏感にならざるを得ない中国は、北朝鮮の後継体制の行方について楽観的に評価している。中国にとってみれば、北朝鮮でいわゆる「後継者への継承の危機」が起こる可能性は排除されなければならない。

金正日国防委員長の健康異常説が提起された二〇〇八年当時、中国がかなり憂慮していたことはたしかである。しかしその後北朝鮮内部の状況が相当な安定を示しており、とりわけ金正日国防委員長の健康状態が好転したことで、後継体制の構築もいっそう安定的になされうる環境が整ったと判断している。中国のこのような判断は、韓国や米国そして日本の、大多数の専門家らの評価とは差異があるが、北朝鮮内部の状況を比較的正確に把握した後に下された結論といえよう。

したがって北朝鮮の後継体制への移行過程においては、深刻な危機的状況は発生しないと見るのが妥当である。

ただし、二〇一二年までに住民らに約束した経済的目標を達成できない場合、中長期的に北朝鮮内部の不満要因が増大するものと予想される。北朝鮮はこのような内部での危険要素を減じるべく、経済再建に向けた対外環境の構築に踏み出している。それゆえ米国と韓国に対しては、今後硬軟両面の戦略を交互に駆使していく可能性が高いものと判断される。

●あとがき

「取材ノートを閉じて――イメージから現実へ」

二年のあいだ申敬完氏を取材して記したノートと、これまでに発表された彼の文章のなかから、金正日国防委員長に関連した証言を集めて編纂を終えても、なお不十分な点が多く残る。存命中にもっと多くの時間をかけて集中取材を行なえなかった怠慢が、なんとも悔やまれてならない。申敬完氏は早朝の散策と冷水摩擦を日課とし、健康管理には常に気を配られていた。「寿命は天のみぞ知る」とでも言うべきか。突如訪れた「心筋梗塞」は、思いのままに南北を行き来する日がくれば北にいる家族に会うのだという、彼の最後の望みを奪い去った。北の家族に手渡すはずの贈り物を残したまま。

申敬完氏のずば抜けた記憶力は想像を絶するものであった。膨大な量の党文献を、こと細かに暗記していた。数え切れないほどの党大会、党全員会議、党政治委員会会議等でなされた報告と討論内容を、遺漏なく記憶していた。一九八〇年代初頭に彼と会った統一部の前高位官僚は、「申敬完氏の正確な記憶力に驚かされた」と語っている。

金正日の登場以後、北朝鮮で歪曲ないし粉飾されてきた部分まで正確に指摘した。曲折に満ちた北朝鮮政治史の渦中にあって、絶え間のない思想闘争と検閲に耐えぬいてきた結果と考えられる。党の文献を管理してきた経験も、その一助となったことであろう。本人が自ら検閲事業に加わった「朴憲永・李承燁事件」、一九五八年の「中央党集中指導事業」、一九六九年の「金昌鳳・許鳳学事件」に関連した集中指導事業については、「検閲結果報告書」の内容のみならず、検閲を受けた人々の印象と表情、そして検閲過程における数多くの後日談もうちあけてくれた。

申敬完氏は八〇年代初めに北朝鮮を離れたが、その後の北朝鮮の状況に対する分析力も、内外の北朝鮮専門家の水準をはるかに凌駕していた。一九九八年五月中旬、申敬完氏は「鄭さん、金正日が頻繁に軍部隊を訪問しているが、これには軍部の掌握とは別に、他の目的があるようだ。はっきりはしないが、どうやら核やミサイルのような、軍需産業分野での画期的な進展があったらしい。そうでなくては、あのように軍部隊を訪問する理由がない」と語った。彼はいくつかの兆候をその根拠としてとりあげた。それから三カ月後、北朝鮮は人工衛星（ミサイル）を発射し、申敬完氏のたしかな分析に基づいた仮説にあらためて驚嘆させられる次第となった。それから八年が過ぎた二〇〇六年一一月、北朝鮮はついに核実験を断行した。

一九九八年九月七日、申敬完氏に電話した。新たに改編された北朝鮮の内閣の、各長官の履歴を調べるためだった。彼は一名を除いて、新任長官一人一人の経歴を詳しく語ってくれた。それが最後の電話となった。

申敬完氏は、日頃から北朝鮮専門家の分析する北朝鮮と、自身が体験した北朝鮮との乖離について絶えず口にしていた。なかでもマスコミの無責任な北朝鮮報道の姿勢に、何度も不満を表明した。

たしかに、韓国マスコミのもつ北朝鮮報道の限界と弊害は隠しようのない事実である。いくつもの世論調査にみられるように、韓国民の大多数は新聞と放送を通じて北朝鮮情報に接している。北朝鮮研究者さえもが、北朝鮮の文献と帰順者の証言を利用する以外は、マスコミの報道に大きな影響を受けている。

しかし、遺憾ながら韓国のマスコミが伝える北朝鮮記事は「今日はスクープ、明日には誤報」と言われるくらい、信頼性に欠けるものである。のちに誤報と確認された記事でも、特段訂正されることはない。これはマスコミの北朝鮮報道にみられる誤報が、たんに一過性のものではなく構造的な問題であることを暗示しており、ひいてはひとつの社会現象にさえなっていることを意味している。

北朝鮮に関するマスコミの誤報は、第一次的には取材源への接近が不可能なことに起因する。北朝鮮についての情報の蓄積と研究の不足、政府の政策の不確実性、金正日と北朝鮮に対する評価の不在などもあげられよう。そのような点では、北朝鮮に関する誤報は、南北分断がもたらした韓国言論界の特殊な状況を反映している。

しかしながら、言論人自らが反省すべき点も少なくない。これまで言論人の狂おしいまでの反共主義、盲目的な愛国主義、因果関係を無視したその場限りの接近、非科学的な主観主義、北朝鮮に関する知識の不足、米国一辺倒の思想などが問題とされてきた。そして、これらの課題が根本的に解決されたとみるには、いまだなお困難な状況にある。

前後のつじつまの合わない報道、未確認情報、出所を明らかにしない「消息筋」からの引用報道、作文の感さえある報道、厳密に言えば記事要件さえ満たしていない色とりどりの記事がほぼ毎日のように登場しているのは、一言でいって北朝鮮に対する知識と理解が不足しているためである。

金大中政権の一貫した対北朝鮮包容政策、また金剛山観光などにより、マスコミの北朝鮮報道がこれまでより慎重になったことは肯定的な変化といえよう。たしかに、北朝鮮内部の情報を正確にとらえることはまことに難しい。そのため帰順者たちの証言は、それなりに重要な意味をもっている。しかし、帰順者の証言を額面通りに受けとる北朝鮮専門家は多くない。政府関係者でさえ「情報機関でも帰順者の発言は参考にする程度で、信憑性はさほどもたない」と語るほどである。

一九五三年の休戦以降、これまでに帰順した人々は数千名に及ぶとされている。これらの人々が、われわれに有用な情報を数多く提供してくれたことは事実である。しかし、その弊害にも侮りがたいものがある。過大に包装された、ないしは歪曲された情報に基づく、北朝鮮社会に対する間違ったイメージをつくりだすのに貢献した側面も無視できない。こうした点では、黄長燁氏も例外ではないと考える。彼は亡命以後、何度も自らの発言を翻した。彼の発言には金正日に対する「反感」があまりにも根深く染みついており、北朝鮮の体制と金正日についての客観的な理解に混乱を与えている感を禁じえない。

申敬完氏もまた、「別の意味」での帰順者である。彼の証言にも誤謬と限界があることだろう。しかし彼の証言のもつ長所は、具体的であり、体験に基づいている点にある。彼は最後の瞬間まで「非公開帰順者」だった。自身の値打ちを高めるために過大に包装したり、ありもしない事実をつくりだしたりする必要はなかった。この点で申敬完氏の証言は、部分的には検証できないものの、北朝鮮の体制と北朝鮮の全権を掌握し動かしている金正日を、新たな角度から検討・分析しうる基準点となることだろう。

北朝鮮社会に対する正確な理解がこれまでのどのときよりも必要ないま、帰順者の証言を事実の側面から全面的に再検討し、確認された情報だけを国民に公開する政府の政策が切実に求められる。政府がこうした政策をとったときこそ、北朝鮮に対する感傷的で皮相な認識から脱却し、客観的に理解しうる基盤を用意できるにちがいない。

世界史的にも冷戦体制が解体し、南北の和解と協力、共存共栄の時代を迎えている。南北関係も、今後さまざまな紆余曲折があるにせよ、世界史的な流れに沿って動かすことのできる可能性が高まったのである。政府機関や情報当局が専門家に対して果敢に情報を開放することで、客観的な研究と分析の環境をつくりださねばならない。国内のマスコミや北朝鮮専門家もこのような流れに合流すべく、イデオロギー的偏向から脱して統一に寄与する姿勢をとるべきであろう。

●読者のためのノート

第二章　イメージと現実――金正日のリーダーシップ

（1）一九九九年三月一八日、ピョンヤン放送は「プエブロ号拿捕事件」をはじめとしてEC―一二一米軍機の撃墜や板門店事件が金正日党総書記の指示によるものであったと報道した。

（2）『労働新聞』一九九三年一月二八日付

第三章　北のすべてのものが彼へと向かう――金正日の北朝鮮

（1）このとき採択された十大原則のうち、現在六項目のみが確認されている。その内容は以下の通りである。（一）首領の革命思想、党の唯一思想により教育事業を強化すること：その内容は党の政策教育と革命伝統教育を強化するものである。（二）首領の教示と党の政策を貫徹するための実践闘争を強化すること：すなわち首領の教示と党の政策を無条件で受け入れる革命的気風を確立し、あらゆる隘路と難関を勇敢に克服してそれを最後まで貫徹し、あらゆる反党的・反動的思想に反対し、断固として闘いつつ徹底して擁護することである。（三）首領の思想から外れるあらゆる反党的・反動的思想に反対し断固として闘うこと：このことのもつ重要性は、唯一思想体系は敵対的思想潮流と不健全な思想要素に反対する闘争を通じてのみ強固となり発展しうるからである。（四）全党・全国家が首領の領導に徹底して依拠し、首領の領導の下から離脱しようとする現象に対して強く闘争を繰り広げねばならない。さらに首領の教示と党及び国家の決定を、時機を逃さず正確に伝達、浸透させ、それを徹底して貫徹するようにしなければならない。（五）首領をしっかりと保衛するための闘争を強化すること：首領を思想理論的に命に代えても保衛し、その影響力と威信をあらゆる方法で強化し、首領の権威と威信を落としめようとするわずかな傾向に対してもただちに非妥協的な闘争を行なわねばならない。さらにまた首領の教示と個別幹部の指示を混同してはならず、個別幹部に幻想を抱いたりおもねったりすることなく首領の教示のままにのみ思考し行動しなければならない。（六）この事業を間断なく深化発展させ、代を継いで党の唯一思想体系を確固としてうち立てるようにすべきこと。（『政治学辞典』社会科学出版社、一九七三、二六九～二七一頁）

（2）黄長燁『わたしは歴史の真理をみた』ハヌル、一九九九、一七三頁

（3）金正日「全党と社会全体に唯一思想体系をさらに強固にうち立てよう」『主体革命偉業の完成のために』朝鮮労働党出版社、一九八七、一〇一～一二四頁

（4）講習と学習、及び金曜労働はこれまで実施されている。一九九八年三月に北朝鮮を訪問した在米僑胞は「北朝鮮を訪れたとき、何度も要求して金容淳祖国平和統一委員会委員長に会った。ちょうど金曜だったので、金容淳委員長は金曜労働の最中だった。作業服姿で出てきた彼を見て、まったく理解し難い国だとの印象を受けた」と明かしている。

（5）当時労働党中央党の職級は、部長・副部長・課長・副課長・責任指導員・指導員・補助指導員・事務員という編制であった。一方政務院は、部長・副部長・局長・副局長・課長・責任指導員・指導員・補助指導員・事務員となっている。最近北朝鮮では、指導員の代わりに副員という名称を用いている。

（6）極東問題研究所編「人民軍党第四期第四回全員会議での金日成結論演説」『北傀軍事戦略資料集』極東問題研究所、一九七四、三二九～三三二頁

（7）金正日「朝鮮労働党中央委員会組織指導部ならびに朝鮮人民軍総政治局幹部に行なった談話」『金日成選集』第一巻、朝鮮労働党出版社、一九九二、四一六～四一七頁

（8）崔主活「実録朝鮮人民軍（一一）」『月刊ＷＩＮ』一九九六年六月号、一六四〜一六五頁
（9）詳細な内容は、兪英九《ユヨング》「北朝鮮の政治・軍事関係の変遷と軍内部の政治組織運営に関する研究」『戦略研究』第一一号、一九九六、を参照。
（10）兪英九、同論文、九五〜九六頁
（11）一九九八年九月五日北朝鮮は社会主義憲法を改定し、政務院を内閣に、部を省へと改編した。したがって政務院党委員会は内閣党委員会に改編され、内閣党委員会は各省と国家計画委員会などの幹部を管轄するよう変更された。
（12）前政務院国家計画委員長兼党政治局候補委員であった金達鉉が、しばらく第二秘書の任にあったといわれる。一九九〇年代に入って北朝鮮は、政務院党委員会を強化するための措置として同委員会に専任の責任書記を配し、九八年まで前副総理兼政治局候補委員だった趙世雄が責任書記職を担ってきた。しかし九八年末に趙世雄が亡くなって以後、後任者は今日まで知られていなかった。
（13）金正日の対南事業掌握過程は、ファン・イロ「金正日の登場と対南工作の方向転換」『月刊中央』一九九四年二月号に掲載された内容を中心に整理した。
（14）許錟『金正日の偉人像』朝鮮新報社、一九九六、一四二〜一四五頁
（15）黄長燁、前掲書、三六一頁

第四章　彼は何者なのか——金正日の私生活

（1）申敬完は、帰順者らがまき散らす金日成と金正日の私生活に関する証言を、いかなる検証もなしに報道するマスコミに対してこう叱責した。「脱北者たちの証言を韓国民が信じようと信じまいと、それはどうでもよいことだ。

しかし政府当局者や北朝鮮専門家、言論人たちがそれらを事実だと認識することは、大きな問題だと言わざるをえない。金正日はそのようないいかげんな人物ではない。かりに私の知らないところで金正日に女性関係があったとしても、それは本質的な側面ではない。一年の三分の一ほどを地方の現地指導に割き、奔走している姿にこそ注目すべきなのだ」

(2) 北朝鮮は、金正日が後継者に選ばれる過程で金英柱がどのような役割をはたしたかについて言及しないでいる。そのため金正日と金英柱との葛藤説が絶えず提起されている。

(3)『月刊朝鮮』一九九四年八月号

(4) 康明道の証言内容については、『時事ジャーナル』一九九四年八月一一日付を参照のこと。

(5)「北朝鮮であれば、私の前で顔もまともに合わせられない奴が、（中略）いいかね！ 記者さん、（中略）北朝鮮は、金さえ出せば外交旅券が手に入るような、そんなお粗末な国ではない。外交部に政策補佐官という職務はない。誰でも金正日に会えるわけではないのだ。訛りの強いアフリカの大統領が来たときに、たった一度通訳したことがあるからといって、そんなことを口にするとは」（李鍾煥「金正日は子供の頃から「帝王」だった——前朝鮮労働党組織指導部高位幹部金正敏の証言」『新東亜』一九九四年八月号）

(6) 全賢俊《チョンホンジュン》「人物探求金正日」『京郷新聞』一九九四年七月一八日付

(7)『韓国日報』一九九四年七月一三日付より再引用。

(8)『中央日報』一九九四年七月一〇日付

(9) 珍性桂《チンソンゲ》『金正日』同和研究所、一九九〇、一一八〜一一九頁

(10) 珍性桂、前掲書、三九〜四一頁より再引用。

(11)『世界日報』一九九四年七月一八日付

第五章　「創られた神話」と「誤った推論」の狭間で――出生と成長（一九四二～一九六四）

（1）『金日成回顧録　世紀とともに』第八巻（続編）外国文出版社、一九九八、一六三頁

（2）李鍾奭《イージョンソク》は、金正日が生まれたとき金日成部隊がウラジヴォストーク市近郊に駐屯していたため、金正淑は金正日をそこの野営地かさもなければウラジヴォストーク市内の病院で出産したと推測している。（李鍾奭「金正日後継体制の歴史的形成」『現代北朝鮮への理解』歴史批評、一九九五、二八四頁）

（3）中央黨案館・遼寧省黨案館・吉林省黨案館・黒龍江省黨案館『東北地區革命歴史文件彙集』甲六五、一九九二、一八二頁

（4）許萬位《ホマニ》は金善・李在徳らの証言を根拠に、金正日が一九四一年二月一六日ウラジヴォストーク付近のソ連の病院で生まれたと推論した（許萬位「金正日は託児所で育てられた」『北韓』一九九四年一〇月号）。日本の一部マスコミは、金日成部隊にいた徐順玉と金善が「金正日のソ連での出生」を証言したと報道した。しかし筆者が一九九七年三月に彼らに会った際には、日本のマスコミの報道は歪曲されたもので、自分たちは金正日の出生に直接立ち会ったわけではないが、白頭山で生まれたと理解していると証言した。許萬位は「一九四〇年一二月に子供を産んだ」という金善の証言を引用しているが、一九四〇年末にソ満国境を越えた金善がこのとき子供を産むのは不可能である。金善が子供を産んだのは一九四三年であった。金善の子は、金正淑の二番目の息子と一緒に託児所で育てられたのである。金善は一九四一年一二月に南野営から集団農場に派遣されたのち、一九四三年二月まで東北抗日連軍教導旅（北野営）に復帰しなかった。（『東北地區革命歴史文件彙集』甲六五、一三〇頁）

（5）『東北地區革命歴史文件彙集』甲六五、二九七頁

（6）『錦繍江山』一九九九年二月号

（7）文明子「金日成・金正淑・金正日を語る」『言葉』一九九四年九月号、四八頁

（8）崔光「一九四三年春、白頭山密営にて」『朝鮮新報』一九九四年一〇月三日付。『東北地區革命歴史文件彙集』に収録された「東北抗連第一路軍越境人員統計表」には、金正淑が一九四三年二月以前に東北抗日連軍教導旅に復帰したと記録されている。

（9）「スローガンの木というのは、金日成の遊撃隊部隊が朝鮮国内に入ってゲリラ活動を行ない、その痕跡を残そうと木の皮を剥いで「金日成将軍万歳」、「朝鮮独立万歳」といったスローガンを墨で記したものだが、それが数十年も経ってから見つかったというのだった。墨で記した文字が数十年ものあいだ、風雨にさらされながら残っていたとは考えられない。むろんこれが真っ赤な嘘であることは言うまでもない」（黄長燁『わたしは歴史の真理を見た』ハヌル、一九九九、一七四頁）

（10）文明子、前掲論文、四九頁

（11）金正日の幼年期について、金日成は次のように回顧している。「金正日が生まれると、金正淑は、わたしと自分の軍服をほどいてつくった服を着せました。訓練基地にいたときも、事情は同じでした。当時はソビエト人も戦争のため満足に食べられませんでした。少なく食べ、少し寝、地味に着る、というのが彼らのスローガンでした。そのため、おくるみと布団、帽子もととのえることができませんでした。それで、女子隊員たちが布の切れ端をつぎ合わせて布団をつくってくれたのです。金正日は祖国が解放されるまで、その布団を使いました」（『金日成回顧録　世紀とともに』第八巻、三〇四頁）

（12）『金日成回顧録　世紀とともに』第八巻、三〇五頁

（13）同書、三一三頁

（14）同書、四四九頁

（15）同書、四五一～四五二頁

（16）文明子、前掲論文、四八頁

（17）申敬完の証言。「金日成の次男の金平日は、一九四八年に首相官邸内にあった小さな池で溺死した。ずいぶん浅い

池だったが、平日が五歳ほどにしかならなかったため、立ち上がれずに起こった事故だった」
(18)文明子、前掲論文、四九頁
(19)在日本朝鮮人総連合会中央常任委員会『金正日将軍略史』朝鮮新報社、一九九四、五頁より再引用。
(20)『人民の指導者』第一巻、朝鮮労働党出版社、一九八四、二六二頁
(21)李鍾奭「主席宮を接収した五二歳の皇太子」『新東亜』一九九四年八月号、二四三頁
(22)北朝鮮は、金正日が一九五七年九月一三日「われわれのものをさらによく学び、輝かせよう!」とのスローガンを掲げ、他国のものばかりを欲しがる事大主義的で教条主義的な現象と非妥協的に闘うよう指示し、主体をうち立てた上で、他国のものも北朝鮮の革命と建設に活用するため学ぶよう導いたと宣伝している。(在日本朝鮮人総連合会中央常任委員会『金正日将軍略史』朝鮮新報社、一九九四、八頁)
(23)黄長燁『わたしは歴史の真理を見た』ハヌル、一九九九、一二六頁
(24)黄長燁、同書、一二六~一二七頁
(25)許錟、『金正日の偉人像』朝鮮新報社、一九九六、一六四頁。この本は北朝鮮の代表的な偶像化書籍だが、金正日に関して参考となる情報が多く載せられている。
(26)黄長燁、同書、一二七頁
(27)『金正日指導者』第一巻、五八頁

第六章　権力のバトンを引き継ぐ——後継者への道(一九六四~一九七四)

(1)金容三《キムヨンサム》「金正日の卓越した能力を無視すればやっかいなことになる」『月刊朝鮮』一九九五年六月号
(2)『ハンギョレ新聞』一九九四年七月二六日付

（3）八月宗派事件については、鄭昌鉉『人物から見た北韓現代史』ミニョン、二〇〇〇、参照。
（4）黄長燁『わたしは歴史の真理を見た』一七二頁。黄長燁は金英柱について「賢明で誠実な人物だった。ソ連留学の経験もあり、西欧の生活様式についても一定の理解を示していた。この点では金日成よりも優れており、金正日とは問題にならないほどの開きがあった」と肯定的に評価している。
（5）石川昌『金正日書記その人と業績』雄山閣出版社、一九八七、八二頁
（6）黄長燁、前掲書、一七二頁
（7）『金日成回顧録　世紀とともに』第八巻、三一二頁
（8）洪貞子《ホンチョンジャ》「万景台「革命家遺児学院」を訪ねて」『わたしが出会った人々』サルリムトー、一九九四、一七六頁
（9）北朝鮮は、金正日が一九六七年二月二六日に映画芸術部門の責任幹部や創作家らに「白頭山創作団の発足について」との談話を行なったと主張している。
（10）速度戦は、すべての作家と芸術家が文学芸術作品を創作する際に、金日成と党の要求する質を最大限保障すると同時に、製作期日は最小限度に短縮することを意味する。思想戦は、思想意識を最重要課題に掲げて事業を行なうものである。闘志戦は言葉そのままに、抗日遊撃隊式に艱難辛苦を闘志をもって克服していくべきことを意図している。これらのうちでは、速度戦が最も重要な運動様式である。
（11）総括会議は、定期的な党細胞会議とは異なる。党細胞会議には日常的な党の業務をとり扱う一般会議があり、定期総会が別個に存在する。総括会議には、党生活を総括するための「党生活総括会議」と、組織生活を扱う「組織生活総括会議」の二つがある。総括会議は党ばかりでなく、勤労団体においても行なわれる。なかでも金日成社会主義青年同盟の場合には、課業の負担や相互批判の強度が労働党を凌駕すると評されるほど、厳格なものと伝えられる。

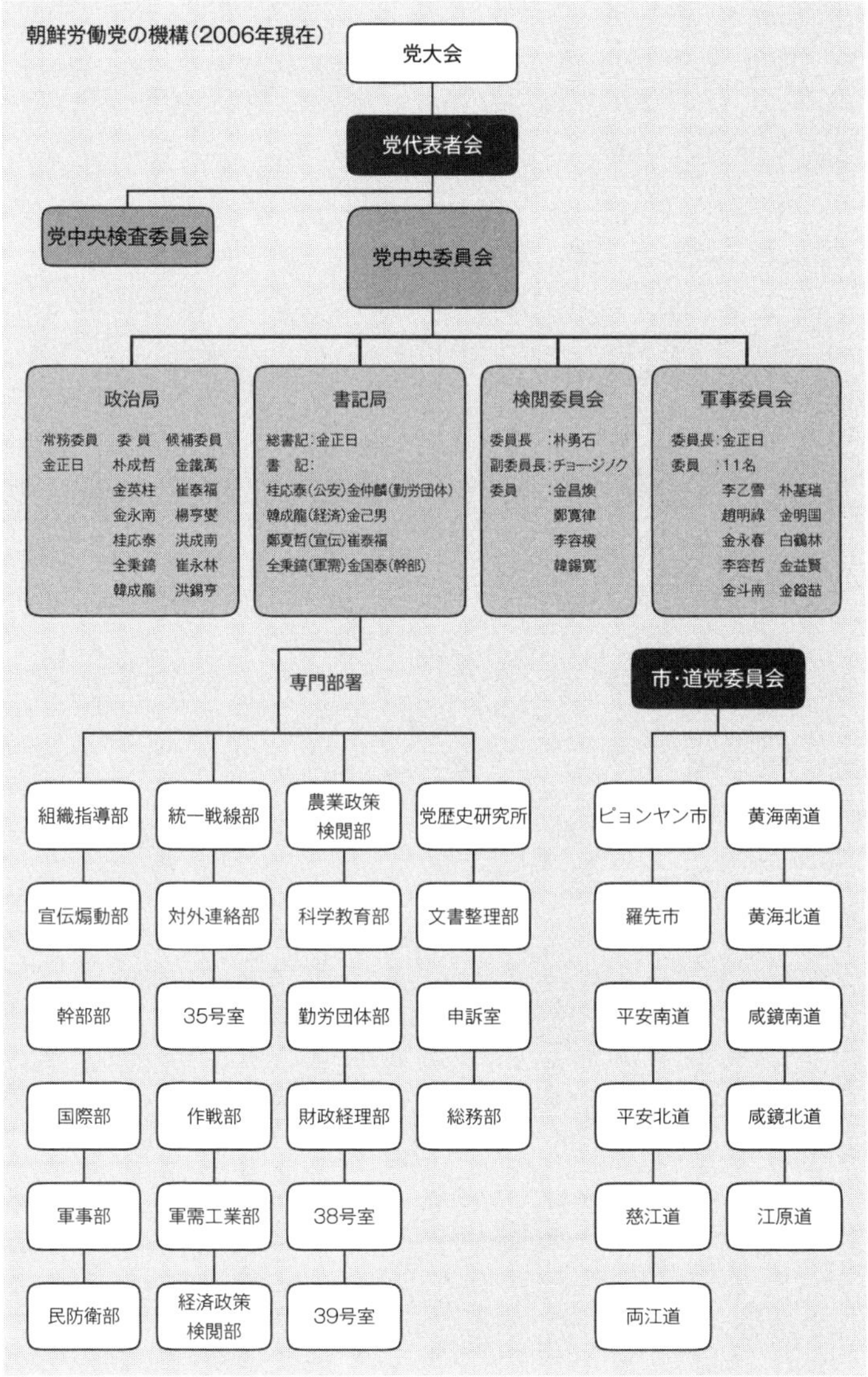

朝鮮労働党の機構（2006年現在）
党大会
党代表者会
党中央検査委員会
党中央委員会
政治局
常務委員　委員　候補委員
金正日　朴成哲　金鐵萬
金英柱　崔泰福
金永南　楊亨燮
桂応泰　洪成南
全秉鎬　崔永林
韓成龍　洪錫亨
書記局
総書記：金正日
書記：
桂応泰（公安）金仲麟（勤労団体）
韓成龍（経済）金己男
鄭夏哲（宣伝）崔泰福
全秉鎬（軍需）金国泰（幹部）
検閲委員会
委員長：朴勇石
副委員長：チョージノク
委員：金昌煥
鄭寛律
李容模
韓錫寛
軍事委員会
委員長：金正日
委員：11名
李乙雪　朴基瑞
趙明禄　金明国
金永春　白鶴林
李容哲　金益賢
金斗南　金鎰喆
専門部署
組織指導部
宣伝煽動部
幹部部
国際部
軍事部
民防衛部
統一戦線部
対外連絡部
35号室
作戦部
軍需工業部
経済政策検閲部
農業政策検閲部
科学教育部
勤労団体部
財政経理部
38号室
39号室
党歴史研究所
文書整理部
申訴室
総務部
市・道党委員会
ピョンヤン市
羅先市
平安南道
平安北道
慈江道
両江道
黄海南道
黄海北道
咸鏡南道
咸鏡北道
江原道

訳者あとがき

原著『北朝鮮のＣＥＯ金正日』のうち、日本語版では第一章と第九章を割愛した。

第一章「第二回南北首脳会談三六五日の舞台裏」では、二〇〇七年一〇月に行われた盧武鉉大統領と金正日国防委員長との首脳会談が成立するまでの過程が描かれている。前年七月五日の長・中・短距離ミサイル発射、さらに一〇月九日の核実験実施以降の、盧武鉉政権の外交的努力を丹念に追ったドキュメントであり、これ自体はまことに興味深い。しかしこの章は、二〇〇七年改訂版の刊行にあたってジャーナリスト出身の著者が韓国の読者に向けて新たに書き加えたもので、申敬完の「証言集」とも言うべき本書のまとまりにはそぐわないと判断した。

第九章は「ピョンヤンの変化とジレンマ」であった。軍に対する党の優位が依然として変わらないことを強調しながら、北朝鮮の変化への兆候を見極めつつ、開放へと向かう際に生じるであろうジレンマをとりあげている。改訂版では、新たに加筆・修正された部分もみられるものの、二〇〇〇年刊行の初版をそのまま踏襲しているところが大きく、いまとなってはいささか古すぎる感を否めない。遺憾ながら第一章とあわせて割愛することとした。

これらに代わるものとして、北朝鮮の最新の状況を伝える文章を著者鄭昌鉉氏に依頼した。本書第八章「後継者金正恩の登場」がそれである。結果として本書は、第一章の金正日の登場に始まり、最終章で金正恩が登場するという構成になった。

初版である『傍らで見た金正日』の存在は、二〇〇二年の「北朝鮮論研究会」で教えられた。過去一〇年間に韓国で刊行された北朝鮮関係文献のうち、代表的で重要なもの一〇点を挙げたリストに含まれていたのである。訳文を携えてソウルで著者に会うと、改訂版である『北朝鮮のCEO金正日』が近いうちに出ると知らされ、それを待つこととなった。当初は改訂版の版元である中央ブックスが日本語版も刊行する予定で進められたが、さまざまな事情により断念し、日本国内で新たに出版社を探すことになった。ゆえに本書の刊行は、全面的に青灯社辻一三代表の英断に負うものである。

青灯社はすでに二〇〇七年、ブラッドレー・マーティンの大著『北朝鮮「偉大な愛」の幻』上・下巻（朝倉和子訳）を刊行し、アジア・太平洋賞（特別賞）を受賞している。多くの関係者・亡命者への取材をもとに、それらを徹底して吟味し、実証的に記されたこの二巻本を本書とあわせ読めば、北朝鮮社会についてのより深い理解に接近することができるだろう。

一時は出版をあきらめかけたこともあったが、終始変わらぬ励ましとご助力をくださった和田春樹先生に、あらためて心からの感謝をささげたい。

解説

和田春樹

わが国では、一九九〇年代以降北朝鮮についての本が多く出されるようになり、その中には一九九四年の金日成の死後この国の指導者となった金正日についての本も少なくない。しかし、北朝鮮についての本の多くはこの国を嫌悪し、嘲笑する宣伝的な書物であり、金正日についての本も、実像といい、正体といいながら、無責任なうわさ話や強引なきめつけを連ねた本ばかりである。もちろん、北朝鮮を研究し、金正日の思想と行動を分析することは容易なことではない。北朝鮮について良質の資料がえられるのは、一九五〇年代の末までであろう。その時まではソ連の資料をたよりにすることができた。しかし、六〇年代に入ると、北朝鮮はソ連に対しても国の内部を開いてみせることはなくなるのである。

そういう状況では、やはり北朝鮮政権の内部で活動していた人物が亡命して、情報を明らかにしてくれなければ、北朝鮮でおこっていることがわからないということになる。一九九七年に電撃的に北京の韓国大使館にかけこんだ労働党書記黄長燁はまさにそのような人であった。彼は北朝鮮のすべてを語りうる人と考えられた。しかし、日本では『金正日への宣戦布告』(文芸春秋)というような馬鹿げた題をつけられて一九九九年に出された回顧録は含まれている情報が貧弱な本であった。その続編と称する本が二〇〇〇年に『狂犬におびえるな』という一層えげつないタイトルで出版されたが、一層内容がなかった。黄長燁は記憶力がよわいか、それともすべてを語りたくなかったのか、わからない。

その黄長燁と比べると、労働党内、政府内の地位は低いが、比較にならないほど詳細で、重要な証言を行う人物があらわれたのである。それが本書の主役申敬完である。金正日にかんする申敬完の証言は、一九九九年中央日報の記者鄭昌鉉氏の著書『傍らで見た金正日』となって紹介された。この本は二〇〇〇年には増補改訂版が出て、韓国で大きな注目を集めることとなった。二〇〇二年に韓国の北朝鮮研究者の間でもっとも基本的な文献と評価されるにいたったのである。その後、鄭氏は記者をやめて、現代史研究所を主宰し、北朝鮮の資料発掘と研究をつづけていたが、二〇〇七年になって、二〇〇〇年の本を書き直して、『北朝鮮のCEO金正日』として出版した。構成をがらりと変え、時系列の逆順にしたのである。その本を訳したのが本書である。

申敬完の本名は朴炳燁《パクビョンヨップ》である。一九二二年、全羅南道《チョルラナムド》康津《カンジン》にて出生し、一九三〇年代に、父親について咸鏡南道に移住し、そこで成長した。一九四五年の解放後、まず朝鮮共産青年同盟に加わり、ついで翌四六年、朝鮮共産党に入党した。四九年には、朝鮮労働党社会部の指導員になっているというので、早く頭角をあらわしたのであろう。

朝鮮戦争がはじまると、朝鮮労働党対南連絡部ではたらき、五三年には指導員となっている。この当時、南朝鮮から拉致されて北朝鮮に連れてこられた民族主義者金奎植《キムギュシク》、趙素昂《チョーソアン》、安在鴻《アンジェホン》らの接待をおこない、彼らの運命に深く係わることになったようである。これが六〇年代中盤、祖国統一民主主義戦線中央委員会の部長をつとめるときまでつづいた。この経験を証言したのが、一九九一年に韓国の作家李泰昊《イーテホ》がまとめた『現代史実録・鴨緑江辺の冬――拉北要人の生と統一の恨』である。この本で申敬完の名で登場したこの人は、驚くほど詳細に、五〇年代はじめから六〇年代中葉まで身近に接した拉北南朝鮮民族主義者たちについて語っている。この本は一九九三年に日本で翻訳出版された。

申敬完は一九六〇年代末以降、労働党中央委員会にうつり、その機構で働きはじめた。まさにその時が金正日が労働党中央委員会の機構で頭角をあらわし、金日成の後継者になっていく時期であった。申敬完はその過程を間近から観察した。彼のポストは当初は党組織宣伝部副部長と言われたが、現在では朝鮮労働党対外情報調査部副部長（七〇年代）であったとされている。そして「一九八〇年代初め、第三国で検挙された」というから、海外での情報収集活動中に逮捕されたという形で亡命したものであろう。そのままその国に滞在しつづけ、一九九八年九月一三日に死去している。

鄭昌鉉氏は、彼の死後、金正日にかんする彼の証言を公表したということになる。申敬完は自分の身辺を露出することを極度に警戒したようであり、意図的に真実と違うことを語っている箇所もあったようで、鄭氏はその検証をつづけてきた。

申敬完は徐容奎《ソヨンギュ》という名で中央日報社の連載「秘録・朝鮮民主主義人民共和国」に登場したことがあるが、一九四五年から一九四八年までの北朝鮮建国期についてのこの証言には疑問をもたせるものがあった。なぜなら、その時期はこの人は入党したばかりの下級党員であってみれば、政治中枢の動きを知りうる立場にはなかったのであり、したがってそこで語ったことはほぼすべて伝聞情報にすぎなかったと思われる。

これと違い、金正日について述べられたことは、申敬完の見聞したところにもとづいていることであり、実に詳細である。その中でもっとも貴重な部分は六〇年代から七〇年代はじめにかけて金正日が後継者になっていく過程の説明である。金日成の弟金英柱が健康問題、能力問題もあって、むしろ自分の代わりに甥の金正日を押し出したこと、パルチザンの幹部たちが金正日を後継者にえらぶように金日成に強く迫ったこと、金日成はこれをいくども拒んだことなどが興味深く語られている。おそらく真実に近いものと思われる。

さらに七〇年代にはいり、後継者とされた金正日がおそろしいほど系統的に党内の権力を掌握していく過程が描かれる。金正日が金日成の後継者になったことは父子継承であるとか、王朝体制の現象であるとか言われてきた。しかし、実際はそのようななまやさしい過程ではなく、自らの権力掌握の過程といっていいほどの実質的な政治的行為であったことが明らかにされているのである。金正日はまさに自分の力で北朝鮮の指導者の地位を勝ち取った人なのである。このことを知ることによって金正日にかんする通念は一変させられるはずである。

本書には金正日の私生活も述べられている。申敬完の紹介する金正日は世上に流布されている傲慢で、かつ乱れた生活をおくる独裁者というイメージからはほど遠い。まじめで、思慮深く、慎重な、むしろ峻厳な指導者というイメージである。喜び組問題についての検討も興味深い。

申敬完は八〇年代はじめに北朝鮮を離れた。したがってその時以後の北朝鮮については、彼の証言は期待できない。しかし、彼が伝えた後継者金正日の姿は、以後の体制、さらに金日成の継承体制、いわゆる「先軍政治」体制を理解するのに土台になるものと言えるだろう。

北朝鮮は簡単には崩壊しないし、北朝鮮が生きのこりをめざしてくりひろげる外交のしたたかさは想像をこえるものである。その謎を解く鍵は申敬完の証言から得られると言ってもいいようだ。

本書は申敬完の証言からはなれて、著者鄭昌鉉氏が研究者として、こころみた金正日研究がつけくわえられている点でも価値がある。その一つは、二〇〇〇年の数次の南北会談において金正日がみせた身振り、表情、言葉を最大限記録していることである。これはわが国ではほとんど知られていないもので、大事な判断材料となる。

さらに重要なのは、本書日本語版に書き加えられた、金正日の後継者金正恩の登場過程の分析である。鄭昌鉉氏は、北朝鮮は「抗日遊撃隊国家」であるという枠組みを重視した上で、遊撃隊関係者の第二世代、第三世代が金正恩を支える存在として登場していると考えている。金正恩の登場に合わせて軍のトップに躍り出た参謀総長李英鎬について、遊撃隊員李鳳洙と金明淑の子であろうという新説を押し出しているが、興味深い点である。

このような韓国で出された金正日にかんするもっとも重要な書物がわが国に紹介されることは喜ばしいかぎりである。

（わだ・はるき　東京大学名誉教授）

［元側近の証言者］

申敬完（シン・ギョンワン）
1922年、全羅南道康津にて出生。
1930年代に、父親について咸鏡南道に移住。
1945年、朝鮮共産青年同盟に加わる。
1946年、朝鮮共産党入党。
1949年、朝鮮労働党社会部指導員。
1953年、朝鮮労働党対南連絡部指導員。
1960年代中盤、祖国統一民主主義戦線中央委員会部長。
1970年代、朝鮮労働党対外情報調査部副部長。
1980年代初め、第3国で検挙される。
1998年9月13日死去。
著書『鴨緑江の冬』（李泰昊著,青柳純一訳,社会評論社,1993)、
『金正日と対南工作』ほか多数。

〔著者〕鄭昌鉉（チョン・チャンヒョン）　現在（社）現代史研究所所長、雑誌『民族21』編集主幹の任にあり、国民大学教養課程兼任教授。一九六四年生まれ。ソウル大学卒、同大学院博士課程修了。一九九四年中央日報現代史研究所（統一文化研究所）に専門記者として入社したのち、一〇年間おもに南北現代史、南北関係分野の企画連載に携わる。統一部南北対話事務局諮問委員、慶南大学北韓大学院兼任教授を歴任。著書『傍らで見た金正日』、『人物で見た北韓現代史』、『変化する北韓、変わらない北韓』、『北韓社会を究明する』、『北の社会と暮らし』

〔訳者〕佐藤久（さとう・ひさし）　一九五一年生まれ。翻訳家。法政大学ボアソナード記念現代法研究所委嘱研究員。訳書『和解のために―教科書・慰安婦・靖国・独島』（朴裕河著、平凡社、第7回大佛次郎論壇賞受賞）ほか。

真実の金正日

——元側近が証言する

2011年4月30日　第1刷発行

著者　鄭昌鉉

訳者　佐藤久

発行者　辻一三

発行所　株式会社青灯社

東京都新宿区新宿1-4-13

郵便番号 160-0022

電話 03-5368-6923（編集）

03-5368-6550（販売）

URL http://www.seitosha-p.co.jp

振替　00120-8-260856

印刷・製本　株式会社シナノ

ISBN978-4-86228-050-3 C0031

小社ロゴは、田中恭吉「ろうそく」（和歌山県立近代美術館所蔵）をもとに、菊地信義氏が作成